商业银行资本监管法规文件汇编

COLLECTION OF CAPITAL REGULATORY RULES FOR
COMMERCIAL BANKS

中国银监会国际部◎编

中国金融出版社

责任编辑：亓　霞
责任校对：张志文
责任印制：丁淮宾

图书在版编目（CIP）数据

商业银行资本监管法规文件汇编（Shangye Yinhang Ziben Jianguan
Fagui Wenjian Huibian）/中国银监会国际部编 . —北京：中国金融出
版社，2014.5
ISBN 978 - 7 - 5049 - 7479 - 2

Ⅰ.①商…　　Ⅱ.①中…　　Ⅲ.①商业银行—银行监管—法规—汇
编—中国　Ⅳ.①D922.281.9

中国版本图书馆 CIP 数据核字（2014）第 056509 号

出版
发行　中国金融出版社

社址　北京市丰台区益泽路 2 号
市场开发部　（010)63266347，63805472，63439533（传真）
网 上 书 店　http：//www.chinafph.com
　　　　　　（010)63286832，63365686（传真）
读者服务部　（010)66070833，62568380
邮编　100071
经销　新华书店
印刷　保利达印刷有限公司
尺寸　169 毫米×239 毫米
印张　19.5
字数　261 千
版次　2014 年 5 月第 1 版
印次　2014 年 5 月第 1 次印刷
定价　48.00 元
ISBN 978 - 7 - 5049 - 7479 - 2/F.7039
如出现印装错误本社负责调换　联系电话（010)63263947

目　　录

商业银行资本管理办法

（试　行）

（中国银监会令 2012 年第 1 号　2012 年 6 月 7 日）

第一章　总　　则

第一条　为加强商业银行资本监管，维护银行体系稳健运行，保护存款人利益，根据《中华人民共和国银行业监督管理法》、《中华人民共和国商业银行法》、《中华人民共和国外资银行管理条例》等法律法规，制定本办法。

第二条　本办法适用于在中华人民共和国境内设立的商业银行。

第三条　商业银行资本应抵御其所面临的风险，包括个体风险和系统性风险。

第四条　商业银行应当符合本办法规定的资本充足率监管要求。

第五条　本办法所称资本充足率，是指商业银行持有的符合本办法规定的资本与风险加权资产之间的比率。

一级资本充足率，是指商业银行持有的符合本办法规定的一级资本与风险加权资产之间的比率。

核心一级资本充足率，是指商业银行持有的符合本办法规定的核心一级资本与风险加权资产之间的比率。

第六条　商业银行应当按照本办法的规定计算并表和未并表的资本充足率。

第七条　商业银行资本充足率计算应当建立在充分计提贷款损

失准备等各项减值准备的基础之上。

第八条 商业银行应当按照本办法建立全面风险管理架构和内部资本充足评估程序。

第九条 中国银行业监督管理委员会（以下简称银监会）依照本办法对商业银行资本充足率、资本管理状况进行监督检查，并采取相应的监管措施。

第十条 商业银行应当按照本办法披露资本充足率信息。

第二章　资本充足率计算和监管要求

第一节　资本充足率计算范围

第十一条 商业银行未并表资本充足率的计算范围应包括商业银行境内外所有分支机构。并表资本充足率的计算范围应包括商业银行以及符合本办法规定的其直接或间接投资的金融机构。商业银行及被投资金融机构共同构成银行集团。

第十二条 商业银行计算并表资本充足率，应当将以下境内外被投资金融机构纳入并表范围：

（一）商业银行直接或间接拥有50%以上表决权的被投资金融机构。

（二）商业银行拥有50%以下（含）表决权的被投资金融机构，但与被投资金融机构之间有下列情况之一的，应将其纳入并表范围：

1. 通过与其他投资者之间的协议，拥有该金融机构50%以上的表决权。

2. 根据章程或协议，有权决定该金融机构的财务和经营政策。

3. 有权任免该金融机构董事会或类似权力机构的多数成员。

4. 在被投资金融机构董事会或类似权力机构占多数表决权。

确定对被投资金融机构表决权时，应考虑直接和间接拥有的被投资金融机构的当期可转换债券、当期可执行的认股权证等潜在表决权因素，对于当期可以实现的潜在表决权，应计入对被投资金融机构的表决权。

（三）其他证据表明商业银行实际控制被投资金融机构的情况。

控制，是指一个公司能够决定另一个公司的财务和经营政策，并据以从另一个公司的经营活动中获取利益。

第十三条 商业银行未拥有被投资金融机构多数表决权或控制权，具有下列情况之一的，应当纳入并表资本充足率计算范围：

（一）具有业务同质性的多个金融机构，虽然单个金融机构资产规模占银行集团整体资产规模的比例较小，但该类金融机构总体风险足以对银行集团的财务状况及风险水平造成重大影响。

（二）被投资金融机构所产生的合规风险、声誉风险造成的危害和损失足以对银行集团的声誉造成重大影响。

第十四条 符合本办法第十二条、第十三条规定的保险公司不纳入并表范围。

商业银行应从各级资本中对应扣除对保险公司的资本投资，若保险公司存在资本缺口的，还应当扣除相应的资本缺口。

第十五条 商业银行拥有被投资金融机构 50% 以上表决权或对被投资金融机构的控制权，但被投资金融机构处于以下状态之一的，可不列入并表范围：

（一）已关闭或已宣布破产。

（二）因终止而进入清算程序。

（三）受所在国外汇管制及其他突发事件的影响，资金调度受到限制的境外被投资金融机构。

商业银行对有前款规定情形的被投资金融机构资本投资的处理方法按照本办法第十四条第二款的规定执行。

第十六条 商业银行计算未并表资本充足率，应当从各级资本中对应扣除其对符合本办法第十二条和第十三条规定的金融机构的所有资本投资。若这些金融机构存在资本缺口的，还应当扣除相应的资本缺口。

第十七条 商业银行应当根据本办法制定并表和未并表资本充足率计算内部制度。商业银行调整并表和未并表资本充足率计算范围的，应说明理由，并及时报银监会备案。

第十八条 银监会有权根据商业银行及其附属机构股权结构变动、业务类别及风险状况确定和调整其并表资本充足率的计算范围。

第二节 资本充足率计算公式

第十九条 商业银行应当按照以下公式计算资本充足率：

$$资本充足率 = \frac{总资本 - 对应资本扣减项}{风险加权资产} \times 100\%$$

$$一级资本充足率 = \frac{一级资本 - 对应资本扣减项}{风险加权资产} \times 100\%$$

$$核心一级资本充足率 = \frac{核心一级资本 - 对应资本扣减项}{风险加权资产} \times 100\%$$

第二十条 商业银行总资本包括核心一级资本、其他一级资本和二级资本。商业银行应当按照本办法第三章的规定计算各级资本和扣除项。

第二十一条 商业银行风险加权资产包括信用风险加权资产、市场风险加权资产和操作风险加权资产。商业银行应当按照本办法第四章、第五章和第六章的规定分别计量信用风险加权资产、市场风险加权资产和操作风险加权资产。

第三节 资本充足率监管要求

第二十二条 商业银行资本充足率监管要求包括最低资本要求、储备资本和逆周期资本要求、系统重要性银行附加资本要求以及第二支柱资本要求。

第二十三条 商业银行各级资本充足率不得低于如下最低要求：

（一）核心一级资本充足率不得低于5%。

（二）一级资本充足率不得低于6%。

（三）资本充足率不得低于8%。

第二十四条 商业银行应当在最低资本要求的基础上计提储备资本。储备资本要求为风险加权资产的2.5%，由核心一级资本来满足。

特定情况下，商业银行应当在最低资本要求和储备资本要求之上计提逆周期资本。逆周期资本要求为风险加权资产的0～2.5%，由核心一级资本来满足。

逆周期资本的计提与运用规则另行规定。

第二十五条 除本办法第二十三条和第二十四条规定的最低资本要求、储备资本和逆周期资本要求外，系统重要性银行还应当计提附加资本。

国内系统重要性银行附加资本要求为风险加权资产的1%，由核心一级资本满足。国内系统重要性银行的认定标准另行规定。

若国内银行被认定为全球系统重要性银行，所适用的附加资本要求不得低于巴塞尔委员会的统一规定。

第二十六条 除本办法第二十三条、第二十四条和第二十五条规定的资本要求以外，银监会有权在第二支柱框架下提出更审慎的资本要求，确保资本充分覆盖风险，包括：

（一）根据风险判断，针对部分资产组合提出的特定资本要求；

（二）根据监督检查结果，针对单家银行提出的特定资本要求。

第二十七条 除上述资本充足率监管要求外，商业银行还应当满足杠杆率监管要求。

杠杆率的计算规则和监管要求另行规定。

第三章　资本定义

第一节　资本组成

第二十八条 商业银行发行的资本工具应符合本办法附件1规

定的合格标准。

第二十九条　核心一级资本包括：

（一）实收资本或普通股。

（二）资本公积。

（三）盈余公积。

（四）一般风险准备。

（五）未分配利润。

（六）少数股东资本可计入部分。

第三十条　其他一级资本包括：

（一）其他一级资本工具及其溢价。

（二）少数股东资本可计入部分。

第三十一条　二级资本包括：

（一）二级资本工具及其溢价。

（二）超额贷款损失准备。

1. 商业银行采用权重法计量信用风险加权资产的，超额贷款损失准备可计入二级资本，但不得超过信用风险加权资产的 1.25%。

前款所称超额贷款损失准备是指商业银行实际计提的贷款损失准备超过最低要求的部分。贷款损失准备最低要求指 100% 拨备覆盖率对应的贷款损失准备和应计提的贷款损失专项准备两者中的较大者。

2. 商业银行采用内部评级法计量信用风险加权资产的，超额贷款损失准备可计入二级资本，但不得超过信用风险加权资产的 0.6%。

前款所称超额贷款损失准备是指商业银行实际计提的贷款损失准备超过预期损失的部分。

（三）少数股东资本可计入部分。

第二节　资本扣除项

第三十二条　计算资本充足率时，商业银行应当从核心一级资本中全额扣除以下项目：

（一）商誉。

（二）其他无形资产（土地使用权除外）。

（三）由经营亏损引起的净递延税资产。

（四）贷款损失准备缺口。

1. 商业银行采用权重法计量信用风险加权资产的，贷款损失准备缺口是指商业银行实际计提的贷款损失准备低于贷款损失准备最低要求的部分。

2. 商业银行采用内部评级法计量信用风险加权资产的，贷款损失准备缺口是指商业银行实际计提的贷款损失准备低于预期损失的部分。

（五）资产证券化销售利得。

（六）确定受益类的养老金资产净额。

（七）直接或间接持有本银行的股票。

（八）对资产负债表中未按公允价值计量的项目进行套期形成的现金流储备，若为正值，应予以扣除；若为负值，应予以加回。

（九）商业银行自身信用风险变化导致其负债公允价值变化带来的未实现损益。

第三十三条　商业银行之间通过协议相互持有的各级资本工具，或银监会认定为虚增资本的各级资本投资，应从相应监管资本中对应扣除。

商业银行直接或间接持有本银行发行的其他一级资本工具和二级资本工具，应从相应的监管资本中对应扣除。

对应扣除是指从商业银行自身相应层级资本中扣除。商业银行某一级资本净额小于应扣除数额的，缺口部分应从更高一级的资本净额中扣除。

第三十四条　商业银行对未并表金融机构的小额少数资本投资，合计超出本银行核心一级资本净额10％的部分，应从各级监管资本中对应扣除。

小额少数资本投资是指商业银行对金融机构各级资本投资（包括直接和间接投资）占该被投资金融机构实收资本（普通股加普通股溢价）10%（不含）以下，且不符合本办法第十二条、第十三条规定的资本投资。

第三十五条　商业银行对未并表金融机构的大额少数资本投资中，核心一级资本投资合计超出本行核心一级资本净额10%的部分应从本银行核心一级资本中扣除；其他一级资本投资和二级资本投资应从相应层级资本中全额扣除。

大额少数资本投资是指商业银行对金融机构各级资本投资（包括直接和间接投资）占该被投资金融机构实收资本（普通股加普通股溢价）10%（含）以上，且不符合本办法第十二条、第十三条规定的资本投资。

第三十六条　除本办法第三十二条第三款规定的递延税资产外，其他依赖于本银行未来盈利的净递延税资产，超出本行核心一级资本净额10%的部分应从核心一级资本中扣除。

第三十七条　根据本办法第三十五条、第三十六条的规定，未在商业银行核心一级资本中扣除的对金融机构的大额少数资本投资和相应的净递延税资产，合计金额不得超过本行核心一级资本净额的15%。

第三节　少数股东资本的处理

第三十八条　商业银行附属公司适用于资本充足率监管的，附属公司直接发行且由第三方持有的少数股东资本可以部分计入监管资本。

第三十九条　附属公司核心一级资本中少数股东资本用于满足核心一级资本最低要求和储备资本要求的部分，可计入并表核心一级资本。

最低要求和储备资本要求为下面两项中较小者：

（一）附属公司核心一级资本最低要求加储备资本要求。

（二）母公司并表核心一级资本最低要求与储备资本要求归属于附属公司的部分。

第四十条　附属公司一级资本中少数股东资本用于满足一级资本最低要求和储备资本要求的部分，扣除已计入并表核心一级资本的部分后，剩余部分可以计入并表其他一级资本。

最低要求和储备资本要求为下面两项中较小者：

（一）附属公司一级资本最低要求加储备资本要求。

（二）母公司并表一级资本最低要求与储备资本要求归属于附属公司的部分。

第四十一条　附属公司总资本中少数股东资本用于满足总资本最低要求和储备资本要求的部分，扣除已计入并表一级资本的部分后，剩余部分可以计入并表二级资本。

最低要求和储备资本要求为下面两项中较小者：

（一）附属公司总资本最低要求加储备资本要求。

（二）母公司并表总资本最低要求与储备资本要求归属于附属公司的部分。

第四节　特殊规定

第四十二条　商业银行发行的二级资本工具有确定到期日的，该二级资本工具在距到期日前最后五年，可计入二级资本的金额，应当按100%、80%、60%、40%、20%的比例逐年减计。

第四十三条　商业银行2010年9月12日前发行的不合格二级资本工具，2013年1月1日之前可计入监管资本，2013年1月1日起按年递减10%，2022年1月1日起不得计入监管资本。

前款所称不合格二级资本工具按年递减数量的计算以2013年1月1日的数量为基数。

带有利率跳升机制或其他赎回激励的二级资本工具，若行权日期在 2013 年 1 月 1 日之后，且在行权日未被赎回，并满足本办法附件 1 规定的其他所有合格标准，可继续计入监管资本。

第四十四条　商业银行 2010 年 9 月 12 日至 2013 年 1 月 1 日之间发行的二级资本工具，若不含有减记或转股条款，但满足本办法附件 1 规定的其他合格标准，2013 年 1 月 1 日之前可计入监管资本，2013 年 1 月 1 日起按年递减 10%，2022 年 1 月 1 日起不得计入监管资本。

前款所称不合格二级资本工具按年递减数量的计算以 2013 年 1 月 1 日的数量为基数。

第四十五条　2013 年 1 月 1 日之后发行的不合格资本工具不再计入监管资本。

第四章　信用风险加权资产计量

第一节　一般规定

第四十六条　商业银行可以采用权重法或内部评级法计量信用风险加权资产。商业银行采用内部评级法计量信用风险加权资产的，应当符合本办法的规定，并经银监会核准。内部评级法未覆盖的风险暴露应采用权重法计量信用风险加权资产。

未经银监会核准，商业银行不得变更信用风险加权资产计量方法。

第四十七条　商业银行申请采用内部评级法计量信用风险加权资产的，提交申请时内部评级法资产覆盖率应不低于 50%，并在三年内达到 80%。

前款所称内部评级法资产覆盖率按以下公式确定：

内部评级法资产覆盖率 = 按内部评级法计量的风险加权资产/（按内部评级法计量的风险加权资产 + 按权重法计量的内部评级法未

覆盖信用风险暴露的风险加权资产）×100%

第四十八条 商业银行采用内部评级法，应当按照本办法附件3的规定计量信用风险加权资产，按照本办法附件4的规定对银行账户信用风险暴露进行分类，按照本办法附件5的规定建立内部评级体系。

商业银行采用内部评级法，可以按照本办法附件6的规定审慎考虑信用风险缓释工具的风险抵补作用。

商业银行采用内部评级法，可以按照本办法附件7的规定采用监管映射法计量专业贷款信用风险加权资产。

第四十九条 商业银行应当按照本办法附件8的规定计量银行账户和交易账户的交易对手信用风险加权资产。

第五十条 商业银行应当按照本办法附件9的规定计量资产证券化风险暴露的信用风险加权资产。

第二节 权重法

第五十一条 权重法下信用风险加权资产为银行账户表内资产信用风险加权资产与表外项目信用风险加权资产之和。

第五十二条 商业银行计量各类表内资产的风险加权资产，应首先从资产账面价值中扣除相应的减值准备，然后乘以风险权重。

第五十三条 商业银行计量各类表外项目的风险加权资产，应将表外项目名义金额乘以信用转换系数得到等值的表内资产，再按表内资产的处理方式计量风险加权资产。

第五十四条 现金及现金等价物的风险权重为0%。

第五十五条 商业银行对境外主权和金融机构债权的风险权重，以所在国家或地区的外部信用评级结果为基准。

（一）对其他国家或地区政府及其中央银行债权，该国家或地区的评级为AA－（含）以上的，风险权重为0%；AA－以下，A－（含）以上的，风险权重为20%；A－以下，BBB－（含）以上的，风险权重为50%；BBB－以下，B－（含）以上的，风险权重为100%；B－以下的，风险权重为150%；未评级的，风险权重为100%。

（二）对公共部门实体债权的风险权重与对所在国家或地区注册的商业银行债权的风险权重相同。

（三）对境外商业银行债权，注册地所在国家或地区的评级为AA－（含）以上的，风险权重为25%；AA－以下，A－（含）以上的，风险权重为50%；A－以下，B－（含）以上的，风险权重为100%；B－以下的，风险权重为150%；未评级的，风险权重为100%。

（四）对境外其他金融机构债权的风险权重为100%。

第五十六条 商业银行对多边开发银行、国际清算银行和国际货币基金组织债权的风险权重为0%。

多边开发银行包括世界银行集团、亚洲开发银行、非洲开发银行、欧洲复兴开发银行、泛美开发银行、欧洲投资银行、欧洲投资基金、北欧投资银行、加勒比海开发银行、伊斯兰开发银行和欧洲开发银行理事会。

第五十七条 商业银行对我国中央政府和中国人民银行债权的风险权重为0%。

第五十八条 商业银行对我国公共部门实体债权的风险权重为20%。我国公共部门实体包括：

（一）除财政部和中国人民银行以外，其他收入主要源于中央财政的公共部门。

（二）省级（直辖区、自治区）以及计划单列市人民政府。

商业银行对前款所列公共部门实体投资的工商企业的债权不适用20%的风险权重。

第五十九条 商业银行对我国政策性银行债权的风险权重为0%。

商业银行对我国政策性银行的次级债权（未扣除部分）的风险权重为100%。

第六十条　商业银行持有我国中央政府投资的金融资产管理公司为收购国有银行不良贷款而定向发行的债券的风险权重为0%。

商业银行对我国中央政府投资的金融资产管理公司其他债权的风险权重为100%。

第六十一条　商业银行对我国其他商业银行债权的风险权重为25%，其中原始期限三个月以内（含）债权的风险权重为20%。

以风险权重为0%的金融资产作为质押的债权，其覆盖部分的风险权重为0%。

商业银行对我国其他商业银行的次级债权（未扣除部分）的风险权重为100%。

第六十二条　商业银行对我国其他金融机构债权的风险权重为100%。

第六十三条　商业银行对一般企业债权的风险权重为100%。

第六十四条　商业银行对同时符合以下条件的微型和小型企业债权的风险权重为75%：

（一）企业符合国家相关部门规定的微型和小型企业认定标准。

（二）商业银行对单家企业（或企业集团）的风险暴露不超过500万元。

（三）商业银行对单家企业（或企业集团）的风险暴露占本行信用风险暴露总额的比例不高于0.5%。

第六十五条　商业银行对个人债权的风险权重。

（一）个人住房抵押贷款的风险权重为50%。

（二）对已抵押房产，在购房人没有全部归还贷款前，商业银行以再评估后的净值为抵押追加贷款的，追加部分的风险权重为150%。

（三）对个人其他债权的风险权重为75%。

第六十六条　租赁业务的租赁资产余值的风险权重为100%。

第六十七条　下列资产适用250%风险权重：

（一）对金融机构的股权投资（未扣除部分）。

（二）依赖于银行未来盈利的净递延税资产（未扣除部分）。

第六十八条 商业银行对工商企业股权投资的风险权重。

（一）商业银行被动持有的对工商企业股权投资在法律规定处分期限内的风险权重为400%。

（二）商业银行因政策性原因并经国务院特别批准的对工商企业股权投资的风险权重为400%。

（三）商业银行对工商企业其他股权投资的风险权重为1250%。

第六十九条 商业银行非自用不动产的风险权重为1250%。

商业银行因行使抵押权而持有的非自用不动产在法律规定处分期限内的风险权重为100%。

第七十条 商业银行其他资产的风险权重为100%。

第七十一条 商业银行各类表外项目的信用转换系数。

（一）等同于贷款的授信业务的信用转换系数为100%。

（二）原始期限不超过1年和1年以上的贷款承诺的信用转换系数分别为20%和50%；可随时无条件撤销的贷款承诺的信用转换系数为0%。

（三）未使用的信用卡授信额度的信用转换系数为50%，但同时符合以下条件的未使用的信用卡授信额度的信用转换系数为20%：

1. 授信对象为自然人，授信方式为无担保循环授信。

2. 对同一持卡人的授信额度不超过100万元人民币。

3. 商业银行应至少每年一次评估持卡人的信用程度，按季监控授信额度的使用情况；若持卡人信用状况恶化，商业银行有权降低甚至取消授信额度。

（四）票据发行便利和循环认购便利的信用转换系数为50%。

（五）银行借出的证券或用做抵押物的证券，包括回购交易中的证券借贷，信用转换系数为100%。

（六）与贸易直接相关的短期或有项目，信用转换系数为20%。

（七）与交易直接相关的或有项目，信用转换系数为50%。

（八）信用风险仍在银行的资产销售与购买协议，信用转换系数为 100%。

（九）远期资产购买、远期定期存款、部分交款的股票及证券，信用转换系数为 100%。

（十）其他表外项目的信用转换系数均为 100%。

第七十二条 商业银行应当按照本办法附件 2 的规定对因证券、商品、外汇清算形成的风险暴露计量信用风险加权资产。

第七十三条 商业银行采用权重法计量信用风险加权资产时，可按照本办法附件 2 的规定考虑合格质物质押或合格保证主体提供保证的风险缓释作用。

合格质物质押的债权（含证券融资类交易形成的债权），取得与质物相同的风险权重，或取得对质物发行人或承兑人直接债权的风险权重。部分质押的债权（含证券融资类交易形成的债权），受质物保护的部分获得相应的较低风险权重。

合格保证主体提供全额保证的贷款，取得对保证人直接债权的风险权重。部分保证的贷款，被保证部分获得相应的较低风险权重。

第七十四条 商业银行采用权重法的，质物或保证的担保期限短于被担保债权期限的，不具备风险缓释作用。

第三节 内部评级法

第七十五条 商业银行应对银行账户信用风险暴露进行分类，并至少分为以下六类：

（一）主权风险暴露。

（二）金融机构风险暴露，包括银行类金融机构风险暴露和非银行类金融机构风险暴露。

（三）公司风险暴露，包括中小企业风险暴露、专业贷款和一般公司风险暴露。

（四）零售风险暴露，包括个人住房抵押贷款、合格循环零售风险暴露和其他零售风险暴露。

（五）股权风险暴露。

（六）其他风险暴露，包括购入应收款及资产证券化风险暴露。

主权风险暴露、金融机构风险暴露和公司风险暴露统称为非零售风险暴露。

第七十六条　商业银行应分别计量未违约和已违约风险暴露的风险加权资产：

（一）未违约非零售风险暴露的风险加权资产计量基于单笔信用风险暴露的违约概率、违约损失率、违约风险暴露、相关性和有效期限。

未违约零售类风险暴露的风险加权资产计量基于单个资产池风险暴露的违约概率、违约损失率、违约风险暴露和相关性。

（二）已违约风险暴露的风险加权资产计量基于违约损失率、预期损失率和违约风险暴露。

第七十七条　商业银行应当按照以下方法确定违约概率：

（一）主权风险暴露的违约概率为商业银行内部估计的1年期违约概率。

（二）公司、金融机构和零售风险暴露的违约概率为商业银行内部估计的1年期违约概率与0.03%中的较大值。

（三）对于提供合格保证或信用衍生工具的风险暴露，商业银行可以使用保证人的违约概率替代债务人的违约概率。

第七十八条　商业银行应当按照以下方法确定违约损失率：

（一）商业银行采用初级内部评级法，非零售风险暴露中没有合格抵质押品的高级债权和次级债权的违约损失率分别为45%和75%。对于提供合格抵质押品的高级债权和从属于净额结算主协议的回购交易，商业银行可以根据风险缓释效应调整违约损失率。

（二）商业银行采用高级内部评级法，应使用内部估计的单笔非零售风险暴露的违约损失率。

（三）商业银行应使用内部估计的零售资产池的违约损失率。

第七十九条　商业银行应当按照以下方法确定违约风险暴露：

违约风险暴露应不考虑专项准备和部分核销的影响。表内资产的违约风险暴露应不小于以下两项之和：（1）违约风险暴露被完全核销后，银行监管资本下降的数量；（2）各项专项准备金和部分核销的数量。如果商业银行估计的违约风险暴露超过以上两项之和，超过部分可视为折扣。风险加权资产的计量不受该折扣的影响，但比较预期损失和合格准备金时，可将该折扣计入准备金。

（一）商业银行采用初级内部评级法，应当按风险暴露名义金额计量表内资产的违约风险暴露，但可以考虑合格净额结算的风险缓释效应。

（二）商业银行采用初级内部评级法，贷款承诺、票据发行便利、循环认购便利等表外项目的信用转换系数为75%；可随时无条件撤销的贷款承诺信用转换系数为0%；其他各类表外项目的信用转换系数按照本办法第七十一条的规定。

（三）商业银行采用高级内部评级法，应当使用内部估计的非零售违约风险暴露。对于按照本办法第七十一条规定信用转换系数为100%的表外项目，应使用100%的信用转换系数估计违约风险暴露。

（四）商业银行应当使用内部估计的零售违约风险暴露。对于表外零售风险暴露，商业银行应按照内部估计的信用转换系数计量违约风险暴露。

第八十条　商业银行应当按照以下方法确定有效期限：

（一）商业银行采用初级内部评级法，非零售风险暴露的有效期限为2.5年。回购类交易的有效期限为0.5年。

（二）商业银行采用高级内部评级法，有效期限为1年和内部估计的有效期限两者之间的较大值，但最大不超过5年。中小企业风险暴露的有效期限可以采用2.5年。

（三）对于下列短期风险暴露，有效期限为内部估计的有效期限与1天中的较大值：

1. 原始期限1年以内全额抵押的场外衍生品交易、保证金贷款、回购交易和证券借贷交易。交易文件中必须包括按日重新估值并调整保证金，且在交易对手违约或未能补足保证金时可以及时平仓或处置抵押品的条款。

2. 原始期限 1 年以内自我清偿性的贸易融资，包括开立的和保兑的信用证。

3. 原始期限 3 个月以内的其他短期风险暴露，包括：场外衍生品交易、保证金贷款、回购交易、证券借贷、短期贷款和存款、证券和外汇清算而产生的风险暴露，以电汇方式进行现金清算产生的风险暴露等。

第五章　市场风险加权资产计量

第一节　一般规定

第八十一条　本办法所称市场风险是指因市场价格（利率、汇率、股票价格和商品价格）的不利变动而使商业银行表内和表外业务发生损失的风险。

第八十二条　市场风险资本计量应覆盖商业银行交易账户中的利率风险和股票风险，以及全部汇率风险和商品风险。

商业银行可以不对结构性外汇风险暴露计提市场风险资本。

第八十三条　本办法所称交易账户包括为交易目的或对冲交易账户其他项目的风险而持有的金融工具和商品头寸。

前款所称为交易目的而持有的头寸是指短期内有目的地持有以便出售，或从实际或预期的短期价格波动中获利，或锁定套利的头寸，包括自营业务、做市业务和为执行客户买卖委托的代客业务而持有的头寸。交易账户中的金融工具和商品头寸原则上还应满足以下条件：

（一）在交易方面不受任何限制，可以随时平盘。

（二）能够完全对冲以规避风险。

（三）能够准确估值。

（四）能够进行积极的管理。

第八十四条　商业银行应当制定清晰的银行账户和交易账户划分标准，明确纳入交易账户的金融工具和商品头寸以及在银行账户和交易账户间划转的条件，确保执行的一致性。

第八十五条　商业银行可以采用标准法或内部模型法计量市场风险资本要求。未经银监会核准，商业银行不得变更市场风险资本计量方法。

第八十六条　商业银行采用内部模型法，若未覆盖所有市场风险，经银监会核准，可组合采用内部模型法和标准法计量市场风险资本要求，但银行集团内部同一机构不得对同一种市场风险采用不同方法计量市场风险资本要求。

第八十七条　商业银行采用内部模型法，内部模型法覆盖率应不低于50%。

前款所称内部模型法覆盖率按以下公式确定：

内部模型法覆盖率 = 按内部模型法计量的资本要求/（按内部模型法计量的资本要求 + 按标准法计量的资本要求）×100%

第八十八条　商业银行市场风险加权资产为市场风险资本要求的12.5倍，即市场风险加权资产 = 市场风险资本要求×12.5。

第二节　标准法

第八十九条　商业银行采用标准法，应当按照本办法附件10的规定分别计量利率风险、汇率风险、商品风险和股票风险的资本要求，并单独计量以各类风险为基础的期权风险的资本要求。

第九十条　市场风险资本要求为利率风险、汇率风险、商品风险、股票风险和期权风险的资本要求之和。

利率风险资本要求和股票风险资本要求为一般市场风险资本要求和特定风险资本要求之和。

第三节　内部模型法

第九十一条　商业银行采用内部模型法的，应当符合本办法附件11的规定，并经银监会核准。

第九十二条　商业银行采用内部模型法，其一般市场风险资本要求为一般风险价值与压力风险价值之和，即

$$K = \max\left(VaR_{t-1},\ m_c \times VaR_{avg}\right) + \max\left(sVaR_{t-1},\ m_s \times sVaR_{avg}\right)$$

其中：

（一）VaR 为一般风险价值，为以下两项中的较大值：

1. 根据内部模型计量的上一交易日的风险价值（VaR_{t-1}）。

2. 最近60个交易日风险价值的均值（VaR_{avg}）乘以 m_c。m_c 最小为3，根据返回检验的突破次数可以增加附加因子。

（二）$sVaR$ 为压力风险价值，为以下两项中的较大值：

1. 根据内部模型计量的上一交易日的压力风险价值（$sVaR_{t-1}$）。

2. 最近60个交易日压力风险价值的均值（$sVaR_{avg}$）乘以 m_s。m_s 最小为3。

第九十三条　商业银行采用内部模型法计量特定风险资本要求的，应当按照本办法附件11的规定使用内部模型计量新增风险资本要求。

商业银行内部模型未达到计量特定市场风险要求的合格标准，或内部模型未覆盖新增风险，应当按标准法计量特定市场风险资本要求。

第六章　操作风险加权资产计量

第一节　一般规定

第九十四条　本办法所称的操作风险是指由不完善或有问题的内部程序、员工和信息科技系统，以及外部事件所造成损失的风险，

包括法律风险，但不包括策略风险和声誉风险。

第九十五条 商业银行可采用基本指标法、标准法或高级计量法计量操作风险资本要求。

商业银行采用标准法或高级计量法计量操作风险资本要求，应符合本办法附件12的规定，并经银监会核准。

未经银监会核准，商业银行不得变更操作风险资本计量方法。

第九十六条 商业银行操作风险加权资产为操作风险资本要求的12.5倍，即操作风险加权资产＝操作风险资本要求×12.5。

第二节　基本指标法

第九十七条 商业银行采用基本指标法，应当以总收入为基础计量操作风险资本要求。商业银行应当按照本办法附件12的规定确认总收入。

总收入为净利息收入与净非利息收入之和。

第九十八条 商业银行采用基本指标法，应当按照以下公式计量操作风险资本要求：

$$K_{BIA} = \frac{\sum_{i=1}^{n} (GI_i \times \alpha)}{n}$$

其中：

K_{BIA} 为按基本指标法计量的操作风险资本要求；

GI 为过去三年中每年正的总收入；

n 为过去三年中总收入为正的年数；

α 为15%。

第三节　标准法

第九十九条 商业银行采用标准法，应当以各业务条线的总收入为基础计量操作风险资本要求。

第一百条 商业银行采用标准法，应当按照本办法附件 12 的规定将全部业务划分为公司金融、交易和销售、零售银行、商业银行、支付和清算、代理服务、资产管理、零售经纪和其他业务等 9 个业务条线。

第一百零一条 商业银行采用标准法，应当按照以下公式计量操作风险资本要求：

$$K_{TSA} = \left\{ \sum_{i=1}^{3} \max\left[\sum_{i=1}^{9} (GI_i \times \beta_i),0 \right] \right\}/3$$

其中：

K_{TSA} 为按标准法计量的操作风险资本要求；

$\max\left[\sum_{i=1}^{9} (GI_i \times \beta_i),0 \right]$ 是指各年为正的操作风险资本要求；

GI_i 为各业务条线总收入；

β_i 为各业务条线的操作风险资本系数。

第一百零二条 各业务条线的操作风险资本系数（β）如下：

（一）零售银行、资产管理和零售经纪业务条线的操作风险资本系数为 12%。

（二）商业银行和代理服务业务条线的操作风险资本系数为 15%。

（三）公司金融、支付和清算、交易和销售以及其他业务条线的操作风险资本系数为 18%。

第四节　高级计量法

第一百零三条 商业银行采用高级计量法，可根据业务性质、规模和产品复杂程度以及风险管理水平选择操作风险计量模型。

第一百零四条 商业银行采用高级计量法，应当基于内部损失数据、外部损失数据、情景分析、业务经营环境和内部控制因素建立操作风险计量模型。建立模型使用的内部损失数据应充分反映本行操作风险的实际情况。

第七章 商业银行内部资本充足评估程序

第一节 一般规定

第一百零五条 商业银行应当建立完善的风险管理框架和稳健的内部资本充足评估程序，明确风险治理结构，审慎评估各类风险、资本充足水平和资本质量，制定资本规划和资本充足率管理计划，确保银行资本能够充分抵御其所面临的风险，满足业务发展的需要。

第一百零六条 商业银行内部资本充足评估程序应实现以下目标：

（一）确保主要风险得到识别、计量或评估、监测和报告。

（二）确保资本水平与风险偏好及风险管理水平相适应。

（三）确保资本规划与银行经营状况、风险变化趋势及长期发展战略相匹配。

第一百零七条 商业银行应当将压力测试作为内部资本充足评估程序的重要组成部分，结合压力测试结果确定内部资本充足率目标。压力测试应覆盖各业务条线的主要风险，并充分考虑经济周期对资本充足率的影响。

第一百零八条 商业银行应当将内部资本充足评估程序作为内部管理和决策的组成部分，并将内部资本充足评估结果运用于资本预算与分配、授信决策和战略规划。

第一百零九条 商业银行应当制定合理的薪酬政策，确保薪酬水平、结构和发放时间安排与风险大小和风险存续期限一致，反映风险调整后的长期收益水平，防止过度承担风险，维护财务稳健性。

第一百一十条 商业银行应当至少每年一次实施内部资本充足评估程序，在银行经营情况、风险状况和外部环境发生重大变化时，应及时进行调整和更新。

第二节　治理结构

第一百一十一条　商业银行董事会承担本行资本管理的首要责任，履行以下职责：

（一）设定与银行发展战略和外部环境相适应的风险偏好和资本充足目标，审批银行内部资本充足评估程序，确保资本充分覆盖主要风险。

（二）审批资本管理制度，确保资本管理政策和控制措施有效。

（三）监督内部资本充足评估程序的全面性、前瞻性和有效性。

（四）审批并监督资本规划的实施，满足银行持续经营和应急性资本补充需要。

（五）至少每年一次审批资本充足率管理计划，审议资本充足率管理报告及内部资本充足评估报告，听取对资本充足率管理和内部资本充足评估程序执行情况的审计报告。

（六）审批资本充足率信息披露政策、程序和内容，并保证披露信息的真实、准确和完整。

（七）确保商业银行有足够的资源，能够独立、有效地开展资本管理工作。

第一百一十二条　商业银行采用资本计量高级方法的，董事会还应负责审批资本计量高级方法的管理体系实施规划和重大管理政策，监督高级管理层制定并实施资本计量高级方法的管理政策和流程，确保商业银行有足够资源支持资本计量高级方法管理体系的运行。

第一百一十三条　商业银行高级管理层负责根据业务战略和风险偏好组织实施资本管理工作，确保资本与业务发展、风险水平相适应，落实各项监控措施。具体履行以下职责：

（一）制定并组织执行资本管理的规章制度。

（二）制定并组织实施内部资本充足评估程序，明确相关部门的职责分工，建立健全评估框架、流程和管理制度，确保与商业银行全面风险管理、资本计量及分配等保持一致。

（三）制定和组织实施资本规划和资本充足率管理计划。

（四）定期和不定期评估资本充足率，向董事会报告资本充足率水平、资本充足率管理情况和内部资本充足评估结果。

（五）组织开展压力测试，参与压力测试目标、方案及重要假设的确定，推动压力测试结果在风险评估和资本规划中的运用，确保资本应急补充机制的有效性。

（六）组织内部资本充足评估信息管理系统的开发和维护工作，确保信息管理系统及时、准确地提供评估所需信息。

第一百一十四条　商业银行采用资本计量高级方法的，高级管理层还应定期评估方法和工具的合理性和有效性，定期听取资本计量高级方法验证工作的汇报，履行资本计量高级方法体系的建设、验证和持续优化等职责。

第一百一十五条　商业银行监事会应当对董事会及高级管理层在资本管理和资本计量高级方法管理中的履职情况进行监督评价，并至少每年一次向股东大会报告董事会及高级管理层的履职情况。

第一百一十六条　商业银行应当指定相关部门履行以下资本管理职责：

（一）制定资本总量、结构和质量管理计划，编制并实施资本规划和资本充足率管理计划，向高级管理层报告资本规划和资本充足率管理计划执行情况。

（二）持续监控并定期测算资本充足率水平，开展资本充足率压力测试。

（三）组织建立内部资本计量、配置和风险调整资本收益的评价管理体系。

（四）组织实施内部资本充足评估程序。

（五）建立资本应急补充机制，参与或组织筹集资本。

（六）编制或参与编制资本充足率信息披露文件。

第一百一十七条 商业银行采用资本计量高级方法的，相关部门还应履行以下职责：

（一）设计、实施、监控和维护资本计量高级方法。

（二）健全资本计量高级方法管理机制。

（三）向高级管理层报告资本计量高级方法的计量结果。

（四）组织开展各类风险压力测试。

第一百一十八条 商业银行采用资本计量高级方法的，应当建立验证部门（团队），负责资本计量高级方法的验证工作。验证部门（团队）应独立于资本计量高级方法的开发和运行部门（团队）。

第一百一十九条 商业银行应当明确内部审计部门在资本管理中的职责。内部审计部门应当履行以下职责：

（一）评估资本管理的治理结构和相关部门履职情况，以及相关人员的专业技能和资源充分性。

（二）至少每年一次检查内部资本充足评估程序相关政策和执行情况。

（三）至少每年一次评估资本规划的执行情况。

（四）至少每年一次评估资本充足率管理计划的执行情况。

（五）检查资本管理的信息系统和数据管理的合规性和有效性。

（六）向董事会提交资本充足率管理审计报告、内部资本充足评估程序执行情况审计报告、资本计量高级方法管理审计报告。

第一百二十条 商业银行采用资本计量高级方法的，内部审计部门还应评估资本计量高级方法的适用性和有效性，检查计量结果的可靠性和准确性，检查资本计量高级方法的验证政策和程序，评估验证工作的独立性和有效性。

第三节 风险评估

第一百二十一条 商业银行应当按照银监会相关要求和本办法附件13的规定，设立主要风险的识别和评估标准，确保主要风险得到及时识别、审慎评估和有效监控。

主要风险包括可能导致重大损失的单一风险，以及单一风险程度不高，但与其他风险相互作用可能导致重大损失的风险。风险评估应至少覆盖以下各类风险：

（一）本办法第四章、第五章和第六章中涉及且已覆盖的风险，包括信用风险、市场风险和操作风险。

（二）本办法第四章、第五章和第六章中涉及但没有完全覆盖的风险，包括集中度风险、剩余操作风险等。

（三）本办法第四章、第五章和第六章中未涉及的风险，包括银行账户利率风险、流动性风险、声誉风险、战略风险和对商业银行有实质性影响的其他风险。

（四）外部经营环境变化引发的风险。

第一百二十二条　商业银行应当有效评估和管理各类主要风险。

（一）对能够量化的风险，商业银行应当开发和完善风险计量技术，确保风险计量的一致性、客观性和准确性，在此基础上加强对相关风险的缓释、控制和管理。

（二）对难以量化的风险，商业银行应当建立风险识别、评估、控制和报告机制，确保相关风险得到有效管理。

第一百二十三条　商业银行应当建立风险加总的政策和程序，确保在不同层次上及时识别风险。商业银行可以采用多种风险加总方法，但应至少采取简单加总法，并判断风险加总结果的合理性和审慎性。

第一百二十四条　商业银行进行风险加总，应当充分考虑集中度风险及风险之间的相互传染。若考虑风险分散化效应，应基于长期实证数据，且数据观察期至少覆盖一个完整的经济周期。否则，商业银行应对风险加总方法和假设进行审慎调整。

第四节　资本规划

第一百二十五条　商业银行制定资本规划，应当综合考虑风险评估结果、未来资本需求、资本监管要求和资本可获得性，确保资本水平持续满足监管要求。资本规划应至少设定内部资本充足率三年目标。

第一百二十六条 商业银行制定资本规划，应当确保目标资本水平与业务发展战略、风险偏好、风险管理水平和外部经营环境相适应，兼顾短期和长期资本需求，并考虑各种资本补充来源的长期可持续性。

第一百二十七条 商业银行制定资本规划，应当审慎估计资产质量、利润增长及资本市场的波动性，充分考虑对银行资本水平可能产生重大负面影响的因素，包括或有风险暴露，严重且长期的市场衰退，以及突破风险承受能力的其他事件。

第一百二十八条 商业银行应当优先考虑补充核心一级资本，增强内部资本积累能力，完善资本结构，提高资本质量。

第一百二十九条 商业银行应当通过严格和前瞻性的压力测试，测算不同压力条件下的资本需求和资本可获得性，并制定资本应急预案以满足计划外的资本需求，确保银行具备充足资本应对不利的市场条件变化。

对于重度压力测试结果，商业银行应当在应急预案中明确相应的资本补充政策安排和应对措施，并充分考虑融资市场流动性变化，合理设计资本补充渠道。商业银行的资本应急预案应包括紧急筹资成本分析和可行性分析、限制资本占用程度高的业务发展、采用风险缓释措施等。

商业银行高级管理层应当充分理解压力条件下商业银行所面临的风险及风险间的相互作用、资本工具吸收损失和支持业务持续运营的能力，并判断资本管理目标、资本补充政策安排和应对措施的合理性。

第五节 监测和报告

第一百三十条 商业银行应当建立内部资本充足评估程序的报

告体系，定期监测和报告银行资本水平和主要影响因素的变化趋势。报告应至少包括以下内容：

（一）评估主要风险状况及发展趋势、战略目标和外部环境对资本水平的影响。

（二）评估实际持有的资本是否足以抵御主要风险。

（三）提出确保资本能够充分覆盖主要风险的建议。

根据重要性和报告用途不同，商业银行应当明确各类报告的发送范围、报告内容及详略程度，确保报告信息与报送频率满足银行资本管理的需要。

第一百三十一条 商业银行应当建立用于风险和资本的计量和管理的信息管理系统。商业银行的信息管理系统应具备以下功能：

（一）清晰、及时地向董事会和高级管理层提供总体风险信息。

（二）准确、及时地加总各业务条线的风险暴露和风险计量结果。

（三）动态支持集中度风险和潜在风险的识别。

（四）识别、计量并管理各类风险缓释工具以及因风险缓释带来的风险。

（五）为多角度评估风险计量的不确定性提供支持，分析潜在风险假设条件变化带来的影响。

（六）支持前瞻性的情景分析，评估市场变化和压力情形对银行资本的影响。

（七）监测、报告风险限额的执行情况。

第一百三十二条 商业银行应当系统性地收集、整理、跟踪和分析各类风险相关数据，建立数据仓库、风险数据集市和数据管理系统，以获取、清洗、转换和存储数据，并建立数据质量控制政策和程序，确保数据的完整性、全面性、准确性和一致性，满足资本计量和内部资本充足评估等工作的需要。

第一百三十三条 商业银行的数据管理系统应当达到资本充足率非现场监管报表和资本充足率信息披露的有关要求。

第一百三十四条 商业银行应当建立完整的文档管理平台，为内部审计部门及银监会对资本管理的评估提供支持。文档应至少包括：

（一）董事会、高级管理层和相关部门的职责、独立性以及履职情况。

（二）关于资本管理、风险管理等政策流程的制度文件。

（三）资本规划、资本充足率管理计划、内部资本充足评估报告、风险计量模型验证报告、压力测试报告、审计报告以及上述报告的相关重要文档。

（四）关于资本管理的会议纪要和重要决策意见。

第八章　监督检查

第一节　监督检查内容

第一百三十五条 资本充足率监督检查是银监会审慎风险监管体系的重要组成部分。

第一百三十六条 银监会根据宏观经济运行、产业政策和信贷风险变化，识别银行业重大系统性风险，对相关资产组合提出特定资本要求。

第一百三十七条 银监会对商业银行实施资本充足率监督检查，确保资本能够充分覆盖所面临的各类风险。资本充足率监督检查包括但不限于以下内容：

（一）评估商业银行全面风险管理框架。

（二）审查商业银行对合格资本工具的认定，以及各类风险加权资产的计量方法和结果，评估资本充足率计量结果的合理性和准确性。

（三）检查商业银行内部资本充足评估程序，评估公司治理、资本规划、内部控制和审计等。

（四）对商业银行的信用风险、市场风险、操作风险、银行账户利率风险、流动性风险、声誉风险以及战略风险等各类风险进行评估，并对压力测试工作开展情况进行检查。

第一百三十八条 商业银行采用资本计量高级方法，应按本办法附件 14 的规定向银监会提出申请。

第一百三十九条 银监会依照本办法附件 14 的规定对商业银行进行评估，根据评估结果决定是否核准商业银行采用资本计量高级方法；并对商业银行资本计量高级方法的使用情况和验证工作进行持续监督检查。

第一百四十条 商业银行不能持续达到本办法规定的资本计量高级方法的运用要求，银监会有权要求其限期整改。商业银行在规定期限内未达标，银监会有权取消其采用资本计量高级方法的资格。

第二节　监督检查程序

第一百四十一条 银监会建立资本监管工作机制，履行以下职责：

（一）评估银行业面临的重大系统性风险，提出针对特定资产组合的第二支柱资本要求的建议。

（二）制定商业银行资本充足率监督检查总体规划，协调和督促对商业银行资本充足率监督检查的实施。

（三）审议并决定对商业银行的监管资本要求。

（四）受理商业银行就资本充足率监督检查结果提出的申辩，确保监督检查过程以及评价结果的公正和准确。

第一百四十二条 银监会通过非现场监管和现场检查的方式对商业银行资本充足率进行监督检查。

除对资本充足率的常规监督检查外，银监会可根据商业银行内部情况或外部市场环境的变化实施资本充足率的临时监督检查。

第一百四十三条　商业银行应当在年度结束后的四个月内向银监会提交内部资本充足评估报告。

第一百四十四条　银监会实施资本充足率监督检查应遵循以下程序：

（一）审查商业银行内部资本充足评估报告，制定资本充足率检查计划。

（二）依据本办法附件13规定的风险评估标准，实施资本充足率现场检查。

（三）根据检查结果初步确定商业银行的监管资本要求。

（四）与商业银行高级管理层就资本充足率检查情况进行沟通，并将评价结果书面发送商业银行董事会。

（五）监督商业银行持续满足监管资本要求的情况。

第一百四十五条　商业银行可以在接到资本充足率监督检查评价结果后60日内，以书面形式向银监会提出申辩。在接到评价结果后60日内未进行书面申辩的，将被视为接受评价结果。

商业银行提出书面申辩的，应当提交董事会关于进行申辩的决议，并对申辩理由进行详细说明，同时提交能够证明申辩理由充分性的相关资料。

第一百四十六条　银监会受理并审查商业银行提交的书面申辩，视情况对有关问题进行重点核查。

银监会在受理书面申辩后的60日内作出是否同意商业银行申辩的书面答复，并说明理由。

第一百四十七条　银监会审查商业银行的书面申辩期间，商业银行应当执行资本充足率监督检查所确定的监管资本要求，并落实银监会采取的相关监管措施。

第一百四十八条　商业银行应当向银监会报告未并表和并表后的资本充足率。并表后的资本充足率每半年报送一次，未并表的资本充足率每季报送一次。

如遇影响资本充足率的特别重大事项，商业银行应当及时向银监会报告。

第三节　第二支柱资本要求

第一百四十九条　商业银行已建立内部资本充足评估程序且评估程序达到本办法要求的，银监会根据其内部资本评估结果确定监管资本要求；商业银行未建立内部资本充足评估程序，或评估程序未达到本办法要求的，银监会根据对商业银行风险状况的评估结果，确定商业银行的监管资本要求。

第一百五十条　银监会有权根据单家商业银行操作风险管理水平及操作风险事件发生情况，提高操作风险的监管资本要求。

第一百五十一条　银监会有权通过调整风险权重、相关性系数、有效期限等方法，提高特定资产组合的资本要求，包括但不限于以下内容：

（一）根据现金流覆盖比例、区域风险差异，确定地方政府融资平台贷款的集中度风险资本要求。

（二）通过期限调整因子，确定中长期贷款的资本要求。

（三）针对贷款行业集中度风险状况，确定部分行业的贷款集中度风险资本要求。

（四）根据个人住房抵押贷款用于购买非自住用房的风险状况，提高个人住房抵押贷款资本要求。

第四节　监管措施

第一百五十二条　银监会有权对资本充足率未达到监管要求的商业银行采取监管措施，督促其提高资本充足水平。

第一百五十三条　根据资本充足状况，银监会将商业银行分为四类：

（一）第一类商业银行：资本充足率、一级资本充足率和核心一级资本充足率均达到本办法规定的各级资本要求。

（二）第二类商业银行：资本充足率、一级资本充足率和核心一级资本充足率未达到第二支柱资本要求，但均不低于其他各级资本要求。

（三）第三类商业银行：资本充足率、一级资本充足率和核心一级资本充足率均不低于最低资本要求，但未达到其他各级资本要求。

（四）第四类商业银行：资本充足率、一级资本充足率和核心一级资本充足率任意一项未达到最低资本要求。

第一百五十四条　对第一类商业银行，银监会支持其稳健发展业务。为防止其资本充足率水平快速下降，银监会可以采取下列预警监管措施：

（一）要求商业银行加强对资本充足率水平下降原因的分析及预测。

（二）要求商业银行制定切实可行的资本充足率管理计划。

（三）要求商业银行提高风险控制能力。

第一百五十五条　对第二类商业银行，除本办法第一百五十四条规定的监管措施外，银监会还可以采取下列监管措施：

（一）与商业银行董事会、高级管理层进行审慎性会谈。

（二）下发监管意见书，监管意见书内容包括：商业银行资本管理存在的问题、拟采取的纠正措施和限期达标意见等。

（三）要求商业银行制定切实可行的资本补充计划和限期达标计划。

（四）增加对商业银行资本充足的监督检查频率。

（五）要求商业银行对特定风险领域采取风险缓释措施。

第一百五十六条　对第三类商业银行，除本办法第一百五十四条、第一百五十五条规定的监管措施外，银监会还可以采取下列监管措施：

（一）限制商业银行分配红利和其他收入。

（二）限制商业银行向董事、高级管理人员实施任何形式的激励。

（三）限制商业银行进行股权投资或回购资本工具。

（四）限制商业银行重要资本性支出。

（五）要求商业银行控制风险资产增长。

第一百五十七条 对第四类商业银行，除本办法第一百五十四条、第一百五十五条和第一百五十六条规定的监管措施外，银监会还可以采取以下监管措施：

（一）要求商业银行大幅降低风险资产的规模。

（二）责令商业银行停办一切高风险资产业务。

（三）限制或禁止商业银行增设新机构、开办新业务。

（四）强制要求商业银行对二级资本工具进行减记或转为普通股。

（五）责令商业银行调整董事、高级管理人员或限制其权利。

（六）依法对商业银行实行接管或者促成机构重组，直至予以撤销。

在处置此类商业银行时，银监会还将综合考虑外部因素，采取其他必要措施。

第一百五十八条 商业银行未按本办法规定提供资本充足率报表或报告、未按规定进行信息披露或提供虚假的或者隐瞒重要事实的报表和统计报告的，银监会依据《中华人民共和国银行业监督管理法》的相关规定实施行政处罚。

第一百五十九条 除上述监管措施外，银监会可依据《中华人民共和国银行业监督管理法》以及相关法律、行政法规和部门规章的规定，采取其他监管措施。

第九章 信息披露

第一百六十条 商业银行应当通过公开渠道，向投资者和社会公众披露相关信息，确保信息披露的集中性、可访问性和公开性。

第一百六十一条　资本充足率的信息披露应至少包括以下内容：

（一）风险管理体系：信用风险、市场风险、操作风险、流动性风险及其他重要风险的管理目标、政策、流程以及组织架构和相关部门的职能。

（二）资本充足率计算范围。

（三）资本数量、构成及各级资本充足率。

（四）信用风险、市场风险、操作风险的计量方法，风险计量体系的重大变更，以及相应的资本要求变化。

（五）信用风险、市场风险、操作风险及其他重要风险暴露和评估的定性和定量信息。

（六）内部资本充足评估方法以及影响资本充足率的其他相关因素。

（七）薪酬的定性信息和相关定量信息。

商业银行应当按照本办法附件15的要求充分披露资本充足率相关信息。

第一百六十二条　商业银行应当保证披露信息的真实性、准确性和完整性。

第一百六十三条　本办法规定的披露内容是资本充足率信息披露的最低要求，商业银行应当遵循充分披露的原则，并根据监管政策变化及时调整披露事项。

第一百六十四条　商业银行采用资本计量高级方法的，并行期内应至少披露本办法规定的定性信息和资本底线的定量信息。

第一百六十五条　商业银行可以不披露专有信息或保密信息的具体内容，但应进行一般性披露，并解释原因。

第一百六十六条　商业银行信息披露频率分为临时、季度、半年及年度披露，其中，临时信息应及时披露，季度、半年度信息披露时间为期末后30个工作日内，年度信息披露时间为会计年度终了后4个月内。因特殊原因不能按时披露的，应至少提前15个工作日向银监会申请延迟披露。

第一百六十七条 商业银行应当分别按照以下频率披露相关信息：

（一）实收资本或普通股及其他资本工具的变化情况应及时披露。

（二）核心一级资本净额、一级资本净额、资本净额、最低资本要求、储备资本和逆周期资本要求、附加资本要求、核心一级资本充足率、一级资本充足率以及资本充足率等重要信息应按季披露。

（三）资本充足率计算范围、信用风险暴露总额、逾期及不良贷款总额、贷款损失准备、信用风险资产组合缓释后风险暴露余额、资产证券化风险暴露余额、市场风险资本要求、市场风险期末风险价值及平均风险价值、操作风险情况、股权投资及其损益、银行账户利率风险情况等相关重要信息应每半年披露一次。

第一百六十八条 经银监会同意，在满足信息披露总体要求的基础上，同时符合以下条件的商业银行可以适当简化信息披露的内容：

（一）存款规模小于2000亿元人民币。

（二）未在境内外上市。

（三）未跨区域经营。

第十章　附　　则

第一百六十九条 农村合作银行、村镇银行、农村信用合作社、农村资金互助社、贷款公司、企业集团财务公司、消费金融公司、金融租赁公司、汽车金融公司参照本办法执行。外国银行在华分行参照本办法规定的风险权重计量人民币风险加权资产。

第一百七十条 本办法所称的资本计量高级方法包括信用风险内部评级法、市场风险内部模型法和操作风险高级计量法。商业银行采用资本计量高级方法，应当按照本办法附件16的规定建立资本计量高级方法验证体系。

第一百七十一条 银监会对获准采用资本计量高级方法的商业

银行设立并行期，并行期自获准采用资本计量高级方法当年底开始，至少持续 3 年。并行期内，商业银行应按照本办法规定的资本计量高级方法和其他方法并行计量资本充足率，并遵守本办法附件 14 规定的资本底线要求。

并行期第一年、第二年和第三年的资本底线调整系数分别为95%、90% 和 80%。

并行期内，商业银行实际计提的贷款损失准备超过预期损失的，低于 150% 拨备覆盖率的超额贷款损失准备计入二级资本的数量不得超过信用风险加权资产的 0.6%；高于 150% 拨备覆盖率的超额贷款损失准备可全部计入二级资本。

第一百七十二条 商业银行应在 2018 年底前达到本办法规定的资本充足率监管要求，鼓励有条件的商业银行提前达标。

第一百七十三条 达标过渡期内，商业银行应当制定并实施切实可行的资本充足率分步达标规划，并报银监会批准。银监会根据商业银行资本充足率达标规划实施情况，采取相应的监管措施。

第一百七十四条 达标过渡期内，商业银行应当同时按照《商业银行资本充足率管理办法》和本办法计量并披露并表和非并表资本充足率。

第一百七十五条 达标过渡期内，商业银行可以简化信息披露内容，但应当至少披露资本充足率计算范围、各级资本及扣减项、资本充足率水平、信用风险加权资产、市场风险加权资产、操作风险加权资产和薪酬的重要信息，以及享受过渡期优惠政策的资本工具和监管调整项目。

第一百七十六条 商业银行计算并表资本充足率，因新旧计量规则差异导致少数股东资本可计入资本的数量下降，减少部分从本办法施行之日起分五年逐步实施，即第一年加回 80%，第二年加回60%，第三年加回 40%，第四年加回 20%，第五年不再加回。

第一百七十七条 本办法中采用标准普尔的评级符号，但对商业银行选用外部信用评级公司不做规定；商业银行使用外部评级公司的评级结果应符合本办法附件 17 的规定，并保持连续性。

第一百七十八条 附件 1、附件 2、附件 3、附件 4、附件 5、附件 6、附件 7、附件 8、附件 9、附件 10、附件 11、附件 12、附件 13、附件 14、附件 15、附件 16、附件 17 是本办法的组成部分。

（一）附件 1：资本工具合格标准。

（二）附件 2：信用风险权重法表内资产风险权重、表外项目信用转换系数及合格信用风险缓释工具。

（三）附件 3：信用风险内部评级法风险加权资产计量规则。

（四）附件 4：信用风险内部评级法风险暴露分类标准。

（五）附件 5：信用风险内部评级体系监管要求。

（六）附件 6：信用风险内部评级法风险缓释监管要求。

（七）附件 7：专业贷款风险加权资产计量规则。

（八）附件 8：交易对手信用风险加权资产计量规则。

（九）附件 9：资产证券化风险加权资产计量规则。

（十）附件 10：市场风险标准法计量规则。

（十一）附件 11：市场风险内部模型法监管要求。

（十二）附件 12：操作风险资本计量监管要求。

（十三）附件 13：商业银行风险评估标准。

（十四）附件 14：资本计量高级方法监督检查。

（十五）附件 15：信息披露内容和要求。

（十六）附件 16：资本计量高级方法验证要求。

（十七）附件 17：外部评级使用规范。

第一百七十九条 本办法由银监会负责解释。

本办法自 2013 年 1 月 1 日起施行。《商业银行资本充足率管理办法》（中国银行业监督管理委员会 2004 年第 2 号令颁布实施，根据 2006 年 12 月 28 日中国银行业监督管理委员会第五十五次主席会议《关于修改〈商业银行资本充足率管理办法〉的决定》修正）、《商业银行银行账户信用风险暴露分类指引》、《商业银行信用风险内部评级体系监管指引》、《商业银行专业贷款监管资本计量指引》、

《商业银行信用风险缓释监管资本计量指引》、《商业银行操作风险监管资本计量指引》（银监发〔2008〕69号）、《商业银行资本充足率信息披露指引》（银监发〔2009〕97号）、《商业银行资本计量高级方法验证指引》（银监发〔2009〕104号）、《商业银行资本充足率监督检查指引》（银监发〔2009〕109号）、《商业银行资产证券化风险暴露监管资本计量指引》（银监发〔2009〕116号）、《商业银行市场风险资本计量内部模型法监管指引》（银监发〔2010〕13号）、《商业银行资本计量高级方法实施申请和审批指引》（银监发〔2010〕114号）同时废止。本办法施行前出台的有关规章及规范性文件如与本办法不一致的，按照本办法执行。

资本工具合格标准

一、核心一级资本工具的合格标准

（一）直接发行且实缴的。

（二）按照相关会计准则，实缴资本的数额被列为权益，并在资产负债表上单独列示和披露。

（三）发行银行或其关联机构不得提供抵押或保证，也不得通过其他安排使其在法律或经济上享有优先受偿权。

（四）没有到期日，且发行时不应造成该工具将被回购、赎回或取消的预期，法律和合同条款也不应包含产生此种预期的规定。

（五）在进入破产清算程序时，受偿顺序排在最后。所有其他债权偿付后，对剩余资产按所发行股本比例清偿。

（六）该部分资本应首先并按比例承担绝大多数损失，在持续经营条件下，所有最高质量的资本工具都应按同一顺序等比例吸收损失。

（七）收益分配应当来自于可分配项目。分配比例完全由银行自由裁量，不以任何形式与发行的数额挂钩，也不应设置上限，但不得超过可分配项目的数额。

（八）在任何情况下，收益分配都不是义务，且不分配不得被视为违约。

（九）不享有任何优先收益分配权，所有最高质量的资本工具的分配权都是平等的。

（十）发行银行不得直接或间接为购买该工具提供融资。

（十一）发行必须得到发行银行的股东大会，或经股东大会授权的董事会或其他人员批准。

二、其他一级资本工具的合格标准

（一）发行且实缴的。

（二）按照相关会计准则，若该工具被列为负债，必须具有本金吸收损失的能力。

（三）受偿顺序排在存款人、一般债权人和次级债务之后。

（四）发行银行或其关联机构不得提供抵押或保证，也不得通过其他安排使其相对于发行银行的债权人在法律或经济上享有优先受偿权。

（五）没有到期日，并且不得含有利率跳升机制及其他赎回激励。

（六）自发行之日起，至少 5 年后方可由发行银行赎回，但发行银行不得形成赎回权将被行使的预期，且行使赎回权应得到银监会的事先批准。

（七）发行银行赎回其他一级资本工具，应符合以下要求：

1. 使用同等或更高质量的资本工具替换被赎回的工具，并且只有在收入能力具备可持续性的条件下才能实施资本工具的替换。

2. 或者行使赎回权后的资本水平仍明显高于银监会规定的监管资本要求。

（八）本金的偿付必须得到银监会的事先批准，并且发行银行不得假设或形成本金偿付将得到银监会批准的市场预期。

（九）任何情况下发行银行都有权取消资本工具的分红或派息，且不构成违约事件。发行银行可以自由支配取消的收益用于偿付其他到期债务。取消分红或派息除构成对普通股的收益分配限制以外，不得构成对发行银行的其他限制。

（十）必须含有减记或转股的条款，当触发事件发生时，该资本工具能立即减记或者转为普通股。

（十一）分红或派息必须来自于可分配项目，且分红或派息不得与发行银行自身的评级挂钩，也不得随着评级变化而调整。

（十二）不得包含妨碍发行银行补充资本的条款。

（十三）发行银行及受其控制或有重要影响的关联方不得购买该工具，且发行银行不得直接或间接为购买该资本工具提供融资。

（十四）某项资本工具不是由经营实体或控股公司发行的，发行所筹集的资金必须无条件立即转移给经营实体或控股公司，且转移的方式必须至少满足前述其他一级资本工具的合格标准。

三、二级资本工具的合格标准

（一）发行且实缴的。

（二）受偿顺序排在存款人和一般债权人之后。

（三）不得由发行银行或其关联机构提供抵押或保证，也不得通过其他安排使其相对于发行银行的存款人和一般债权人在法律或经济上享有优先受偿权。

（四）原始期限不低于5年，并且不得含有利率跳升机制及其他赎回激励。

（五）自发行之日起，至少5年后方可由发行银行赎回，但发行银行不得形成赎回权将被行使的预期，且行使赎回权必须得到银监会的事先批准。

（六）商业银行的二级资本工具，应符合以下要求：

1. 使用同等或更高质量的资本工具替换被赎回的工具，并且只有在收入能力具备可持续性的条件下才能实施资本工具的替换。

2. 或者，行使赎回权后的资本水平仍明显高于银监会规定的监管资本要求。

（七）必须含有减记或转股的条款，当触发事件发生时，该工具能立即减记或者转为普通股。触发事件是指以下两者中的较早者：

1. 银监会认定若不进行减记该银行将无法生存。

2. 银监会认定若不进行公共部门注资或提供同等效力的支持该银行将无法生存。

（八）除非商业银行进入破产清算程序，否则投资者无权要求加快偿付未来到期债务（本金或利息）。

（九）分红或派息必须来自于可分配项目，且分红或派息不得与发行银行自身的评级挂钩，也不得随着评级变化而调整。

（十）发行银行及受其控制或有重要影响的关联方不得购买该工具，且发行银行不得直接或间接为购买该工具提供融资。

（十一）某项资本工具不是由经营实体或控股公司发行的，发行所筹集的资金必须无条件立即转移给经营实体或控股公司，且转移的方式必须至少满足前述二级资本工具的合格标准。

信用风险权重法表内资产风险权重、
表外项目信用转换系数及合格信用风险缓释工具

一、表内资产风险权重

表1　　　　　　　　　　　**表内资产风险权重表**

项　　目	权重
1. 现金类资产	
1.1 现金	0%
1.2 黄金	0%
1.3 存放中国人民银行款项	0%
2. 对中央政府和中央银行的债权	
2.1 对我国中央政府的债权	0%
2.2 对中国人民银行的债权	0%
2.3 对评级 AA－（含 AA－）以上的国家或地区的中央政府和中央银行的债权	0%
2.4 对评级 AA－以下，A－（含 A－）以上的国家或地区的中央政府和中央银行的债权	20%
2.5 对评级 A－以下，BBB－（含 BBB－）以上的国家或地区的中央政府和中央银行的债权	50%
2.6 对评级 BBB－以下，B－（含 B－）以上的国家或地区的中央政府和中央银行的债权	100%
2.7 对评级 B－以下的国家或地区的中央政府和中央银行的债权	150%
2.8 对未评级的国家或地区的中央政府和中央银行的债权	100%
3. 对我国公共部门实体的债权	20%
4. 对我国金融机构的债权	
4.1 对我国政策性银行的债权（不包括次级债权）	0%
4.2 对我国中央政府投资的金融资产管理公司的债权	
4.2.1 持有我国中央政府投资的金融资产管理公司为收购国有银行不良贷款而定向发行的债券	0%
4.2.2 对我国中央政府投资的金融资产管理公司的其他债权	100%
4.3 对我国其他商业银行的债权（不包括次级债权）	
4.3.1 原始期限3个月以内	20%

项　　目	权重
4.3.2 原始期限 3 个月以上	25%
4.4 对我国商业银行的次级债权（未扣除部分）	100%
4.5 对我国其他金融机构的债权	100%
5. 对在其他国家或地区注册的金融机构和公共部门实体的债权	
5.1 对评级 AA－（含 AA－）以上国家或地区注册的商业银行和公共部门实体的债权	25%
5.2 对评级 AA－以下，A－（含 A－）以上国家或地区注册的商业银行和公共部门实体的债权	50%
5.3 对评级 A－以下，B－（含 B－）以上国家或地区注册的商业银行和公共部门实体的债权	100%
5.4 对评级 B－以下国家或地区注册的商业银行和公共部门实体的债权	150%
5.5 对未评级的国家或地区注册的商业银行和公共部门实体的债权	100%
5.6 对多边开发银行、国际清算银行及国际货币基金组织的债权	0%
5.7 对其他金融机构的债权	100%
6. 对一般企业的债权	100%
7. 对符合标准的微型和小型企业的债权	75%
8. 对个人的债权	
8.1 个人住房抵押贷款	50%
8.2 对已抵押房产，在购房人没有全部归还贷款前，商业银行以再评估后的净值为抵押追加贷款的，追加的部分	150%
8.3 对个人其他债权	75%
9. 租赁资产余值	100%
10. 股权	
10.1 对金融机构的股权投资（未扣除部分）	250%
10.2 被动持有的对工商企业的股权投资	400%
10.3 因政策性原因并经国务院特别批准的对工商企业的股权投资	400%
10.4 对工商企业的其他股权投资	1250%
11. 非自用不动产	
11.1 因行使抵押权而持有并在法律规定处分期限内的非自用不动产	100%
11.2 其他非自用不动产	1250%
12. 其他	
12.1 依赖于银行未来盈利的净递延税资产（未扣除部分）	250%
12.2 其他表内资产	100%

二、表外项目信用转换系数

表 2   表外项目信用转换系数表

项目	信用转换系数
1. 等同于贷款的授信业务	100%
2. 贷款承诺	
2.1 原始期限不超过 1 年的贷款承诺	20%
2.2 原始期限 1 年以上的贷款承诺	50%
2.3 可随时无条件撤销的贷款承诺	0%
3. 未使用的信用卡授信额度	
3.1 一般未使用额度	50%
3.2 符合标准的未使用额度	20%
4. 票据发行便利	50%
5. 循环认购便利	50%
6. 银行借出的证券或用做抵押物的证券	100%
7. 与贸易直接相关的短期或有项目	20%
8. 与交易直接相关的或有项目	50%
9. 信用风险仍在银行的资产销售与购买协议	100%
10. 远期资产购买、远期定期存款、部分交款的股票及证券	100%
11. 其他表外项目	100%

（一）等同于贷款的授信业务，包括一般负债担保、承兑汇票、具有承兑性质的背书及融资性保函等。

（二）与贸易直接相关的短期或有项目，主要指有优先索偿权的装运货物作抵押的跟单信用证。

（三）与交易直接相关的或有项目，包括投标保函、履约保函、预付保函、预留金保函等。

（四）信用风险仍在银行的资产销售与购买协议，包括资产回购协议和有追索权的资产销售。

三、证券、商品、外汇交易清算过程中形成的风险暴露

（一）货款对付模式下的信用风险加权资产计算

1. 货款对付模式指在结算日，证券和资金、资金和资金进行实时同步、最终一致、不可撤销的交收。

2. 货款对付模式下信用风险加权资产为

$$RWA = E \times R \times 12.5$$

其中：

（1）RWA 为货款对付模式下信用风险加权资产；

（2）E 为货款对付模式下，因合约结算价格与当期市场价格差异而产生的风险暴露；

（3）R 为与延迟交易时间相关的资本计提比例，具体见表3。

表3　　　　　　货款对付模式下交易对手信用风险资本计提比例

自合约结算日起延迟交易的交易日数	资本计提比例
4（含）个交易日以内	0%
5~15（含）个交易日之间	8%
16~30（含）个交易日之间	50%
31~45（含）个交易日之间	75%
46（含）个交易日以上	100%

（二）非货款对付模式下信用风险加权资产计算

非货款对付模式下，因商业银行已执行支付，而交易对手未在约定日期支付而产生的风险暴露：自商业银行执行支付之日起，交易对手未支付部分视同对该交易对手的债权进行处理；自交易对手应履行支付义务之日起，5 个交易日后，交易对手仍未支付部分的风险权重为1250%。

四、合格信用风险缓释工具

表 4 合格信用风险缓释工具的种类

信用风险缓释工具	种类
质物	（一）以特户、封金或保证金等形式特定化后的现金； （二）黄金； （三）银行存单； （四）我国财政部发行的国债； （五）中国人民银行发行的票据； （六）我国政策性银行、公共部门实体、商业银行发行的债券、票据和承兑的汇票； （七）金融资产管理公司为收购国有银行而定向发行的债券； （八）评级为 BBB－（含 BBB－）以上国家或地区政府和中央银行发行的债券； （九）注册地所在国家或地区的评级在 A－（含 A－）以上的境外商业银行和公共部门实体发行的债券、票据和承兑的汇票； （十）多边开发银行、国际清算银行和国际货币基金组织发行的债券。
保证	（一）我国中央政府、中国人民银行、政策性银行、公共部门实体和商业银行； （二）评级为 BBB－（含 BBB－）以上国家或地区政府和中央银行； （三）注册地所在国家或地区的评级在 A－（含 A－）以上的境外商业银行和公共部门实体； （四）多边开发银行、国际清算银行和国际货币基金组织。

附件3:

信用风险内部评级法风险加权资产计量规则

商业银行采用内部评级法的,应当按照以下规则计量主权、金融机构、公司和零售风险暴露的信用风险加权资产。股权风险暴露的信用风险加权资产采用权重法计量。

一、未违约风险暴露的风险加权资产的计量

(一)计算信用风险暴露的相关性(R)

1. 主权、一般公司风险暴露

$$R = 0.12 \times \frac{1 - \dfrac{1}{e^{(50 \times PD)}}}{1 - \dfrac{1}{e^{50}}} + 0.24 \times \left[1 - \frac{1 - \dfrac{1}{e^{(50 \times PD)}}}{1 - \dfrac{1}{e^{50}}} \right]$$

2. 金融机构风险暴露

$$R_{FI} = 1.25 \times \left\{ 0.12 \times \frac{1 - \dfrac{1}{e^{(50 \times PD)}}}{1 - \dfrac{1}{e^{50}}} + 0.24 \times \left[1 - \frac{1 - \dfrac{1}{e^{(50 \times PD)}}}{1 - \dfrac{1}{e^{50}}} \right] \right\}$$

3. 中小企业风险暴露

$$R_{SME} = 0.12 \times \left[\frac{1 - \dfrac{1}{e^{(50 \times PD)}}}{1 - \dfrac{1}{e^{50}}} \right] + 0.24 \times \left[1 - \frac{1 - \dfrac{1}{e^{(50 \times PD)}}}{1 - \dfrac{1}{e^{50}}} \right]$$

$$- 0.04 \times \left(1 - \frac{S - 3}{27} \right)$$

S 为中小企业在报告期的年营业收入(单位为千万元人民币),低于3千万元人民币的按照3千万元人民币来处理。

4. 零售风险暴露

个人住房抵押贷款,$R_{r1} = 0.15$

合格循环零售贷款，$R_{r2} = 0.04$

其他零售贷款，

$$R_{r3} = 0.03 \times \frac{1 - \dfrac{1}{e^{(35 \times PD)}}}{1 - \dfrac{1}{e^{35}}} + 0.16 \times \left[1 - \frac{1 - \dfrac{1}{e^{(35 \times PD)}}}{1 - \dfrac{1}{e^{35}}}\right]$$

（二）计算期限调整因子（b）

$$b = \left[0.11852 - 0.05478 \times \ln(PD)\right]^2$$

（三）计算信用风险暴露的资本要求（K）

1. 非零售风险暴露

$$K = \left[LGD \times N\left(\sqrt{\frac{1}{1 - R}} \times G(PD) + \sqrt{\frac{R}{1 - R}} \times G(0.999)\right) - PD \times LGD\right]$$

$$\times \left\{\frac{1}{1 - 1.5 \times b} \times \left[1 + (M - 2.5) \times b\right]\right\}$$

2. 零售风险暴露

$$K = LGD \times N\left[\sqrt{\frac{1}{1 - R}} \times G(PD) + \sqrt{\frac{R}{1 - R}} \times G(0.999)\right] - PD \times LGD$$

（四）计算信用风险暴露的风险加权资产（RWA）

$$RWA = K \times 12.5 \times EAD$$

二、已违约风险暴露的风险加权资产的计量

$$K = \max\left[0, (LGD - BEEL)\right]$$

$$RWA = K \times 12.5 \times EAD$$

此处，$BEEL$ 是指考虑经济环境、法律地位等条件下对已违约风险暴露的预期损失率的最大估计值。

信用风险内部评级法风险暴露分类标准

一、银行账户信用风险暴露分类的政策和程序

（一）商业银行应制定银行账户信用风险暴露分类政策，明确开展风险暴露划分与调整的程序和内部控制要求，完善相应的报告制度和信息系统管理。

（二）商业银行应结合本行的管理架构、资产结构和风险特征确定风险暴露分类的标准和流程。商业银行分类标准与本办法要求不一致的，应报银监会备案。

（三）商业银行应指定部门牵头负责全行风险暴露分类工作，并由两个相对独立的岗位或部门分别负责风险暴露的划分和认定。

（四）商业银行开展风险暴露分类时，应根据不同风险暴露类别的划分标准，将资产划入相应的风险暴露类别。对不符合主权风险暴露、金融机构风险暴露、零售风险暴露、股权风险暴露、其他风险暴露划分标准且存在信用风险的资产，应纳入公司风险暴露处理。

（五）商业银行应根据风险暴露特征的变化，调整风险暴露类别。在出现风险暴露类别调整特征后的半年内，商业银行应完成暴露类别的调整。

（六）商业银行应建立银行账户信用风险暴露分类和调整的报告制度，定期向董事会和高管层报告分类状况和风险情况。

（七）商业银行应在相关信息系统中对每笔业务的风险暴露类别进行标识。

（八）商业银行应建立银行账户信用风险暴露分类的内部审计制度，对银行账户风险暴露分类实施情况定期开展审计。

二、主权风险暴露

主权风险暴露是指对主权国家或经济实体区域及其中央银行、公共

部门实体，以及多边开发银行、国际清算银行和国际货币基金组织等的债权。

多边开发银行的范围见本办法第五十六条。

三、金融机构风险暴露

（一）金融机构风险暴露是指商业银行对金融机构的债权。根据金融机构的不同属性，商业银行应将金融机构风险暴露分为银行类金融机构风险暴露和非银行类金融机构风险暴露。

（二）银行类金融机构包括在中华人民共和国境内设立的商业银行、农村合作银行、农村信用社等吸收公众存款的金融机构，以及在中华人民共和国境外注册并经所在国家或者地区金融监管当局批准的存款类金融机构。

（三）非银行类金融机构包括经批准设立的证券公司、保险公司、信托公司、财务公司、金融租赁公司、汽车金融公司、货币经纪公司、资产管理公司、基金公司以及其他受金融监管当局监管的机构。

四、公司风险暴露

（一）公司风险暴露是指商业银行对公司、合伙制企业和独资企业及其他非自然人的债权，但不包括对主权、金融机构和纳入零售风险暴露的企业的债权。

（二）根据债务人类型及其风险特征，公司风险暴露分为中小企业风险暴露、专业贷款和一般公司风险暴露。

（三）中小企业风险暴露是商业银行对年营业收入（近3年营业收入的算术平均值）不超过3亿元人民币的企业的债权。

（四）专业贷款是指公司风险暴露中同时具有如下特征的债权：

1. 债务人通常是一个专门为实物资产融资或运作实物资产而设立的特殊目的实体。

2. 债务人基本没有其他实质性资产或业务，除了从被融资资产中获得的收入外，没有独立偿还债务的能力。

3. 合同安排给予贷款银行对融资形成的资产及其所产生的收入有

相当程度的控制权。

（五）专业贷款划分为项目融资、物品融资、商品融资和产生收入的房地产贷款。

（六）项目融资除符合专业贷款的特征外，还应同时具有如下特征：

1. 融资用途通常是用于建造一个或一组大型生产装置或基础设施项目，包括对在建项目的再融资。

2. 债务人通常是为建设、经营该项目或为该项目融资而专门组建的企业法人。

3. 还款资金来源主要依赖该项目产生的销售收入、补贴收入或其他收入，一般不具备其他还款来源。

（七）物品融资除符合专业贷款的特征外，还应同时具有如下特征：

1. 债务人取得融资资金用于购买特定实物资产，如船舶、航空器、轨道交通工具等。

2. 还款来源主要依靠已用于融资、抵押或交给贷款银行的特殊资产创造的现金流。这些现金流可通过一个或几个与第三方签订的出租或租赁合约实现。

（八）商品融资除符合专业贷款的特征外，还应同时具有如下特征：

1. 为可在交易所交易的商品（如原油、金属或谷物）的储备、存货或应收而进行的结构性短期融资。

2. 债务人没有其他实质性资产，主要依靠商品销售的收益作为还款来源。

3. 贷款评级主要反映贷款自我清偿的程度及贷款银行组织该笔交易的能力，而不反映债务人的资信水平。

（九）产生收入的房地产贷款除符合专业贷款的特征外，还应同时具有如下特征：

1. 债务人一般是一个专门开发融资项目的公司，也可是从事房地产建设或拥有房地产的运营公司。

2. 融资用途是房地产（如用于出租的办公室建筑、零售场所、多户的住宅、工业和仓库场所及旅馆）的开发、销售或出租，以及土地整理、开发和储备等。

3. 还款主要依赖于贷款所形成房地产的租金、销售收入或土地出让收入。

（十）一般公司风险暴露是指中小企业风险暴露和专业贷款之外的其他公司风险暴露。

五、零售风险暴露

（一）零售风险暴露应同时具有如下特征：

1. 债务人是一个或几个自然人。

2. 笔数多，单笔金额小。

3. 按照组合方式进行管理。

（二）零售风险暴露分为个人住房抵押贷款、合格循环零售风险暴露、其他零售风险暴露三大类。商业银行可以根据自身业务状况和管理实际，在上述基础上做进一步细分。

（三）个人住房抵押贷款是指以购买个人住房为目的并以所购房产为抵押的贷款。

（四）合格循环零售风险暴露指各类无担保的个人循环贷款。合格循环零售风险暴露中对单一客户最大信贷余额不超过 100 万元人民币。

（五）其他零售风险暴露是指除个人住房抵押贷款和合格循环零售风险暴露之外的其他对自然人的债权。

（六）符合本办法第六十四条规定的对微型和小型企业的风险暴露，可纳入其他零售风险暴露。

六、股权风险暴露

（一）股权风险暴露是指商业银行直接或间接持有的股东权益。

（二）纳入股权风险暴露的金融工具应同时满足如下条件：

1. 持有该项金融工具获取收益的主要来源是未来资本利得，而不是随时间所产生的收益。

2. 该项金融工具不可赎回，不属于发行方的债务。

3. 对发行方资产或收入具有剩余索取权。

（三）符合下列条件之一的金融工具应划分为股权风险暴露：

1. 与商业银行一级资本具有同样结构的工具。

2. 属于发行方债务但符合下列条件之一的金融工具：

（1）发行方可无限期推迟债务清偿。

（2）债务须由发行方通过发行固定数量的股票来清偿，或允许按照发行方意愿通过发行固定数量的股票来清偿。

（3）债务须由发行方通过发行不定数量的股票来清偿，或允许按照发行方意愿通过发行不定数量的股票来清偿，且不定数量股票价值变化与债务价值的变动高度相关。

（4）持有方有权要求以股票方式清偿债务，但以下情形除外：对可交易的工具，商业银行能证明且银监会也认可该工具的交易更具有发行方的债务特征；对不可交易的工具，商业银行能证明且银监会也认可该工具应作为债务处理。

七、其他风险暴露

（一）购入应收账款是指销售方将其现在或将来的基于其与买入方订立的商品、产品或劳务销售合同所产生的应收账款，根据契约关系以有追索权或无追索权方式转让给商业银行所形成的资产。购入应收账款可分为合格购入公司应收账款和合格购入零售应收账款。

（二）合格购入零售应收账款纳入零售风险暴露。合格购入公司应收账款原则上应纳入公司风险暴露，商业银行也可将合格购入公司应收账款作为单独一类风险暴露。合格购入公司应收账款应同时满足以下条件：

1. 销售方与买入方订立的销售合同真实、公平、合法、有效，且销售方能够提供完整的应收账款债权证明。

2. 销售方与商业银行之间无任何关联关系，该应收账款不是由商业银行直接或间接发起。

3. 集团公司内部企业之间、关联企业之间发生的应收账款，不属于合格应收账款。

4. 商业银行对所有应收账款的收益或按比例分摊的收益拥有债权。

（三）资产证券化风险暴露是指商业银行因从事资产证券化业务而形成的表内外风险暴露。资产证券化风险暴露包括但不限于资产支持证券、住房抵押贷款证券、信用增级、流动性便利、利率或货币互换、信用衍生工具和分档次抵补。

储备账户如果作为发起机构的资产，应当视同于资产证券化风险暴露。储备账户包括但不限于现金抵押账户和利差账户。

附件 5：

信用风险内部评级体系监管要求

一、总体要求

（一）商业银行采用内部评级法计量信用风险资本要求，应按照本办法要求建立内部评级体系。

内部评级体系包括对主权、金融机构和公司风险暴露（以下简称非零售风险暴露）的内部评级体系和零售风险暴露的风险分池体系。

（二）商业银行的内部评级体系应能有效识别信用风险，具备稳健的风险区分和排序能力，并准确量化风险。内部评级体系包括以下基本要素：

1. 内部评级体系的治理结构，保证内部评级结果客观性和可靠性。

2. 非零售风险暴露内部评级和零售风险暴露风险分池的技术标准，确保非零售风险暴露每个债务人和债项划入相应的风险级别，确保每笔零售风险暴露划入相应的资产池。

3. 内部评级的流程，保证内部评级的独立性和公正性。

4. 风险参数的量化，将债务人和债项的风险特征转化为违约概率、违约损失率、违约风险暴露和期限等风险参数。

5. IT 和数据管理系统，收集和处理内部评级相关信息，为风险评估和风险参数量化提供支持。

二、内部评级体系的治理结构

商业银行应根据本办法第七章要求完善治理结构，并按下列要求建立内部评级体系的治理结构：

（一）商业银行应明确董事会及其授权的专门委员会、监事会、高级管理层和相关部门在内部评级体系治理结构中的职责，以及内部评级体系的报告要求。

（二）商业银行董事会承担内部评级体系管理的最终责任，并履行以下职责：

1. 审批内部评级体系重大政策，确保内部评级体系设计、流程、风险参数量化、信息系统和数据管理、验证和内部评级应用满足监管要求。

2. 批准内部评级体系实施规划，并充分了解内部评级体系的政策和流程，确保商业银行有足够的资源用于内部评级体系的开发建设。

3. 监督并确保高级管理层制定并实施必要的内部评级政策和流程。

4. 每年至少对内部评级体系的有效性进行一次检查。

5. 审批或授权审批涉及内部评级体系的其他重大事项。

（三）商业银行高级管理层负责组织内部评级体系的开发和运作，明确对内部评级和风险参数量化技术、运行表现以及监控措施的相关要求，制定内部评级体系设计、运作、改进、报告和评级政策，确保内部评级体系持续、有效运作。高级管理层应具体履行以下职责：

1. 根据董事会批准的内部评级体系实施规划，配备资源开发、推广、运行和维护本银行的内部评级体系。

2. 制定内部评级体系的配套政策流程，明确相关部门或人员的职责，制定并实施有效的问责制度。必要时，高级管理层应对现有信用风险管理政策、流程和监控体系进行修改，确保内部评级体系有效融入日常信用风险管理。

3. 监测内部评级体系的表现及风险预测能力，定期检查信用风险主管部门监控措施执行情况，定期听取信用风险主管部门关于评级体系表现及改进情况的报告。

4. 向董事会报告内部评级政策重大修改或特例事项的可能影响。

5. 组织开展相关培训，增强本行工作人员对内部评级体系的理解。

（四）商业银行应建立一整套基于内部评级的信用风险内部报告体系，确保董事会、高级管理层、信用风险主管部门能够监控资产组合信用风险变化情况，并有助于验证和审计部门评估内部评级体系有效性。根据信息重要性、类别及报告层级的不同，商业银行应明确内部报告的频率和内容。报告应包括以下信息：

1. 按照评级表述的信用风险总体情况。

2. 不同级别、资产池之间的迁徙情况。

3. 每个级别、资产池相关风险参数的估值及与实际值的比较情况。

4. 内部评级体系的验证结果。

5. 监管资本变化及变化原因。

6. 压力测试条件及结果。

7. 内部审计情况。

（五）商业银行应指定信用风险主管部门负责内部评级体系的设计、实施和监测。信用风险主管部门应独立于贷款发起及发放部门，负责人应直接向高级管理层汇报，并具备向董事会报告的途径。信用风险主管部门的职责应包括：

1. 设计和实施内部评级体系，负责或参与评级模型的开发、选择和推广，对评级过程中使用的模型承担监控责任，并对模型的日常检查和持续优化承担最终责任。

2. 检查评级标准，检查评级定义的实施情况，评估评级对风险的预测能力，定期向高级管理层报送有关内部评级体系运行表现的专门报告，确保高级管理层对内部评级体系的日常运行进行有效的监督。

3. 检查并记录评级过程变化及原因，分析并记录评级推翻和产生特例的原因。

4. 组织开展压力测试，参与内部评级体系的验证。

5. 编写内部评级体系报告，包括违约时和违约前一年的评级情况、评级迁徙分析以及对关键评级标准趋势变化的监控情况等，每年至少两次向高级管理层提交报告。

（六）商业银行内部审计部门负责对内部评级体系及风险参数估值的审计工作。审计部门的职责应包括：

1. 评估内部评级体系的适用性和有效性，测试内部评级结果的可靠性。

2. 审计信用风险主管部门的工作范围和质量，评估相关人员的专业技能及资源充分性。

3. 检查信息系统的结构和数据维护的完善程度。

4. 检查计量模型的数据输入过程。

5. 评估持续符合本办法要求的情况。

6. 与高级管理层讨论审计过程中发现的问题，并提出相应建议。

7. 每年至少一次向董事会报告内部评级体系审计情况。

（七）商业银行应就内部评级体系的治理建立完整的文档，证明其能够持续达到监管要求，为银监会评估其内部评级体系的治理有效性提供支持。文档应至少包括：

1. 董事会职责以及履职情况。

2. 高级管理层职责以及履职情况。

3. 信用风险主管部门的职责、独立性以及履职情况。

4. 基于内部评级的信用风险报告制度及执行情况。

5. 内部评级体系的内部审计制度及执行情况。

6. 内部评级体系的外部审计情况。

7. 相关会议纪要、检查报告和审计报告等信息。

三、非零售风险暴露内部评级体系的设计

（一）基本要求

1. 商业银行应通过内部评级确定每个非零售风险暴露债务人和债项的风险等级。

商业银行可以对低风险业务或不能满足评级条件的风险暴露采取灵活的处理方法，但评级政策应详细说明处理方式，并报银监会备案。

2. 商业银行债务人评级范围应包括所有债务人与保证人。同一交易对手，无论是作为债务人还是保证人，在商业银行内部只能有一个评级。

3. 商业银行应对承担信用风险的每笔债项所对应的所有债务人和保证人分别评级。

4. 商业银行应对非零售风险暴露债务人的每笔债项进行评级。

5. 商业银行可以采用计量模型方法、专家判断方法或综合使用两种方法进行评级。商业银行对不同非零售风险暴露可选用不同方法，但应向银监会证明所选方法能够准确反映评级对象的风险特征。

6. 非零售风险暴露内部评级的技术要求包括评级维度、评级结构、评级方法论和评级时间跨度、评级标准、模型使用和文档化管理等方面。

（二）评级维度

1. 非零售风险暴露的内部评级包括债务人评级和债项评级两个相互独立的维度。

2. 债务人评级用于评估债务人违约风险，仅反映债务人风险特征，一般不考虑债项风险特征。违约债务人的违约概率为100%；商业银行可以设定1个违约债务人级别，也可以根据本银行管理需要按预期损失程度设定多个违约债务人级别。

3. 同一债务人不同债项的债务人评级应保持一致。

4. 债务人级别应按照债务人违约概率的大小排序；若违约债务人级别超过1个，违约债务人级别应按照预期损失大小排序。

5. 商业银行采用初级内部评级法，债项评级可以基于预期损失，同时反映债务人违约风险和债项损失程度；也可以基于违约损失率，反映债项损失的风险。债项评级应按照债项损失的严重程度排序。

6. 商业银行采用高级内部评级法，应通过独立的债项评级评估债项的损失风险，债项级别按照违约损失率大小排序。商业银行应考虑影响违约损失率的所有重要因素，包括产品、贷款用途和抵质押品特征等。对违约损失率有一定预测能力的债务人特征，也可以纳入债项评级。商业银行可以对不同资产考虑不同风险因素，以提高风险估计的相关性和精确度。

（三）评级结构

1. 商业银行应设定足够的债务人级别和债项级别，确保对信用风险的有效区分。信用风险暴露应在不同债务人级别和债项级别之间合理分布，不能过于集中。

2. 商业银行债务人评级应最少具备7个非违约级别、1个违约级别，并保证较高级别的风险小于较低级别的风险。根据资产组合的特点和风险管理需要，商业银行可以设定多于本办法规定的债务人级别，但应保持风险级别间排序的一致性和稳定性。

3. 若单个债务人级别风险暴露超过所有级别风险暴露总量的 30%，商业银行应有经验数据向银监会证明该级别违约概率区间合理并且较窄。

4. 商业银行应避免同一债项级别内不同风险暴露的违约损失率差距过大。债项评级的标准应基于实证分析，如果风险暴露在特定债项级别的集中度较高，商业银行应保证同一级别内债项的损失严重程度相同。

（四）债务人评级方法论和时间跨度

1. 商业银行可以采取时点评级法、跨周期评级法以及介于两者之间的评级方法估计债务人的违约概率。

2. 商业银行的债务人评级应同时考虑影响债务人违约风险的非系统性因素和系统性因素。商业银行应向银监会说明所采取的评级方法如何考虑系统性风险因素的影响，并证明其合理性。

非系统性因素是指与单个债务人相关的特定风险因素；系统性因素是指与所有债务人相关的共同风险因素，如宏观经济、商业周期等。

3. 商业银行应至少估计债务人未来一年的违约概率。

4. 商业银行的债务人评级既要考虑债务人目前的风险特征，又要考虑经济衰退、行业发生不利变化对债务人还款能力和还款意愿的影响，并通过压力测试反映债务人的风险敏感性。如果数据有限，或难以预测将来发生事件对债务人财务状况的影响，商业银行应进行保守估计。

（五）评级标准

1. 商业银行应书面规定评级定义、过程和标准。评级定义和标准应合理、直观，且能够有意义地区分风险。

评级定义应包括各级别风险程度的描述和各级别之间风险大小的区分标准。

评级标准应与商业银行的授信、不良贷款处置等政策保持一致性。

2. 商业银行的评级标准应考虑与债务人和债项评级相关的所有重要信息。商业银行拥有的信息越少，对债务人和债项的评级应越保守。

3. 商业银行应确保评级定义的描述详细、可操作，以便评级人员对债务人或债项进行合理划分。不同业务条线、部门和地区的评级标准应保持一致；如果存在差异，应对评级结果的可比性进行监测，并及时完善。

4. 商业银行采用基于专家判断的评级时，应确保评级标准清晰、透明，以便银监会、内审部门和其他第三方掌握评级方法、重复评级过程、评估级别的适当性。

5. 商业银行的内部评级可以参考外部评级结果，但不能仅依赖外部评级，并应满足下列条件：

（1）了解外部评级所考虑的风险因素和评级标准，确保外部评级结构与内部评级保持一致。

（2）有能力分析外部评级工具的预测能力。

（3）评估使用外部评级工具对内部评级的影响。

（六）模型使用

1. 信用风险计量模型应在评估违约特征和损失特征中发挥重要作用。由于信用风险计量模型仅使用部分信息，商业银行应通过必要的专家判断保证内部评级考虑了所有相关信息。专家判断应考虑模型未涉及的相关信息。商业银行应就如何结合专家判断和模型结果建立书面的指导意见。

2. 商业银行应能证明用于建模的数据代表资产组合的规模和特点，建立定期评估建模数据的准确性、完整性和适当性的程序，确保基于建模数据的风险参数有效应用于信贷组合管理。

3. 商业银行可以根据业务的复杂程度以及风险管理水平建立多种评级体系。商业银行应对各评级体系进行准确性和一致性的验证。

4. 商业银行应定期进行模型验证，包括对模型区分能力、预测能力、准确性和稳定性的监控，模型之间相互关系的复议以及模型预测结果和实际结果的返回检验。商业银行应有能力评估模型局限性，检查并控制模型错误，持续改进模型表现。

5. 商业银行应充分了解评级模型的基本假设，评估假设与现实经济环境的一致性。在经济环境发生改变时，商业银行应确保现有模型能够适用于改变后的经济环境，评级结果差异在可控范围之内；如果模型结果达不到上述要求，商业银行应对模型结果进行保守调整。

（七）文档化管理

1. 商业银行应书面记录非零售风险暴露内部评级的设计，建立符合本办法要求的文档。

2. 商业银行应书面记录内部评级的重要过程，至少包括：

（1）评级目标。

（2）资产组合分类。

（3）各类风险暴露评级体系的适用性和依据。

（4）内部评级在信用风险管理和资本管理中的作用。

3. 商业银行应书面记录评级标准以及各级别的定义，至少包括：

（1）评级方法和数据。

（2）债务人评级和债项评级级别结构的确定依据及其含义，包括债务人和债项级别的数量、债务人和债项在不同级别之间的分布等。

（3）债务人各级别之间基于风险的关系，根据债务人级别的违约概率，确定各级别的风险。

（4）债项各级别之间基于风险的关系，根据预期损失严重程度，确定各级别的风险。

（5）选择评级标准的依据和程序，确保能够对内部评级区分风险的能力作出分析；如果采用多种评级方法，应记录每种评级方法的选择依据和程序。

（6）违约和损失定义。

4. 商业银行应对评级模型的方法论、使用范围等建立完整的文档，文档应至少包括：

（1）详细描述各个级别、单个债务人、债项所使用的模型方法论、假设、数学及经验基础、建模数据来源。

（2）建模数据对信贷组合的代表性检验情况。

（3）运用统计方法进行模型验证的情况，包括时段外和样本外验证。

（4）模型有效性受限制的情形，以及解决方法。

5. 采用外部模型也应达到本办法规定的文档化要求。

四、零售风险暴露风险分池体系的设计

（一）基本要求

1. 商业银行应建立零售风险暴露的风险分池体系，制定书面政策，确保对每笔零售风险暴露进行准确、可靠的区分，并分配到相应的资产池中。

商业银行的风险分池政策应详细说明对一些特殊零售风险暴露的处理方式，包括不再推广但仍然存续的产品、暂无风险分池方法和标准的新产品等。

2. 商业银行应对已违约和未违约的零售风险暴露分别进行风险划分；对不同国家的零售风险暴露，应分别进行风险划分，如商业银行能够证明，不同国家零售风险暴露的风险具有同质性，经银监会认可，可不单独分池。

3. 商业银行应选择可靠的风险因素进行风险分池，这些因素应同时用于零售业务信用风险的管理。商业银行选择风险因素时，可以采用统计模型、专家判断或综合使用两种方法。

4. 零售风险暴露的风险分池应同时反映债务人和债项主要风险特征。同一池中零售风险暴露的风险程度应保持一致，风险特征包括但不限于下列因素：

（1）债务人风险特征，包括债务人类别和人口统计特征等，如收入状况、年龄、职业、客户信用评分、地区等。

（2）债项风险特征，包括产品和抵质押品的风险特征，如抵质押方式、抵质押比例、担保、优先性、账龄等。

（3）逾期信息。

5. 商业银行应确保每个资产池中汇集足够多的同质风险暴露，并能够用于准确、一致地估计该池的违约概率、违约损失率和违约风险暴露。

6. 在确保有效区分风险的前提下，商业银行可以灵活地选择风险分池方法。商业银行风险分池方法应保证分池的稳定性和一致性，如果出现零售风险暴露在资产池之间频繁调整的情况，商业银行应审查风险

分池方法。

7. 商业银行应保证零售风险暴露在资产池之间保持合理分布，避免单个池中零售风险暴露过于集中。若单个资产池中风险暴露超过该类零售风险暴露总量的30%，商业银行应向银监会证明该资产池中风险暴露具有风险同质性，并且不会影响估计该池的风险参数。

8. 对于个人住房抵押贷款和合格循环零售风险暴露，至少每年重新确定一次存量客户的分池；按照归入零售风险暴露小企业的标准，至少每年重新确定一次归入零售风险暴露的小企业名单。

9. 零售风险暴露风险分池的技术要求包括风险分池方法、风险分池标准和文档化管理。

（二）风险分池方法

1. 商业银行应根据数据情况选择分池方法，可以根据单笔风险暴露的评分、账龄等风险要素进行分池，也可根据单笔风险暴露的违约概率、违约损失率和违约风险暴露等风险参数进行分池。

2. 对于数据缺失的零售风险暴露，商业银行应充分利用已有数据，并通过风险分池体系的设计弥补数据不足的影响。数据缺失程度应作为风险分池的一个因素。

3. 商业银行采用信用评分模型或其他信用风险计量模型估计零售风险暴露风险参数时，相关模型的使用应达到本办法要求。

（三）风险分池标准

1. 商业银行应建立书面的资产池定义以及风险分池流程、方法和标准，相关规定应明确、直观、详细，确保具有相同信用风险的零售风险暴露划分至同样的资产池。

商业银行的风险分池的标准应与零售业务管理政策保持一致。风险分池结果应与长期经验保持一致。

2. 商业银行应确保不同业务条线、部门和地区的零售风险暴露分池标准一致，如果存在差异，应对风险划分结果的可比性进行监测，并及时完善。

3. 商业银行应确保分池标准的透明度，便于银监会、内审部门和其他第三方掌握风险分池方法、重复划分过程、评估风险分池的适当性。

4. 风险分池应考虑本办法规定的所有相关信息。

考虑债务人违约特征时，应包含债务人在不利经济状况或发生预料之外事件时的还款能力和还款意愿。商业银行难以预测将来发生的事件以及事件对债务人财务状况的影响时，应对预测信息持审慎态度。如果相关数据有限，商业银行应保守地进行相关分析。

5. 商业银行应采用长于一年时间跨度的数据，并尽量使用近期数据，确保风险分池的准确性、稳定性。商业银行拥有的信息越少，风险分池应越审慎。

（四）文档化管理

1. 商业银行应书面记录零售风险暴露风险分池的设计，建立符合本办法要求的文档。

2. 商业银行应书面记录资产池分池方法和标准，至少包括：

（1）分池所使用的方法、数据及原理。

（2）资产池的确定依据及其含义，包括资产池的数量、风险暴露在不同池之间的分布、风险因素的选择方法、模型和选定的风险特征。

（3）资产池风险同质性分析、集中度分析以及风险划分的合理性、一致性等。商业银行应记录风险暴露在资产池之间的迁徙状况，以及对资产池与风险分池进行修改的依据及情况。

（4）违约和损失的定义。

3. 商业银行风险分池中使用计量模型的，应就模型的方法论、使用范围等建立完整的文档。文档应至少包括：

（1）详细描述风险分池所使用模型的方法论、假设、数学及经验基础、建模数据来源。

（2）建模数据对零售风险暴露的代表性检验情况。

（3）运用统计方法进行模型验证的情况，包括时段外和样本外验证。

（4）标示模型有效性受限制的情形，以及商业银行的解决方法。

4. 采用外部模型也应达到本办法规定的文档化要求。

五、内部评级流程

（一）基本要求

1. 商业银行应建立完善的内部评级流程，确保非零售风险暴露内部评级和零售风险暴露风险分池过程的独立性。

2. 商业银行内部评级流程包括评级发起、评级认定、评级推翻和评级更新，并体现在商业银行的授信政策和信贷管理程序中。

零售风险暴露的风险分池通常不允许推翻。若商业银行允许推翻，应制定书面政策和程序，并向银监会证明必要性和审慎性。

3. 商业银行应建立确保内部评级流程可靠运行的管理信息系统，详细记录评级全过程，以确保非零售风险暴露的债务人评级与债项评级、零售风险暴露风险分池操作流程的有效执行。

4. 商业银行应建立完整的文档，以保证内部评级过程的规范化和持续优化，并证明内部评级体系操作达到本办法的要求。文档至少包括：

（1）评级流程设计原理。

（2）评级体系运作的组织架构、岗位设置和职责。

（3）评级发起、评级认定、评级推翻和评级更新的政策和操作流程。

（4）评级管理办法，包括管理层对评级审核部门的监督责任等。

（5）评级例外政策。

（6）基于计量模型的内部评级的指导原则及监测。

（7）评级的信息系统需求书。

（8）其他内容，包括评级体系运作程序发生的主要变化、银监会最近一次检查以来的主要变化等。

（二）评级发起

1. 评级发起是指评级人员对客户与债项进行一次新的评级过程。

2. 商业银行应制定评级发起政策，包括评级发起工作的岗位设置、评级发起的债务人与债项范围、时间频率、操作程序等。

3. 商业银行应规定本行不同机构对同一债务人或债项评级发起的

相关授权流程。

4. 评级发起人员应遵循尽职原则，充分、准确地收集评级所需的各项数据，审查资料的真实性，完整无误地将数据输入信用评级系统。

5. 评级发起应遵循客观、独立和审慎的原则，在充分进行信用分析的基础上，遵循既定的标准和程序，保证信用评级的质量。

（三）评级认定

1. 评级认定是指评级认定人员对评级发起人员评级建议进行最终审核认定的过程。

2. 商业银行应设置评级认定岗位或部门，审核评级建议，认定最终信用等级。

评级认定的岗位设置应满足独立性要求，评级认定人员不能从贷款发放中直接获益，不应受相关利益部门的影响，不能由评级发起人员兼任。

（四）评级推翻

1. 评级推翻包括评级人员对计量模型评级结果的推翻和评级认定人员对评级发起人员评级建议的否决。

2. 商业银行应建立明确的评级推翻政策和程序，包括评级推翻的依据和条件、权限划分、幅度、结果处理以及文档化等。

3. 对基于计量模型的内部评级体系，商业银行应监控专家判断推翻模型评级、排除变量和调整参数的情况，并制定相应的指导原则。

4. 对基于专家判断的内部评级体系，商业银行应明确评级人员推翻评级结果的情况，包括推翻程序、由谁推翻、推翻程度。

5. 商业银行应建立完善的评级推翻文档，在评级系统中详细记录评级推翻的理由、结果以及评级推翻的跟踪表现。

（五）评级更新

1. 商业银行应建立书面的评级更新政策，包括评级更新的条件、频率、程序和评级有效期。

2. 商业银行对非零售风险暴露的债务人和保证人评级应至少每年更新一次。

对风险较高的债务人，商业银行应适当提高评级更新频率。

3. 商业银行可根据内部风险管理的需要确定债项评级的更新频率，但至少每年更新一次。

对风险较高的债项，商业银行应适当提高评级更新的频率。

4. 商业银行应建立获得和更新债务人财务状况、债项特征的重要信息的有效程序。若获得信息符合评级更新条件，商业银行应在 3 个月内完成评级更新。评级有效期内需要更新评级时，评级频率不受每年一次的限制，评级有效期自评级更新之日重新计算。

5. 商业银行应持续监测每笔零售风险暴露风险特征的变化情况，并根据最新信息及时将零售风险暴露迁徙到相应资产池中。

6. 商业银行应根据产品和风险特征、风险估计的时间跨度以及零售业务风险管理的要求，确定更新检查频率，但至少每年检查一次各类资产池的损失特征和逾期状况，至少每季度抽样检查一次资产池中单个债务人及其贷款的情况。

六、风险参数量化

（一）基本要求

1. 风险参数量化是指商业银行估计内部评级法信用风险参数的过程。

对于非零售风险暴露，实施初级内部评级法的商业银行应估计违约概率；实施高级内部评级法的商业银行应估计违约概率、违约损失率、违约风险暴露和期限。对于零售风险暴露，商业银行应估计违约概率、违约损失率和违约风险暴露。

2. 商业银行应根据本办法要求建立风险参数量化政策、过程和关键定义，并确保在银行内部得到统一实施。

3. 商业银行应根据所有可获得的数据、信息和方法估计违约概率、违约损失率和违约风险暴露。

4. 违约概率、违约损失率、违约风险暴露的估值应以历史经验和实证研究为基础，不能仅依靠专家判断。商业银行应对风险参数量化过程所涉及的专家判断和调整进行实证分析，确保不低估风险。调整决定、依据及计算方法应记录存档，以便于内部监督和持续改进，确保监督检查能追踪整个过程。商业银行应采取敏感性分析，评估调整对风险参数、监管资本要求的影响。

5. 商业银行应制定风险参数量化更新政策，确保技术进步、数据信息和估值方法的变化情况能及时充分地反映在风险参数中。商业银行应至少每年审查一次内部风险参数的估计值，并根据业务需要及时更新量化方法和流程。

6. 违约概率、违约损失率和违约风险暴露的估值应遵循审慎原则。商业银行应保守估计风险参数的误差，误差越大，保守程度应越大。

7. 对于零售风险暴露，若商业银行能证明不同资产池之间的违约损失特征没有实质性差别，这些资产池可以使用相同风险参数估计值。

8. 风险参数量化过程及风险参数估计值的重大调整应及时报银监会备案。

9. 商业银行应建立完善的风险参数量化文档，以持续改进风险参数的量化过程，并为银监会的监督检查提供支持。

（二）风险参数量化的流程

1. 商业银行应制定书面的风险参数量化流程，确保对风险参数审慎估计。风险参数量化流程应包括数据选取、参数估算、映射和参数应用四个阶段。

2. 商业银行应从历史数据中选取合格数据，建立样本数据集。数据选取应达到本办法相关要求。

3. 样本数据集的数据来源可以包括内部数据、外部数据和内外部集合数据，确保估值基于所有相关和重要的数据。使用外部数据时，商业银行应保证外部数据与内部数据之间的可比性、相关性和一致性。

4. 商业银行应确保相关数据定义的一致性。用于估计风险要素的数据中，风险暴露数量、生成数据时所使用的授信标准以及其他相关的特征，应与商业银行的风险暴露和授信标准一致，至少应可以相互比较。

5. 商业银行选取的样本数据应有代表性，能反映信用风险暴露特征、本银行信贷政策以及当前和未来的经济状况。样本数据的选取数目和选取时间段，应能够确保风险参数估计的准确性。

6. 风险参数量化的数据观察期应涵盖一个完整的经济周期。用于估计非零售风险暴露债务人违约概率的数据观察期不得低于 5 年；用于估计非零售风险暴露违约损失率、违约风险暴露的数据观察期不得低于 7 年；用于估计零售风险暴露风险参数的数据观察期不得低于 5 年。如果商业银行能获得更长时期的历史数据，应采用更长的历史观察期。观察期越短，商业银行的估值就应越保守。

7. 不同阶段的历史数据应具有相同重要性，如果商业银行的实证经验表明，某阶段历史数据能够更好地反映经济周期的影响，有助于准确估计参数，经银监会批准，商业银行可以对特定阶段数据的使用做特殊处理。

8. 商业银行可以使用外部数据、内部数据、内外部集合数据或综合使用 3 类数据来源，但至少其中 1 类数据源的历史观察期不低于本办法的相关要求。

9. 商业银行实施内部评级法之前数据收集标准可以有一定的灵活性，但使用时应进行适当调整，并向银监会证明调整后的数据与其他数据没有实质性差别。

10. 商业银行应至少每年对样本数据集进行一次全面的分析和检查，以保证样本数据与现有组合之间的相关性，评估样本数据的质量以及样本数据与违约定义之间的一致性。如果样本数据集或现有的风险暴露组合数据存在重要缺陷或缺少重要信息，商业银行应制定书面的处理和调整方法。

11. 商业银行应基于样本数据的风险特性及表现估计风险参数。参数估计应达到本办法的相关要求。

12. 商业银行应运用统计工具，对具有不同风险特征的样本数据集进行分析，分别估算风险参数。商业银行可使用一种或多种统计方法估计风险参数。当产生多种估值结果时，商业银行应对基于外部数据和内部数据的风险参数估计值，以及使用不同模型得到的风险参数估计值进行整合。商业银行应建立明确一致的政策以整合不同数据基础、不同计量模型的估计结果，并检查不同整合对估值结果的敏感性。

13. 使用内部数据、外部数据或内外部集合数据时，商业银行必须证明参数估算代表了长期经验。参数估计应反映数据观察期内商业银行贷款发放政策及回收流程的变化。

14. 违约概率的估计值应是某一级别债务人或某一零售资产池一年期实际违约率的长期平均数。违约损失率和违约风险暴露应是长期的、违约加权的平均值。

15. 商业银行可以考虑合格保证人和信用衍生品的风险缓释作用，对债务人评级或零售资产分池、违约损失率进行调整。

16. 如果样本数据区间未包括经济衰退时期，应调整参数估计，弥补数据缺失的影响。

17. 商业银行应在样本数据和实际风险暴露组合之间建立映射关系。映射应满足本办法的相关要求。

18. 商业银行应对每个样本数据集和每个估计模型建立映射流程，映射应反映每一个样本数据集及计量模型中使用的风险特征。

19. 为保证映射的有效性，样本数据的评级结构和分类标准应与实际风险暴露一致。如果商业银行风险暴露分类标准发生改变，商业银行应在样本数据集与现行分类标准间重新建立映射关系，并证明映射的正确性。

20. 映射应基于实际风险暴露组合和样本数据集之间最常见和最有意义的风险特征。

21. 商业银行若分别使用内部违约经验和统计违约模型估计长期违约概率，应建立各种方法与实际风险暴露的映射关系。

22. 商业银行应将基于样本数据集估计的风险参数应用于实际资产组合。

（三）违约概率估计及要求

1. 债务人出现以下任何一种情况应被视为违约：

（1）债务人对银行集团的实质性信贷债务逾期90天以上。若债务人违反了规定的透支限额或者重新核定的透支限额小于目前的余额，各项透支将被视为逾期。

（2）商业银行认定，除非采取变现抵质押品等追索措施，债务人可能无法全额偿还对银行集团的债务。出现以下任何一种情况，商业银

行应将债务人认定为"可能无法全额偿还对商业银行的债务":

第一,商业银行对债务人任何一笔贷款停止计息或应计利息纳入表外核算;

第二,发生信贷关系后,由于债务人财务状况恶化,商业银行核销了贷款或已计提一定比例的贷款损失准备;

第三,商业银行将贷款出售并承担一定比例的账面损失;

第四,由于债务人财务状况恶化,商业银行同意进行消极重组,对借款合同条款作出非商业性调整,具体包括但不限于以下情况:一是合同条款变更导致债务规模下降,二是因债务人无力偿还而借新还旧,三是债务人无力偿还而导致的展期;

第五,商业银行将债务人列为破产企业或类似状态;

第六,债务人申请破产,或者已经破产,或者处于类似保护状态,由此将不履行或延期履行偿付商业银行债务;

第七,商业银行认定的其他可能导致债务人不能全额偿还债务的情况。

2. 商业银行应根据前述违约情形细化制定本银行内部统一的违约定义,明确违约认定流程,并确保一致地实施。商业银行内部违约定义应审慎确定实质性信贷债务的标准、触发违约的贷款损失准备计提比例、贷款销售损失比例以及消极债务重组导致的债务规模下降比例等。

银行应将违约定义的判定标准固化到信息系统中,在系统中详细记录造成违约的原因,积累违约数据。

3. 针对非零售风险暴露,如果某债务人被认定为违约,商业银行应对该债务人所有关联债务人的评级进行检查,评估其偿还债务的能力。是否对关联债务人实行交叉违约认定,取决于关联债务人经济上相互依赖和一体化程度。商业银行内部评级政策应明确对企业集团的评级方法,并确保一致的实施。

(1) 如果内部评级基于整个企业集团,并依据企业集团评级进行授信,集团内任一债务人违约应被视为集团内所有债务人违约的触发条件。

(2) 如果内部评级基于单个企业而不是企业集团,集团内任一企业违约不必然导致其他债务人违约，商业银行应及时审查该企业的关联债务人的评级，据此决定是否调整其评级。

4. 商业银行应制定重新确定账龄的政策，并确保统一实施。在此基础上商业银行可以根据重新确定的账龄（包括贷款展期、延期偿付等）计算债项逾期天数。重新确定账龄政策至少应包括：

（1）重新确定账龄的审批人和报告要求。

（2）重新确定账龄前债项的最低账龄。

（3）重新确定账龄的债项逾期情况。

（4）每笔债项可以重新确定账龄的最大数量。

（5）对债务人偿债能力重新评估。

5. 商业银行对下列特殊风险暴露使用重新确定后的账龄，应满足以下条件：

（1）对于透支，透支余额必须减少到限额以下。

（2）对非零售循环风险暴露逾期部分必须全部偿还。

（3）对于上期未偿还额度转入下期偿还额度的循环零售贷款，最近一期的最低偿还额度应全额偿还。

（4）对于分期偿还贷款，逾期时间最长的贷款（包括本金、利息以及罚息等）应全额偿还等。

6. 商业银行应根据违约定义，记录各类资产的实际违约情况，并估算违约概率。

7. 对于非零售风险暴露，应在债务人层面认定违约，同一债务人的所有债项的违约概率相同；对于零售风险暴露，应在债项层面认定违约定义，同一债务人的不同债项的违约概率可以不同。

8. 数据应能反映包括经济衰退期在内的整个经济周期的债务人违约风险的变化情况，如数据未包括经济衰退期，商业银行应调整违约概率估算方法或估值结果。

9. 如果样本数据与违约定义存在差异，商业银行应对样本数据进行调整。

10. 商业银行估计每个级别平均违约概率时，应使用合适的信息、方法并适当考虑长期违约经验。商业银行应采用与数据基础一致的估计技术，确保估计能准确反映违约概率。商业银行可采用内部违约经验、映射外部数据和统计违约模型等技术估计平均违约概率。商业银行可选择一项主要技术，辅以其他技术作比较，并进行可能的调整。针对信息和技术的局限性，商业银行可运用专家判断对估值结果进行调整。

（1）内部违约经验。商业银行可使用内部违约经验估计违约概率。商业银行应证明估计的违约概率反映了历史数据对应时期的授信标准以及评级体系和当前的差异。在数据有限或授信标准、评级体系发生变化的情况下，商业银行应留出保守的、较大的调整余地。商业银行可以采用多家银行汇集的数据，但应证明，风险暴露池中其他商业银行的内部评级体系和标准能够与本银行比较。

（2）映射外部数据。商业银行可将内部评级映射到外部信用评级机构或类似机构的评级，将外部评级的违约概率作为内部评级的违约概率。评级映射应建立在内部评级标准与外部机构评级标准可比，并且对同样的债务人内部评级和外部评级可相互比较的基础上。商业银行应避免映射方法或基础数据存在偏差和不一致的情况，所使用的外部评级量化风险数据应针对债务人的违约风险，而不反映债项的特征。商业银行应比较内部和外部评级的违约定义。商业银行应建立内外部评级映射的文档。

（3）统计违约模型。对任一级别的债务人，商业银行可以使用违约概率预测模型得到的每个债务人违约概率的简单平均值作为该级别的违约概率，商业银行采用的违约概率模型应达到本办法有关模型使用的要求。

11. 商业银行对非零售风险暴露可以采用债务人映射方法和评级等级映射方法。债务人映射将每个债务人风险特征映射到样本数据集。评级等级映射，是将同一等级债务人的风险特征进行均化，或者对每个等级构建一个典型的或有代表性的债务人，再将这个代表性的债务人与样本数据进行映射。

12. 计算违约概率的时间跨度一般为 1 年。为估计长期贷款的风险水平，商业银行可采用 3 年、5 年等不同期限的累计违约概率来确定债务人等级。

13. 对零售风险暴露，如果商业银行具备专门的数据基础将风险暴露划分至不同资产池，则应把内部数据作为估计损失特征的基础信息来源。如果商业银行能够证明风险暴露分池过程和外部数据源之间，以及内部风险暴露和外部数据之间存在密切联系，允许其采用外部数据来量化风险。在任何情况下，商业银行都应使用所有相关的重要数据，以便进行内外结果的比较。

14. 商业银行通过计量模型估计零售风险暴露债务人违约概率时，模型的输入变量构建应考虑债务人的风险特征、贷款期限、宏观经济及行业特有变量等因素。

15. 如果商业银行认定账龄是某类零售风险暴露的重要风险因素，且违约概率具有成熟性效应，违约概率估计值应反映较长时期内风险暴露的成熟性效应，适当时可上调违约概率，以确保资本足以抵御潜在信贷损失。

16. 在下列情况下，即使零售风险暴露具有成熟性效应，商业银行可不考虑成熟性效应：

（1）如果商业银行计划并能够在 90 天内出售该资产或者将其证券化。

（2）该风险暴露在发放时经过特殊认定。

（3）商业银行能够持续跟踪交易市场和资产证券化市场情况，能够测算交易对手风险，并在不同市场条件下出售该风险暴露或者将其证券化。

17. 零售风险暴露分池及违约概率估值模型没有考虑的重要违约因素，如所在行业和地区因素等，商业银行应在映射时充分考虑并进行适当调整。调整过程应透明，并将上述因素纳入分池和违约估值模型。

（四）违约损失率估计及要求

1. 违约损失率指某一债项违约导致的损失金额占该违约债项风险暴露的比例，即损失占风险暴露总额的百分比。

2. 违约损失率估计应基于经济损失。经济损失包括由于债务人违约造成的较大的直接和间接的损失或成本，同时还应考虑违约债项回收金额的时间价值和商业银行自身处置和清收能力对贷款回收的影响。

（1）直接损失或成本是指能够归结到某笔具体债项的损失或成本，包括本金和利息损失、抵押品清收成本或法律诉讼费用等。

（2）间接损失或成本是指商业银行因管理或清收违约债项产生的但不能归结到某一笔具体债项的损失或成本。商业银行应采用合理方式分摊间接损失或成本。

（3）商业银行应将违约债项的回收金额折现到违约时点，以真实反映经济损失。商业银行使用的折现率应反映清收期间持有违约债项的成本。确定折现率时，商业银行应考虑以下因素：

第一，如果回收金额是不确定的并且含有无法分散的风险，净现值的计算应反映回收金额的时间价值以及与风险相适应的风险溢价。风险溢价应反映经济衰退的情形。

第二，如果回收金额是确定的，净现值计算只需反映回收金额的时间价值，可以选择无风险折现率。

3. 商业银行估计经济损失应考虑所有相关因素。商业银行根据自身处置和清收能力调整违约损失率应遵循审慎原则，且内部经验数据能够证明处置和清收能力对违约损失率的影响。

4. 违约损失率应不低于违约加权长期平均损失率。

违约加权长期平均损失率是指在混合经济条件下，债务人在 1 年内出现违约时违约风险暴露的经济损失率。混合经济条件应包括经济衰退的情形。长期平均损失率应是基于同类贷款数据源中所有违约贷款的平均经济损失。

5. 违约损失率应反映经济衰退时期违约债项的损失严重程度，保证商业银行的违约损失估计值在所有可预见的经济条件下都保持稳健和可靠。商业银行应制定相关政策，识别经济衰退情况，分析经济衰退对损失程度的影响，并合理估计违约损失率。这些政策应包括但不限于下列内容：识别不同产品和地区经济出现衰退的标准、数据要求、判别经济衰退对损失影响程度的方法以及违约损失率的计量方法等。

6. 估计违约损失率的数据应仅包括违约债务人风险暴露。商业银行应收集区分违约暴露的关键因素、计算违约风险暴露经济损失的因素，包括但不限于：

（1）影响非零售风险暴露违约损失的重要因素包括抵质押、保证、经济环境、债务人的行业因素等。

（2）影响零售风险暴露违约损失的重要因素包括信用评分、产品、地区、未保证的信用额度、住房抵押贷款抵押率、风险暴露种类、客户关系的时间、债务人经济状况等。

（3）商业银行采用不同的经济损失估计方法所需数据不同。商业银行可以使用违约风险暴露或核销资产的市场价值，计算回收率；也可通过违约风险暴露（包括本金和应收未收利息及费用）、抵质押品处置损失、直接清收成本、分摊的间接清收成本、回收时间和回收数量、折现率等因素，计算实际经济损失。

7. 违约损失率估计应考虑实际回收数量和支付的成本。如商业银行对债务人的清收尚未最终完成，商业银行应确定一个清收完成时间点，时间点的选择应有充分依据，并记录在文档中。

8. 商业银行估计违约损失率时应考虑风险暴露损失严重程度的周期性变化。

9. 商业银行应考虑债务人风险和抵质押品风险或抵质押品提供方风险之间的相关性。相关性较大时，应进行保守估计。若债务和抵质押品存在币种错配，商业银行也应进行保守估计。

10. 违约损失率估计应以历史清偿率为基础，不能仅依据对抵质押品市值的估计。违约损失率估计应考虑到商业银行可能没有能力迅速控制和清算抵押品。若违约损失率估计考虑抵质押品因素，抵质押品应达到本办法的认定标准。

11. 商业银行应考虑到实际损失可能系统性地超过预期水平，违约损失率应反映清偿期间非预期损失额外上升的可能性。对违约贷款，商业银行应根据当前经济情况和贷款法律地位，审慎地估计每笔贷款的预期损失。违约损失率超过商业银行预期损失估计值的部分，就是这类贷款的资本要求。若违约贷款预期损失的估计值小于贷款损失准备与对这部分贷款冲销两者之和，商业银行应保证其合理性。当债项损失明显高于平均水平时，商业银行可以考虑对某一债项采用高于长期违约加权平均损失率。

12. 若估计违约损失率涉及实际资产组合中某些债项数据与外部评级机构的样本数据之间的映射，商业银行应比较样本数据和商业银行资产组合。商业银行映射政策应描述样本数据的范围和方法，避免映射方法或数据的误差不一致。

13. 从单个风险暴露汇总债项等级的违约损失率估计值时，商业银行应制定清晰的汇总管理政策。

14. 对于零售风险暴露，长期平均违约损失率和违约加权平均违约损失率的估计可以基于长期预期损失率。商业银行可以采用违约概率的估计值来推断长期违约加权损失率的均值，或采用长期违约加权平均损失率推断违约概率。在各种情况下，商业银行都应保证用于计量监管资本要求的违约损失率不低于长期违约加权的平均违约损失率。

15. 商业银行自行估计某类风险暴露的违约损失率时，对该类风险暴露应全部自行估计违约损失率。如果基于样本数据估计的违约损失率小于0，商业银行应检验损失确认程序，保证已涵盖了所有经济损失。违约损失率小于0的样本按照0处理。

（五）违约风险暴露估计及要求

1. 违约风险暴露是指债务人违约时预期表内和表外项目的风险暴露总额。

违约风险暴露应包括已使用的授信余额、应收未收利息、未使用授信额度的预期提取数量以及可能发生的相关费用等。

2. 估计违约风险暴露的数据应仅包含对违约债务人的风险暴露。这些数据应包括能区分违约债务人风险暴露的因素。

3. 商业银行采用高级内部评级法的，应估计每笔表内外项目的违约风险暴露。对同类表内表外项目，违约风险暴露估计值应是违约加权的长期平均数，商业银行应保守确定估计值的误差。由于不同表外项目违约风险暴露的估计方法不同，商业银行应清晰地描述表外项目的类别。

4. 商业银行采用初级内部评级法的，可以考虑表内项目净额结算的影响。净额结算应达到本办法的认定标准。

5. 商业银行应审慎考虑违约概率与违约风险暴露之间的相关性。

若整个经济周期内违约风险暴露的估计值不稳定，经济低迷时期的违约风险暴露比长期平均值更保守，商业银行应使用经济低迷时期的违约风险暴露。

6. 商业银行采用计量模型估计违约风险暴露，应通过分析模型驱动因素的周期特征来估计违约风险暴露。如缺乏充足的内部数据检查过去经济衰退期的影响，商业银行应审慎使用外部数据。

7. 商业银行估计违约风险暴露的标准应合理，标准的选择应基于商业银行内部可靠的分析。商业银行应分解违约风险暴露的驱动因素。估计违约风险暴露，商业银行应使用所有相关信息。商业银行对各种表内外项目的违约风险暴露应至少每年检查一次，如果出现新的重要信息，商业银行应及时进行检查。

8. 商业银行对违约风险暴露的估计值应反映违约事件发生时或发生后债务人继续提款的可能性。商业银行应制定相关政策，确定本银行对违反合约或发生技术违约债务人继续提款的控制措施，并建立有效的监控程序，监测表内外每个借款人和级别的承诺额度、当前余额和余额变化情况。

9. 对未来提取的零售风险暴露，在全面校验损失估计值之前，商业银行应考虑历史上的提取状况和预期提取状况。未来提款的可能性或在违约风险暴露估计中考虑，或在违约损失率的估计中考虑。

10. 如果零售风险暴露提取金额已经证券化，商业银行应通过信用转化系数估计授信限额中未提取部分的违约风险暴露。

（六）有效期限估计及要求

1. 商业银行采用初级内部评级法，除回购类交易有效期限是 0.5 年外，其他非零售风险暴露的有效期限为 2.5 年。

2. 商业银行采用高级内部评级法，应将有效期限视为独立的风险因素。在其他条件相同的情况下，债项的有效期限越短，信用风险就越小。

3. 除下款确定的情形外，有效期限取 1 年和以下定义的内部估计的有效期限中的较大值，但最大不超过 5 年。中小企业风险暴露的有效期限可以采用 2.5 年。

（1）对于有确定现金流安排的金融工具，有效期限为

$$M = \sum_t t \times CF_t \big/ \sum_t CF_t$$

CF_t 为在未来 t 时间段内需要支付的现金流最小值。

（2）商业银行不能计算债项的有效期限时，应保守地估计期限。期限应等于债务人按照贷款协议全部履行合约义务（本金、利息和手续费）的最大剩余时间。

（3）对净额结算主协议下的衍生产品进行期限调整时，商业银行应使用按照每笔交易的名义金额加权的平均期限。

4. 对于某些短期交易，有效期限为内部估计的有效期限与 1 天中的较大值，包括：

（1）原始期限 1 年以内全额抵押的场外衍生品交易、保证金贷款、回购交易和证券借贷。交易文件中必须包括按日重新估值并调整保证金，且在交易对手违约或未能补足保证金时可以及时平仓或处置抵押品的条款。

（2）原始期限 1 年以内自我清偿性的贸易融资，包括开立的和保兑的信用证。

（3）原始期限 3 个月以内的短期风险暴露，包括：不符合本款（1）标准的场外衍生品交易、保证金贷款、回购交易和证券借贷；证券买卖交易清算而产生的风险暴露；以电汇方式进行现金清算产生的风险暴露；外汇清算而产生的风险暴露；短期贷款和存款等。

（七）压力测试

1. 商业银行应定期进行压力测试。压力测试通过设定压力情景，考察特定情景对风险参数和资本充足率的影响，促使商业银行在经济周期各个阶段都持有足够的资本抵御风险。

2. 商业银行的压力测试范围应包括主要的非零售风险暴露组合和零售风险暴露组合。

3. 商业银行应建立合理的压力测试流程。压力情景应包括可能发生的事件或未来经济状况的变化，这些情况可能会对商业银行的信用风险暴露和抵御风险变化能力产生不利影响。采用的压力测试技术和方法

应与商业银行业务状况相符。

4. 商业银行应根据自身情况，基于历史经验有针对性地选择时间段或确定假设情景，建立压力环境架构。商业银行所选择压力情景的时间跨度应符合实际状况和理论假设。假设情景应包含特定假设压力情景下的风险因素，以反映最近市场变化导致的风险。

5. 商业银行进行压力测试时应考虑的主要风险因素包括以违约概率提高为特征的交易对手风险以及信用利差的恶化。商业银行应把握影响债务人还款能力的主要因素，如经济或行业衰退、重大市场冲击和流动性紧缩因素等。

6. 压力测试至少包括温和衰退的情景分析，确保压力测试的合理性和保守性。除本办法规定的压力情景外，商业银行可自行选择压力情景，以评估某些特殊状况对信用风险资本要求的影响。

7. 商业银行应计算压力情景下的违约概率、违约损失率、违约风险暴露等关键风险参数，并根据这些参数计算风险加权资产、资本要求及资本充足率等数据。

8. 商业银行可视内部管理需要或应监管要求，结合宏观市场因素，针对特定资产组合，如房地产贷款等，开展结构性压力测试。压力情景、风险因素、假设条件等可与整体压力测试不同，但需说明调整原因。

9. 商业银行应使用静态或动态测试方式，计量压力情景的影响。无论采用哪种方式，商业银行应考虑以下信息来源：

（1）商业银行内部数据应能估计债务人和债项的评级迁徙情况。

（2）商业银行应评估外部评级的评级迁徙情况，包括内部评级与外部评级之间的映射。

七、信息系统和数据管理

（一）信息系统

1. 商业银行应当建立相应的信息系统，记录工作流程，收集和存储数据，支持内部评级体系运行和风险参数量化。商业银行应当确保系统运行的可靠性、安全性和稳定性。

2. 商业银行内部评级体系信息系统的治理、开发、安全、运行和业务持续性应当遵循《银行业金融机构信息系统风险管理指引》的相关规定。

（二）数据管理

1. 商业银行内部评级使用的数据应当满足准确性、完整性和适当性要求。

2. 商业银行应当建立数据仓库，以获取、清洗、转换和存储满足内部评级要求的内部和外部数据。数据仓库是内部评级体系的主要数据来源和结果返回存储系统。

3. 商业银行应当在数据仓库的基础上建立风险数据集市，内部评级体系中模型的开发、优化、校准和验证应基于风险数据集市。风险数据集市是为满足内部评级的信息需求而定义和设计的数据集合，应包括单个客户、单笔债项的详细数据，以及行业、区域、产品等资产组合以及宏观层面的数据等。

4. 商业银行应当确保相关数据的可获得性，确保用于验证的数据以及评级体系输出结果的可复制性，确保用于重复计算的数据完整归档和维护。

5. 商业银行应当对数据仓库、数据集市和数据库系统的扩展配置足够资源，以满足内部评级体系的要求，确保数据库扩展过程中不发生信息丢失的风险。

6. 商业银行应当建立数据管理系统，收集和存储历史数据以支持内部评级体系的运行。数据管理系统应当包括以下功能：

（1）跟踪记录、维护和分析非零售风险暴露整个生命周期内的债务人和债项的关键性数据，包括历史评级信息。

（2）获取非零售风险暴露的所有评级数据，包括债务人评级和债项评级的重要定性和定量因素。

（3）获取特定时段内零售风险暴露及其债务人的特点、历史表现。

（4）获取所有零售贷款数据以开发风险分池体系并进行分池。

（5）开发和改进内部评级体系、风险参数计量模型及相应的流程。

（6）计量监管资本要求。

（7）形成内部和公开的报告。

7. 商业银行应当建立内部评级体系的数据质量控制政策和程序，建立数据质量问题报告机制、错误数据的修改机制，对各类数据质量问题分等级报告。经过处理的原始数据，单一时点上应当能满足逻辑检验，多时点间连续性和一致性应当能满足统计检验、业务检验、逻辑检验。

8. 商业银行应当全面记录进入数据库数据的传递、保存和更新流程，并建立详细文档。

八、内部评级应用

（一）基本要求

1. 商业银行应确保内部评级和风险参数量化的结果应用于信用风险管理实践。商业银行的内部评级结果和风险参数估计值应在风险管理政策制定、信贷审批、资本分配和治理等方面发挥重要作用。

2. 商业银行应向银监会证明，内部评级体系所使用的、产生的并用于计量监管资本要求的信息，与信用风险管理使用的信息应保持一致，包括使用相同的信息来源、相同的风险因素、一致的排序结构、一致的风险参数。

若两者不一致，商业银行应记录、披露并向银监会解释差异存在的原因与合理性，确保两者之间的差异不会导致资本要求下降。这是获得银监会批准实施内部评级法的前提条件之一。

3. 商业银行应充分运用内部评级体系所使用和产生的信息，促使内部评级体系的持续改进。

4. 商业银行的内部评级和风险参数量化应是风险管理文化的有机组成部分，得到商业银行内部业务和管理人员的广泛认同。

5. 商业银行获准采用内部评级法之前，内部评级体系实际运用应不短于 3 年。这期间允许商业银行改进内部评级体系。

6. 商业银行采用多种内部评级和风险参数量化方法，所有方法都应达到本办法规定的应用要求。

7. 商业银行的高级管理人员、相关部门人员应了解内部评级体系、评级模型以及评级结果实际应用的状况。其中，涉及授信发起、审批、发放以及风险管理的高级管理人员和工作人员应深入理解内部评级的应用范围和程度。

8. 商业银行应建立内部评级体系应用文档。文档应至少包括：内部评级结果和风险参数量化估计值具体运用领域和相应支持文件、用于计算监管资本要求的内部评级体系与内部风险管理之间差异的记录、应用检查和独立审计报告等。商业银行应指定专门部门负责跟踪记录应用实际状况，便于银监会的监督检查。

9. 内部评级体系达到本办法规定的应用要求是银监会批准商业银行实施内部评级法的前提之一。内部评级体系处于下列状况应被视为未达到应用要求：

（1）内部评级体系或风险参数量化模型尚处于试运行状态。

（2）内部评级结果或风险参数估计值仅作为信贷决策辅助或参考信息。

（3）内部评级结果以及风险参数估计值仅用于计算信用风险的监管资本要求。

10. 商业银行实施初级内部评级法，非零售风险暴露的债务人评级结果和违约概率的估计值、零售业务的风险分池和风险参数估计值应在核心应用范围发挥重要作用，并在高级应用范围有所体现。

11. 商业银行实施高级内部评级法，应向银监会证明内部评级结果和风险参数估计值在核心应用范围和高级应用范围的所有方面都发挥了重要作用。

（二）核心应用范围

1. 债务人或债项的评级结果应是授信审批的重要依据，商业银行的授信政策应明确规定债务人或债项的评级结果是授信决策的主要条件之一。

2. 商业银行应针对不同评级的债务人或债项采用不同监控手段和频率。

3. 商业银行应根据债务人或债项的评级结果，设置单一债务人或资产组合限额。

4. 商业银行应根据债务人和债项的评级以及行业、区域等组合层面评级结果，制定差异化的信贷政策。

5. 信用风险主管部门应至少按季向董事会、高级管理层和其他相关部门或人员报告债务人和债项评级总体概况和变化情况。商业银行的内部报告制度应明确规定风险报告的内容、频率和对象。

（三）高级应用范围

1. 内部评级结果和风险参数估计值应作为商业银行构建经济资本计量模型的重要基础和输入参数的重要来源。

2. 内部评级结果和风险参数估计值应作为商业银行确定风险偏好和制定风险战略的基础。

3. 风险参数估计值应作为商业银行贷款损失准备计提的重要依据。

4. 风险参数估计值应作为商业银行贷款及投资定价的重要基础。

5. 内部评级结果和风险参数估计值应是计算风险调整后资本收益率的重要依据。商业银行应将内部评级的结果明确纳入绩效考核政策。

6. 内部评级体系和风险参数量化模型的开发和运用应有助于商业银行加强相关信息系统建设、配置充分的风险管理资源以及审慎风险管理文化的形成。

附件6：

信用风险内部评级法风险缓释监管要求

一、总体要求

（一）信用风险缓释是指商业银行运用合格的抵质押品、净额结算、保证和信用衍生工具等方式转移或降低信用风险。商业银行采用内部评级法计量信用风险监管资本，信用风险缓释功能体现为违约概率、违约损失率或违约风险暴露的下降。

（二）信用风险缓释应遵循以下原则：

1. 合法性原则。信用风险缓释工具应符合国家法律规定，确保可实施。

2. 有效性原则。信用风险缓释工具应手续完备，确有代偿能力并易于实现。

3. 审慎性原则。商业银行应考虑使用信用风险缓释工具可能带来的风险因素，保守估计信用风险缓释作用。

4. 一致性原则。如果商业银行采用自行估计的信用风险缓释折扣系数，应对满足使用该折扣系数的所有信用风险缓释工具都使用此折扣系数。

5. 独立性原则。信用风险缓释工具与债务人风险之间不应具有实质的正相关性。

（三）信用风险缓释管理的一般要求：

1. 商业银行应进行有效的法律审查，确保认可和使用信用风险缓释工具时依据明确可执行的法律文件，且相关法律文件对交易各方均有约束力。

2. 商业银行应在相关协议中明确约定信用风险缓释覆盖的范围。

3. 商业银行不能重复考虑信用风险缓释的作用。信用风险缓释作用只能在债务人评级、债项评级或违约风险暴露估计中反映一次。

4. 商业银行应保守地估计信用风险缓释工具与债务人风险之间的相关性，并综合考虑币种错配、期限错配等风险因素。

5. 商业银行应制定明确的内部管理制度、审查和操作流程，并建立相应的信息系统，确保信用风险缓释工具的作用有效发挥。

二、合格抵质押品

（一）合格抵质押品包括金融质押品、应收账款、商用房地产和居住用房地产以及其他抵质押品。

商业银行采用初级内部评级法，应在本附件第六部分规定范围认定合格抵质押品，并应同时满足本部分（二）和（三）中的有关要求。商业银行采用高级内部评级法，可在符合本部分（二）和（三）要求的前提下自行认定抵质押品，但应有历史数据证明抵质押品的风险缓释作用。

再资产证券化不属于合格的金融抵质押品。

（二）合格抵质押品的认定要求：

1. 抵质押品应是《中华人民共和国物权法》、《中华人民共和国担保法》规定可以接受的财产或权利。

2. 权属清晰，且抵质押品设定具有相应的法律文件。

3. 满足抵质押品可执行的必要条件，须经国家有关主管部门批准或者办理登记的，应按规定办理相应手续。

4. 存在有效处置抵质押品且流动性强的市场，并且可以得到合理的抵质押品的市场价格。

5. 在债务人违约、无力偿还、破产或发生其他借款合同约定的信用事件时，商业银行能够及时地对债务人的抵质押品进行清算或处置。

（三）商业银行应建立相应的抵质押品管理体系，包括健全完善的制度、估值方法、管理流程以及相应的信息系统：

1. 商业银行应建立抵质押品管理制度，明确合格抵质押品的种类、抵质押率、抵质押品估值的方法及频率、对抵质押品监测以及抵质押品清收处置等相关要求。

2. 抵质押品价值评估应坚持客观、独立和审慎的原则，评估价值不能超过当前合理的市场价值。商业银行应建立抵质押品评估价值的审定程序，并根据抵质押品的价值波动特性确定重新估值的方式和频率，市场波动大时应重新估值。对商用房地产和居住用房地产的重新估值至少每年进行一次。

3. 商业银行应建立抵质押品的调查和审查流程，确保抵质押真实、合法、有效，并建立及时、有效的清收抵质押品的程序。

4. 商业银行应对抵质押品定期监测，并督促出质人或抵押人按照抵质押合同的约定履行各项义务。对抵质押品的收益评估应反映优先于银行受偿的留置权的范围及影响，并进行连续监测。商业银行应确保抵押物足额保险，并防止抵押人采用非合理方式使用抵押物导致其价值减少。

5. 如果抵质押物被托管方持有，商业银行应确保托管方将抵质押物与其自有资产分离，并对托管资产实物与账目进行有效动态管理。

6. 商业银行应当建立抵质押品管理的信息系统，对抵质押品的名称、数量、质量、所在地、权属状况等基本信息，抵质押品的估值方法、频率、时间，抵质押品与债项的关联关系，以及抵质押品的处置收回信息等进行记录和管理。

7. 商业银行认定存货为合格信用风险缓释工具，除满足前述 1 至 6 的要求外，还要建立如下程序监测存货风险：

（1）确保保管存货的仓储公司或现货交易市场等具有合法的主体资格、良好的商业信誉、完善的管理制度、专业的管理设备和技术、合格的管理人员以及高效的进出库信息传递系统。

（2）充分分析市场供求关系和市场前景，确定存货的市场价值。存货价值评估应采用成本价值和市场价值孰低法。对于滞销、积压、降价销售产品，应根据其可收回净收益确定评估值。

（3）对存货应定期进行实物检查。

8. 商业银行认定应收账款为合格信用风险缓释工具，除满足前述 1 至 6 的要求外，还需要满足如下风险管理要求：

（1）确定应收账款价值时应当减去坏账准备。

（2）建立应收账款信用风险的认定过程，包括定期分析债务人经营状况、财务状况、行业状况、应收账款债务人的类别等。商业银行通过借款人确定应收账款风险时，应检查借款人信用政策的合理性和可信度。

（3）建立应收账款的监控制度，包括账龄报告、贸易单据的控制、对付款账户收益的控制、集中度情况等。商业银行还应定期检查贷款合约的履行情况、环境方面的限制及其他法律要求。

（4）商业银行应书面规定清收应收账款的程序，如借款人发生财务困难或违约，商业银行应有权不经过应收账款债务人同意，出售或转让该质押的应收账款。即使一般情况下通过借款人清收应收账款，也应制定完善的清收措施。

9. 商业银行认定租赁资产为信用风险缓释工具，应充分考虑租赁资产的残值风险。

（四）商业银行必须确保投入充足的资源，使场外衍生品和证券融资交易对手的保证金协议得到有效执行。是否有效执行的衡量标准是发出补充保证金要求的及时性、准确性以及收到补充保证金要求时回应的及时性。银行必须具备抵质押品管理政策来控制、检测和报告：

1. 保证金协议带来的风险暴露（如作为抵质押品的证券的波动性和流动性状况）。

2. 特定抵质押品类别的集中度风险。

3. 抵质押品（包括现金和非现金）的再使用情况，包括再使用交易对手提交的抵质押品带来的潜在流动性短缺风险。

4. 因将抵质押品抵押给交易对手而放弃的权利。

（五）采用初级内部评级法的商业银行，金融质押品的信用风险缓释作用体现为对标准违约损失率的调整，调整后的违约损失率为：

$$LGD^* = LGD \times (E^*/E)$$

其中：

LGD 是在考虑质押品之前、优先的无担保风险暴露的标准违约损失率；

E 是风险暴露的当前值；

E^* 是信用风险缓释后的风险暴露。

$$E^* = \max\{0,[E \times (1 + H_e) - C \times (1 - H_c - H_{fx})]\}$$

其中：

H_e 为风险暴露的折扣系数；

C 为金融质押品的当前价值；

H_c 为金融质押品的折扣系数；

H_{fx} 为处理金融质押品和风险暴露币种错配的折扣系数。

如果金融质押品为一篮子资产，该篮子资产的折扣系数按 $H = \sum_i a_i H_i$ 计算，其中 a_i 为该资产在篮子中的份额，H_i 为适用于该资产的折扣系数。

商业银行可以自行估计折扣系数 H_e、H_c 及 H_{fx}，也可以采用本附件给定的标准折扣系数，H_e 和 H_c 的标准折扣系数见第七点。逐日盯市、逐日调整保证金且最低持有期为 10 个交易日时，H_{fx} 的标准折扣系数为 8%；对不同最低持有期限或再评估频率的交易应根据本附件第七点的规定调整 H_{fx}。

自行估计折扣系数的商业银行应确认折扣系数估计的合理性，并报银监会批准。商业银行应逐一估计金融质押品或币种错配的折扣系数，估计时不可考虑未保护的风险暴露、抵质押品和汇率的相关性。

（六）信用风险缓释工具的期限比当前风险暴露的期限短时，商业银行应考虑期限错配的影响。存在期限错配时，若信用风险缓释工具的原始期限不足 1 年或剩余期限不足 3 个月，则不具有信用风险缓释作用。

1. 对认可信用风险缓释工具的期限错配按下式调整：

$$P_a = P \times (t - 0.25)/(T - 0.25)$$

其中：

P_a 为期限错配因素调整后的信用风险缓释价值；

P 为期限错配因素调整前经各种折扣系数调整后的信用风险缓释价值；

T 为风险暴露的剩余期限与 5 之间的较小值，以年表示；

t 为信用保护的剩余期限与 T 之间的较小值，以年表示。

2. 期限错配的规定同样适用于净额结算、保证和信用衍生工具的情况。

（七）采用初级内部评级法的商业银行，应收账款、商用房地产和居住用房地产以及其他抵质押品的信用风险缓释作用体现为违约损失率的下降，下降程度取决于抵质押品当前价值与风险暴露当前价值的比率和抵质押水平。在使用单种抵质押品时，违约损失率的确定方法如下：

1. 抵质押品当前价值与风险暴露当前价值的比率低于最低抵质押水平，视同无抵质押处理，采用标准违约损失率。

2. 抵质押品当前价值与风险暴露当前价值的比率超过了超额抵质押水平的贷款，采用相应的最低违约损失率。

3. 抵质押品当前价值与风险暴露当前价值的比率介于最低抵质押水平和超额抵质押水平之间，应将风险暴露分为全额抵质押和无抵质押部分。抵质押品当前价值除以超额抵质押水平所得到的为风险暴露全额抵质押的部分，采用该类抵质押品的最低违约损失率；风险暴露的剩余部分视为无抵质押，采用标准违约损失率。

不同抵质押品的最低抵质押水平、超额抵质押水平，以及最低违约损失率见表1：

表1　　　　初级内部评级法优先债项已抵质押部分的违约损失率

	最低违约损失率	最低抵质押水平	超额抵质押水平
金融质押品	0%	0%	不适用
应收账款	35%	0%	125%
商用房地产和居住用房地产	35%	30%	140%
其他抵质押品	40%	30%	140%

（八）采用初级内部评级法的商业银行，利用多种形式抵质押品对同一风险暴露共同担保时，需要将风险暴露拆分为由不同抵质押品覆盖的部分，分别计算风险加权资产。拆分按金融质押品、应收账款、商用房地产和居住用房地产以及其他抵质押品的顺序进行。金融质押品处理后的风险暴露价值 E^* 分成完全由应收账款质押部分、完全由商用房地

产和居住用房地产抵押部分、完全由其他抵质押品担保部分及无抵质押部分。

在确认合格的金融质押品和应收账款质押作用后，另外几种抵质押品价值的总和与扣减后风险暴露价值的比率低于30%时，贷款对应部分视同无抵质押，采用标准违约损失率；如该比率高于30%，则对各抵质押品完全覆盖的部分分别采用对应的最低违约损失率。

（九）采用高级内部评级法的商业银行，抵质押品的信用风险缓释作用体现在违约损失率的估值中。商业银行应根据自行估计的抵质押品回收率，对各抵质押品所覆盖的风险暴露分别估计违约损失率。

三、合格净额结算

（一）合格净额结算的认定要求：

1. 具有法律上可执行的净额结算协议，在交易对手无力偿还或破产的情况下均可实施。

2. 在任何情况下，能确定同一交易对手在净额结算合同下的资产和负债。

3. 在净头寸的基础上监测和控制相关风险暴露。

（二）合格净额结算包括从属于有效净额结算协议的表内净额结算、从属于净额结算主协议的回购交易净额结算、从属于有效净额结算协议的场外衍生工具净额结算。

（三）商业银行采用合格净额结算缓释信用风险时，应持续监测和控制后续风险，并在净头寸的基础上监测和控制相关的风险暴露。商业银行采用高级内部评级法，应建立估计表外项目违约风险暴露的程序，估计每笔表外项目采用的违约风险暴露。

（四）商业银行采用内部评级法，表内净额结算的风险缓释作用体现为违约风险暴露的下降，并按下式计算净风险暴露 E^*：

$$E^* = \max \{0, \text{表内风险暴露} - \text{表内负债} \times （1 - H_{fx}）\}$$

其中：

表内风险暴露和表内负债为商业银行对同一交易对手在有效净额结算协议下的表内资产和负债；

H_{fx} 为表内风险暴露与表内负债存在币种错配时的折扣系数。

（五）从属于净额结算主协议的回购交易，可将回购的金融资产视作金融质押品，适用本附件第二部分（五）的相关规定；也可以在符合本部分（一）要求的前提下，采用净额结算进行处理。

1. 商业银行应对银行账户和交易账户分别进行净额结算。只有当所有交易逐日盯市且质押工具均为银行账户中的合格金融质押品时，银行账户和交易账户之间的轧差头寸才可以按照净额结算处理。

2. 商业银行对回购交易采用净额结算时，违约风险暴露按下式计算：

$$E^* = \max\{0, [(\sum(E) - \sum(C)) + \sum(E_s \times H_s) + \sum(E_{fx} \times H_{fx})]\}$$

其中：

E^* 为信用风险缓释后的风险暴露；

E 为风险暴露的当前价值；

C 为所接受质押品的当前价值；

E_s 为给定证券净头寸的绝对值；

H_s 为适用于 E_s 的折扣系数；

E_{fx} 为与清算币种错配币种净头寸的绝对值；

H_{fx} 为币种错配的折扣系数。

3. 满足市场风险内部模型法要求的商业银行，可以通过考虑证券头寸的相关性，使用风险价值模型计算回购交易中风险暴露和质押品的价格波动。使用风险价值模型计算风险暴露 E^* 的商业银行，公式为：

$$E^* = \max\{0, [(\sum E - \sum C) + VaR]\}$$

其中：

VaR 为前一交易日的风险价值。

商业银行不满足市场风险内部模型法要求，可以单独向银监会申请利用内部风险价值模型计算回购交易中风险暴露和质押品的潜在价格波动，并利用过去 250 个交易日的数据对结果进行返回检验，证明模型的质量。

（六）商业银行在使用场外衍生工具净额结算进行信用风险缓释时，交易对手的净风险暴露应为当前暴露净额与潜在暴露净额之和：

1. 当前暴露净额为净盯市重置成本与 0 之间的较大值。

2. 潜在暴露净额 A_{Net}，由下式计算：

$$A_{Net} = 0.4 \times A_{Gross} + 0.6 \times NGR \times A_{Gross}$$

其中：

A_{Gross} 为净额结算协议下对同一交易对手的所有合约的潜在暴露净额之和，等于每笔交易合约本金乘以相应的附加系数的总和，附加系数见本办法附件 8；

NGR 为净额结算协议重置成本净额与重置成本总额的比率。经银监会批准，NGR 既可以基于单个交易对手，也可以基于净额结算协议覆盖的所有交易。未经银监会批准，商业银行不得变更计算方法。

商业银行也可以采用标准法或内部模型法计算交易对手的净风险暴露，但应得到银监会的批准。

四、合格保证和信用衍生工具

（一）商业银行采用初级内部评级法，应按照本附件第六部分的规定认定合格保证和信用衍生工具的范围，同时应满足本部分（二）和（三）中的认定要求。商业银行采用高级内部评级法，合格信用衍生工具的范围与初级内部评级法相同，在满足本部分（二）和（三）要求的前提下可自行认定合格保证，但应有历史数据证明保证的风险缓释作用。

（二）合格保证应满足的最低要求：

1. 保证人资格应符合《中华人民共和国担保法》规定，具备代为清偿贷款本息能力。商业银行采用高级内部评级法，对合格保证人的类别没有限制，应书面规定保证人类型的认定标准和流程。

2. 保证应为书面形式，且保证数额在保证期限内有效。

3. 采用初级内部评级法的商业银行，保证必须为无条件不可撤销的。采用高级内部评级法的商业银行，允许有条件的保证，应充分考虑潜在信用风险缓释减少的影响。

4. 商业银行应对保证人的资信状况和代偿能力等进行审批评估，确保保证的可靠性。保证人所在国或注册国不应设有外汇管制；如果有外汇管制，商业银行应确保保证人履行债务时，可以获得资金汇出汇入的批准。

5. 商业银行应加强对保证人的档案信息管理，在保证合同有效期间，应定期对保证人的资信状况和代偿能力及保证合同履行情况进行检查，每年不少于一次。

6. 商业银行对关联公司或集团内部的互保及交叉保证应从严掌握，具有实质风险相关性的保证不应作为合格的信用风险缓释工具。

7. 采用信用风险缓释工具后的资本要求不小于对保证人直接风险暴露的资本要求。

（三）当信用违约互换和总收益互换提供的信用保护与保证相同时，可以作为合格信用衍生工具。除本部分（二）的要求外，采用合格信用衍生工具缓释信用风险还应同时满足以下要求：

1. 信用衍生工具提供的信用保护必须是信用保护提供方的直接负债。

2. 除非由于信用保护购买方的原因，否则合同规定的支付义务不可撤销。

3. 信用衍生工具合约规定的信用事件至少应包括：

（1）未按约定在基础债项的最终支付日足额履行支付义务，且在适用的宽限期届满后仍未纠正。

（2）债务人破产、资不抵债或无力偿还债务，或书面承认无力支付到期债务，以及其他类似事件。

（3）因本金、利息、费用的下调或推迟支付等对基础债项的重组而导致的信用损失事件。当债项重组不作为信用事件时，按照本部分第9项的规定认定信用风险缓释作用。

4. 在违约所规定的宽限期之前，基础债项不能支付并不导致信用衍生工具终止。

5. 允许现金结算的信用衍生工具，应具备严格的评估程序，以便准确估计损失。评估程序中应明确信用事件发生后获取基础债项价值所需时间。

6. 如果信用衍生工具的结算要求信用保护购买者将基础债项转移给信用保护提供方，基础债项的合同条款中应明确此类转移许可不可被无理由撤销。

7. 应明确负责确定信用事件是否发生的主体。信用保护购买者必须有权力和能力通知信用保护提供方信用事件的发生。

8. 信用衍生工具基础债项与用于确定信用事件的参照债项之间的错配在以下条件下是被接受的：参照债项在级别上与基础债项相似或比其等级更低，同时参照债项与基础债项的债务人相同，而且必须要有依法可强制执行的交叉违约或交叉加速还款条款。

9. 信用衍生工具并未覆盖债务重组的情况，但满足前述 3 到 8 项的要求，可部分认可信用衍生工具的风险缓释作用。如信用衍生工具的金额不超过基础债项的金额，信用衍生工具覆盖的部分为信用衍生工具金额的 60%。如信用衍生工具的金额大于基础债项的金额，信用衍生工具覆盖部分的上限为基础债项金额的 60%。

（四）采用高级内部评级法的商业银行，可以通过调整违约概率或违约损失率的估计值来反映保证和信用衍生工具的信用风险缓释作用；对不符合自行估计违约损失率相关要求的商业银行，只能通过调整违约概率反映信用风险缓释的作用。

无论选择调整违约概率或违约损失率，商业银行应确保一定时期内不同保证或信用衍生工具之间方法的一致性。

（五）商业银行采用初级内部评级法，对保证或信用衍生工具覆盖的风险暴露部分采用替代法处理：

1. 采用保证提供方所适用的风险权重函数。

2. 采用保证人评级结果对应的违约概率。如商业银行认为不能采用完全替代的处理方式，也可以采用债务人评级与保证人评级之间的某一个评级的违约概率。

3. 将风险暴露视做保证人的暴露，采用标准违约损失率。如保证人为该笔保证采用了其他风险缓释工具，可继续对标准违约损失率进行调整。

4. 如果信用保护与风险暴露的币种不同，即存在币种错配，则认定已保护部分的风险暴露将通过折扣系数 H_{fx} 予以降低。

$$G_a = G \times (1 - H_{fx})$$

其中：

G_a 为经币种错配调整后信用保护覆盖的风险暴露；

G 为保护部分的名义金额；

H_{fx} 为适用于信用保护和对应负债币种错配的折扣系数。

（六）商业银行采用高级内部评级法，对保证或信用衍生工具覆盖的部分可以采用替代法；也可以采用债务人自身的违约概率和银行内部估计的该类保证人提供保证风险暴露的违约损失率。

在两种方法中，调整违约概率或违约损失率均不得反映"双重违约"的效果。采用自行估计违约损失率方法计算的资本要求不得低于对保证人直接风险暴露的资本要求。

（七）同一风险暴露由两个以上保证人提供保证，且不划分保证责任的情况下，初级内部评级法不同时考虑多个保证人的信用风险缓释作用。商业银行可以选择信用等级最好、信用风险缓释效果最优的保证人进行信用风险缓释处理。

商业银行采用高级内部评级法，若历史数据能够证明，同一风险暴露由多个保证人同时保证时信用风险缓释作用大于单个保证，则可以考虑每个保证人缓释风险的作用，表现为违约损失率的下降。

五、信用风险缓释工具池

（一）对单独一项风险暴露存在多个信用风险缓释工具时，采用初级内部评级法的商业银行，应将风险暴露细分为每一信用风险缓释工具覆盖的部分，分别计算风险加权资产。如信用保护由一个信用保护者提供，但有不同的期限，也应细分为几个独立的信用保护。

（二）采用高级内部评级法的商业银行，可以对同一风险暴露采用多个信用风险缓释工具。采用此种方法处理的商业银行应证明此种方式对风险抵补的有效性，并建立合理的多重信用风险缓释工具的处理程序和方法。

六、初级内部评级法下合格信用风险缓释工具

表 2 初级内部评级法下合格信用风险缓释工具

信用风险缓释工具		种类
抵质押品	金融质押品	（一）以特户、封金或保证金等形式特定化后的现金。 （二）黄金。 （三）银行存单。 （四）我国财政部发行的国债。 （五）中国人民银行发行的票据。 （六）我国政策性银行、公共部门实体和商业银行发行的债券、票据和承兑的汇票。 （七）金融资产管理公司为收购国有银行而定向发行的债券。 （八）其他国家或地区政府及其中央银行、国际清算银行和国际货币基金组织，多边开发银行所发行的 BB－（含 BB－）以上级别的债券；其他实体发行的 BBB－（含 BBB－）以上级别的债券；评级在 A－3/P－3（含 A－3/P－3）以上的短期债务工具。 （九）虽无外部评级，但同时满足以下条件的债券： 1. 银行发行； 2. 交易所交易； 3. 具有优先债务的性质； 4. 具有充分的流动性； 5. 虽没有外部评级，但发行人发行的同一级别债券外部评级为 BBB－（含 BBB－）或 A－3/P－3（含 A－3/P－3）以上。 （十）公开上市交易的股票及可转换债券。 （十一）依法可以质押的具有现金价值的人寿保险单或类似理财产品。 （十二）投资于以上金融工具的可转让基金份额，且基金应每天公开报价。
	应收账款	原始期限不超过 1 年的财务应收账款： （一）销售产生的债权； （二）出租产生的债权； （三）提供服务产生的债权。 合格的应收账款不包括与证券化、从属参与或信用衍生工具相关的应收账款。

信用风险缓释工具		种类
抵质押品	商用房地产和居住用房地产	（一）依法有权处置的国有土地使用权及地上商用房、居民用房，不含工业用房； （二）以出让方式取得的用于建设商用房或居民用房的土地使用权。
	其他抵质押品	金融质押品、应收账款、商用房地产、居住用房地产之外，经银监会认可的符合信用风险缓释工具认定和管理要求的抵质押品。
净额结算		（一）表内净额结算； （二）回购交易净额结算； （三）场外衍生工具及交易账户信用衍生工具净额结算。
保证		（一）风险权重低于交易对手的主权、金融机构、一般公司等实体； （二）如果信用保护专门提供给资产证券化风险暴露，该实体当前外部信用评级在BBB－（含）以上，且在提供信用保护时外部信用评级在A－（含）以上。
信用衍生工具		（一）信用违约互换； （二）总收益互换。

若无相应的外部评级，商业银行可将内部评级结果映射到外部评级以判断信用风险缓释工具的合格性，但映射关系应得到银监会的认可。

七、初级内部评级法金融质押品的标准折扣系数

（一）H_e 和 H_c 的标准折扣系数（%，假定逐日盯市，逐日调整保证金和10个交易日的持有期）：

表3　　　　　　　　　　H_e 和 H_c 的标准折扣系数

发行等级	剩余期限	主权（不含公共部门实体）	其他发行者	证券化风险暴露
我国财政部发行的国债，中国人民银行发行的票据，我国政策性银行、公共部门实体、商业银行发行的债券、票据和承兑的汇票	≤1年	0.5	1	
	>1年，≤5年	2	4	
	>5年	4	8	

发行等级	剩余期限	主权（不含公共部门实体）	其他发行者	证券化风险暴露
	≤1 年	0.5	1	2
AAA 至 AA－/A－1	>1 年，≤5 年	2	4	8
	>5 年	4	8	16
A＋至 BBB－/A－2/A－3/P－3 以及	≤1 年	1	2	4
符合本附件第六点金融质押品（八）	>1 年，≤5 年	3	6	12
中的未评级债券	>5 年	6	12	24
BB＋到 BB－	不分期限	15	不合格	不合格
具有现金价值的人寿保险单或类似理财产品		10		
主要指数股票、可转换债券和黄金		15		
在认可交易所挂牌的其他股票、可转换债券		25		
可转让基金份额		基金所投资金融工具中最高的折扣系数		
同币种现金、保证金或其他类似的工具		0		

（二）对不同持有期、非逐日盯市，或非逐日调整保证金时折扣系数的调整

计算质押品折扣系数分为回购类交易、其他资本市场交易和抵押贷款三种交易。每种交易的折扣系数取决于再评估的频率及交易的最低持有期。

表 4　　　　　　　　　　**最低持有期**

交易类型	最低持有期	条件
回购类交易	5 个交易日	当日调整保证金
其他资本市场交易	10 个交易日	当日调整保证金
抵押贷款	20 个交易日	当日重新估值

如果交易持有期限不是 10 个交易日，或者不是标准折扣系数中约定的每日调整或重新估值，依据交易类型和再评估频率调整标准折扣系数：

$$H = H_{10} \times \sqrt{\frac{N_R + (T_M - 1)}{10}}$$

其中：

H 为折扣系数；

H_{10} 为最低持有期为 10 天的标准折扣系数；

N_R 为对资本市场交易保证金调整或对抵押贷款重新估值的实际间隔交易天数；

T_M 为该交易的最低持有期。

（三）折扣系数为零的条件

1. 对满足下列条件的回购交易，并且交易对手为核心市场参与者，对应的折扣系数为 0%：

（1）风险暴露和质押品均为现金或是 AA－（含）以上主权发行的证券。

（2）风险暴露和质押品以相同币种估值。

（3）交易是隔夜的，或风险暴露和质押品都是当日盯市和当日调整保证金。

（4）交易对手未能调整保证金，且在交易对手未调整保证金的最后一次盯市与质押品清算之间所需要的期限不超过 4 个交易日。

（5）交易通过适用于该种类型的结算体系交割。

（6）合同文件是关于证券回购交易的标准市场文件。

（7）交易文件具体说明，如交易对手不能按规定给付现金、证券、保证金或违约，交易立即终止。

（8）如出现违约事件，不受交易对手无清偿力或破产的影响，商业银行拥有绝对的、法律上可实施的处置和清算质押品的权力。

2. 核心市场参与者的范围包括：

（1）主权、中央银行和政策性银行。

（2）商业银行。

（3）满足一定资本或杠杆率要求且受监管的共同基金。

（4）受监管的养老基金。

（5）公认的清算组织。

附件7：

专业贷款风险加权资产计量规则

一、总体要求

（一）商业银行采用内部评级法的，专业贷款内部评级体系应符合本办法附件5规定的内部评级体系监管要求。

在估计违约风险暴露时，还应充分考虑债务人违约后，为促使贷款所形成的资产投入运营而继续发放贷款的影响，以确保风险估计的审慎性。

在估计违约概率时，还应注意项目不同阶段违约概率的变化，并谨慎处理违约概率与风险暴露相关性对风险加权资产计算的影响。

（二）商业银行对专业贷款采用监管映射法的，应按照本办法规定的风险权重和预期损失比例计算专业贷款的风险加权资产和预期损失。

（三）商业银行采用监管映射法的，应达到以下要求：

1. 对专业贷款采用一维评级，评级应同时考虑债务人的特征和债项特征以及两者之间的相关性，直接反映预期损失。

2. 按照本办法的要求设置非违约级别和违约级别。

（四）商业银行可以对专业贷款中的一个或多个子类采用监管映射法，对其他子类采用内部评级法，但不得同时对同一子类的风险暴露采用不同的方法。

（五）商业银行采用监管映射法的，若专业贷款的内部评级标准与监管评级标准不一致，应记录两者之间的差异，并向银监会解释差异存在的原因和合理性。

二、采用监管映射法的主要考虑因素

商业银行采用监管映射法的，专业贷款评级应考虑以下因素：

（一）项目融资评级应考虑财务状况、政治和法律环境、交易特点、项目发起人或债务人实力和担保安排等五方面因素。项目融资的监管评级标准见表1。

（二）物品融资评级应考虑财务状况、政治和法律环境、交易特点、操作风险、资产特征、项目发起人实力和担保安排等七方面因素。物品融资的监管评级标准见表2。

（三）商品融资评级应考虑财务状况、政治和法律环境、资产特征、项目发起人实力和担保安排等五方面因素。商品融资的监管评级标准见表3。

（四）产生收入的房地产评级应考虑财务状况、资产特征、项目发起人或开发商实力和担保安排等四方面因素。产生收入的房地产的监管评级标准见表4。

三、监管评级与外部评级的映射关系

商业银行采用监管映射法的，应将专业贷款的内部评级结果映射到"优"、"良"、"中"、"差"和"违约"五个监管评级。商业银行应参照内部评级与外部评级的映射关系、监管评级与外部评级的映射关系，确保内部评级与监管评级映射关系的一致性和稳定性。

（一）监管评级"优"，对应外部评级 BBB－（含）以上。指贷款所形成的资产未来所产生的现金流充足且稳定，市场竞争能力和发起人实力强，并落实了全面担保安排，即使在经济和行业面临持续、严重问题时，承贷主体仍能偿还债务。

（二）监管评级"良"，对应外部评级 BB＋ 或 BB。指贷款所形成的资产未来所产生的现金流充足且稳定，市场竞争能力和发起人实力良好，并落实了全面担保安排，但在经济和行业面临持续、严重问题时，承贷主体可能无法全额偿还债务。

（三）监管评级"中"，对应外部评级 BB－ 或 B＋。指贷款所形成的资产未来所产生的现金流充足，但市场竞争能力和发起人实力一般，担保安排存在缺陷，导致现金流不够稳定，承贷主体抵御经济衰退和行业波动的能力很弱。

（四）监管评级"差"，对应外部评级 B 到 C－。指贷款所形成的

资产未来所产生的现金流不确定性很大，市场竞争能力和发起人实力差，承贷主体偿债能力很大程度上依赖于经济状况和市场需求出现好转，否则承贷主体可能违约。

（五）监管评级"违约"，不适用于与外部评级映射。按照本办法附件5规定的违约定义，承贷主体已经违约。

四、监管评级对应的风险权重

（一）专业贷款的5个监管评级分别对应特定的风险权重，具体如下：

1. 监管评级"优"，风险权重为70%。

2. 监管评级"良"，风险权重为90%。

3. 监管评级"中"，风险权重为115%。

4. 监管评级"差"，风险权重为250%。

5. 监管评级"违约"，风险权重为0%。

（二）如果商业银行或银监会认为，产生收入的房地产贷款的未来房地产出租收入、销售收入或土地出让收入的波动性较大，可提高其风险权重：

1. 监管评级"优"，风险权重为95%。

2. 监管评级"良"，风险权重为120%。

3. 监管评级"中"，风险权重为140%。

（三）符合下列条件之一的专业贷款，监管评级为"优"的风险权重为50%；监管评级为"良"的风险权重为70%：

1. 贷款剩余期限不足2.5年。

2. 银监会认定，商业银行授信和评级标准比监管评级标准更为审慎。

五、监管评级对应的预期损失比例

（一）专业贷款的5个监管评级分别对应特定的预期损失比例，具体如下：

1. 监管评级"优"，预期损失比例为0.4%。

2. 监管评级"良",预期损失比例为0.8%。

3. 监管评级"中",预期损失比例为2.8%。

4. 监管评级"差",预期损失比例为8%。

5. 监管评级"违约",预期损失比例为50%。

（二）符合下列条件之一的专业贷款，监管评级为"优"的预期损失比例为0%，监管评级为"良"的预期损失率比例为0.4%：

1. 贷款剩余期限不足2.5年。

2. 银监会认定，商业银行授信和评级标准比监管评级标准更为审慎。

六、其他规定

表1、表2、表3、表4为本附件的组成部分。其中：

表1：项目融资的监管评级标准

表2：物品融资的监管评级标准

表3：商品融资的监管评级标准

表4：产生收入的房地产的监管评级标准

表1 项目融资的监管评级标准

	优	良	中	差
财务状况				
市场形势以及竞争地位	市场上仅有少数直接或间接竞争者或项目在位置、成本或技术上具有实质性和持久性优势 市场中定位为顶级竞争者 市场需求较强并继续上升	市场上仅有少数直接或间接竞争者或项目在位置、成本或技术上具有稍强的优势，但该状况不会持久 市场中定位为一流竞争者 市场需求较强并稳定	项目在位置、成本或技术上不具有优势 市场中定位为一般竞争者 市场需求充分并稳定	项目在位置、成本或技术上比平均水平弱 无明显的市场定位 市场需求较差并持续下降
财务比率（例如：偿债保障比率（DSCR），贷款期保障比率（LLCR），项目期保障比率（PLCR）和债务/资本比率）	相对于项目风险程度来说，财务比率优，经济前景非常看好	相对于项目风险程度来说，财务比率介于健康和一般之间，经济前景看好	相对于项目风险程度来说，财务比率符合标准	相对于项目风险程度来说，财务比率较弱
压力分析	当经济和行业面临持续、严重的问题时，项目仍能偿还债务	当经济和行业面临一般问题时，项目能偿还债务。只有当经济发生严重问题时，项目才可能违约	项目易受经济周期中常见的负面影响，可能正常的低谷中违约	如果情况不好转，项目可能违约
融资结构				
贷款持续期与项目持续期的对比	项目的有效使用寿命大大超过贷款期限	项目的有效使用寿命超过贷款期限	项目的有效使用寿命超过贷款期限	项目的有效使用寿命可能低于贷款期限
贷款分期偿还计划	债务本息分期均衡偿还	债务本息分期均衡偿还	债务本息分期均衡偿还，但有少部分到期一次性偿还	到期一次性偿还，或债务本息定期等额偿还，但有很大部分到期一次性偿还

	优	良	中	差
政治、法律环境				
考虑项目类型和风险缓释之后的政治风险，包括风险转移	风险很低，可供使用的风险缓释工具功能优异	风险低，可供使用的风险缓释工具功能良好	风险不高，可供使用的风险缓释工具功能一般	风险很高，缺乏可供使用的风险缓释工具或其功能较差
政府的支持和项目的重要程度	项目（主要是出口导向型的）对国家在长期对重大战略性的支持	项目对国家重要，政府支持程度较高	项目不具有战略意义，但毫无疑问对政府有利，政府可能未明确表示支持	项目对国家不重要，政府或对其支持或能表示较弱
法律和监管环境的稳定性（法律变革的风险）	长期稳定有利的监管环境	中期稳定有利的监管环境	能比较确定地预测监管环境的变化	项目可能受当前和未来的监管问题影响
遵照当地有关法律，获得所有必要支持和许可的程度	高	较高	一般	低
有关合同和抵质押品的强制执行力	合同和抵质押品能强制执行	合同和抵质押品能强制执行	即使存在若干非重要问题，合同和抵质押品仍能强制执行	合同和抵质押品强制执行方面存在重大问题和/或尚未解决
交易特点				
设计和技术风险	技术和设计完全可靠	技术和设计完全可靠	技术和设计可靠——用强大的一揽子完工方案可缓解萌芽阶段的问题	技术和设计不可靠/存在技术问题和/或设计复杂
建设风险				
审批和选址	已获全部批件	一些事项尚待批准但获批可能性很大	一些事项尚待批准但审批程序明确，审批只是例行公事	尚未获得关键批件，审批还要满足其他一些重要条件；非例行公事

	优	良	中	差
建设合同类型	价格和日期都固定的总承包工程，采购及建设合同（EPC）	价格和日期都固定的总承包工程，采购及建设合同	价格和日期都固定的总承包工程，采购及建设合同，有一家或一家以上的承包商	缺乏价格固定的总承包合同，或合同不完整和/或存在与各承包商多方联络的问题
项目完成担保	约定的损害赔偿金充足且由金融实物资产支持以及/或财务实力雄厚的项目发起人提供项目完成担保	约定的损害赔偿金较多且由金融实物资产支持以及/或财务实力较强的项目发起人提供项目完成担保	约定的损害赔偿金适当且由金融实物资产支持以及/或财务实力较强的项目发起人提供项目完成担保	约定的损害赔偿金不足或缺乏金融实物资产的支持或项目完成担保较弱
承包商承建类似项目的业绩和财务实力	强	较强	中	弱
操作风险				
营运与维护（O & M）的范围和性质	完备的长期营运和维护合同，最好附带业绩激励条款，和/或营运和维护储备金账户	长期的营运和维护合同，和/或营运和维护储备金账户	不完备的营运和维护合同，或缺带营运和维护储备金账户	缺乏营运和维护合同；操作无法抵御高营业成本的风险
运营商的专业能力、业绩和财务实力	很强，或者项目发起人承诺提供技术支持	较强	中	不强，或者当地运营商受当地控制
承购风险（off - take risk）				
（a）存在照付不议（take - or - pay）合同或固定价格承购（fixed - price off - take）合同的情况下	承购方信誉卓著；项目条款完善；合同终止条款完备；项目合同期限略微长于债务期限	承购方信誉良好；合同终止条款完备；项目合同期限长于债务期限	承购方信誉一般；合同对终止条款做一般规定；项目合同期限一般等于债务期限	承购方信誉较差；合同终止条款规定不全；项目合同期限不长于债务期限

	优	良	中	差
（b）不存在照付不议付合同或固定价格承购合同的情况下		项目产品即所产生的主要服务或商品在世界范围市场销售顺畅；即使市场价格增长率低于过去，产品也能按预定价格出售	商品销售范围有限且只能按比预定价格低的价格出售	项目产品只有一两个买家或者在有组织市场一般无法售出
供货商风险				
原材料（feed-stocks）价格、数量和运输风险；供货商的业绩和财务实力	与财务实力很强的供货商签订长期供货合同	与财务实力较强的供货商签订长期供货合同	与财务实力较强的供货商签订长期供货合同，但仍可能存在一定程度的价格风险	与财务实力弱的供货商签订短期或长期供货合同，肯定存在一定的价格风险
储备风险（如自然资源开发）	储备探明且已开发，并经独立方审计，在项目寿命期内超额满足需要	储备探明且已开发，并在项目使用寿命期内满足需要	探明储备可在债务存续期满足项目需要	项目在某种程度上依赖潜藏或尚未开发的储备
不可抗力风险（战争、内乱、自然灾害等）	风险缓释工具有效，风险暴露的水平较低	风险缓释工具有效，风险暴露的水平较适中	风险缓释工具有效，一般防护	存在明显风险，不能完全缓释
项目发起人/债务人的实力				
发起人/债务人的业绩、财务实力和国别/行业经历	发起人/债务人业绩优秀，财务实力雄厚	发起人/债务人业绩良好，财务实力良好	发起人/债务人业绩一般，财务实力良好	发起人/债务人缺乏业绩或业绩值得怀疑以及/或财务实力微弱

	优	良	中	差
发起人/债务人对项目的支持力度，例如有股权、所有权条款保障，有在必要时向项目补充注资的激励机制，以及其他相关交易	支持力度大 项目对发起人具有高度战略意义（核心业务—长期战略）发起人/债务人的承诺无条件	支持力度较大 项目对发起人具有战略意义（核心业务—长期战略）发起人/债务人对他人或相关交易有相对较高的抵质押或承诺	支持力度一般 项目对发起人重要（核心业务）发起人/债务人对他人或相关重要的承诺	支持有限 项目对发起人的长期战略或核心业务无关紧要 发起人/债务人对承诺极有可能影响当前项目
担保安排				
合同和账户权利分配	非常全面	全面	一般	差
抵质押物的质量、价值和流动性	对起动项目的全部资产、合同、批文和账户拥有手续完备的优先担保权益抵质押物价值充足，交易先例活跃	对起动项目的全部资产、合同、批文和账户拥有担保权益抵质押物价值充足，具有交易先例	对起动项目的全部资产、合同、批文和账户拥有一般性的担保权益抵质押物价值无足，能够进行交易	对贷款人几乎未提供担保，或抵质押条款对银行不利抵质押物价值无足，或不能进行交易
贷款人对现金流的控制（例如现金转账（cash sweep）和独立第三方账户托管）	好	较好	一般	差
合同条款的约束力（关于强制提前付款、速延付款、分期付款和红利限制等方面的强制规定）	合同条款对此类项目约束力较强 项目不再举借其他债务	合同条款对此类项目约束力较强 项目举借的其他债务有限	合同条款对此类项目约束力一般 项目举借的其他债务非常有限	合同条款对此类项目约束力弱 项目可能无限举借其他债务

	优	良	中	差
储备基金（偿债、营运与维护、更新和重置、不可预见事件）	储备基金覆盖期超过平均项目期；储备基金来源落实，全部都由现金评级或高评级银行出具的信用证组成	储备基金覆盖期等于平均项目期；所有储备基金来源都落实	储备基金覆盖等于平均项目期；所有储备基金来源都落实	储备基金覆盖低于平均项目期；储备基金来源于经营现金流

表 2　物品融资的监管评级标准

	优	良	中	差
财务状况				
市场状况	需求旺盛且处于升势；进入障碍大；对技术和经济前景变化不敏感	需求旺盛且稳定；存在进入障碍；对技术和经济前景变化有些敏感	需求一般且稳定；进入障碍有限；对技术和经济前景变化非常敏感	需求疲弱且不断下降；无进入障碍；易受技术和经济前景变化的负面影响，环境高度不确定
财务比率（偿债保障比率和贷款/价值比率）	相对资产类型而言，财务比率健康。经济情况预测非常好	相对资产类型而言，财务比率健康（尚可）。经济情况预测好	相对资产类型而言，财务比率一般	相对资产类型而言，财务比率过于冒险
压力测试	长期收入稳定；能够抵御经济周期中出现的严重压力情形	短期收入较好；能够抵御一些负面问题；只有出现严重压力情形才可能违约	短期收入不确定；现金流容易受经济周期中常见的不利影响。贷款可能在正常的经济低迷期违约	收入非常不确定；即使在经济正常的情况下，贷款也可能违约，除非情况发生好转

	优	良	中	差
市场流动性	市场具有全球性 资产流动性高	市场具有全球性或区域性 资产流动性比较高	区域性市场且短期前景不利 流动性低	只有本地市场或市场前景不佳 流动性低或没有流动性
政治和法律环境				
政治风险，包括风险的转移	非常低，采用的风险缓释工具功能强大	低，采用的风险缓释工具功能较强	中等，风险缓释工具功能一般	高，缺乏风险缓释工具或功能差
法律和监管风险	司法环境有利于物品的收回和合同的强制执行	司法环境有利于物品的收回和合同的强制执行	司法环境总体来说有利于物品的收回，即使恢复过程过长和/或较难	法律和监管环境差不稳定。司法制度使使物品收回或合同的执行过程过长或不能
交易特点				
与资产经济寿命相应的融资条款	完整的支付方案/最后一笔分期付款金额很小。无宽限期限期	最后一笔分期付款比较重要，但仍保持在适度的水平	最后一笔分期付款重要，有潜在的宽限期	偿还不利做罚款或最后一笔分期付款非常高
操作风险				
批文/许可	已获得全部批文，资产符合当前和可预见的稳健监管法规的规定	全部批文已获得或正待批复，资产符合当前和可预见的稳健监管法规的规定	大多数批文已获得或正待批复，资产符合当前和可预见的稳健监管的规定	在获得所有必要审批事项上存在问题。部分配置计划和/或营运计划可能需要修改

	优	良	中	差
营运与维护合同的范围和性质	完备的长期营运与维护合同，最好配合合同履约激励措施和/或营运与储备金账户（如有需要）	长期营运与维护合同和/或营运与储备金账户（如有需要）	不完备的营运与维护合同或营运与储备金账户（如有需要）	缺乏营运与维护合同；营运成本风险过高，风险缓释作用有限
营运商的财务实力，同类资产的管理业绩和对租赁期满资产的再次营销能力	业绩和再营销能力出众	业绩和再营销能力良好	业绩短、差，再营销能力不确定	业绩无或不为人知，缺乏资产再营销能力
资产特征				
与同一市场资产相比，配置、型号、设计和维修（如飞机的使用年限和型号）方面的情况	在设计和维修上拥有很强的优势，配置标准，物品符合上市流通要求	设计和维修中等偏上，配置标准，但可能存在非常有限的一些例外情况，物品符合上市流通需要	设计和维修一般，配置有些特殊，可能使物品在市场上流通受限	设计和维修差，资产接近经济使用寿命。配置非常特殊，物品的市场流动性差
转售价值	当前的转售价值大大高于债务价值	转售价值适度高于债务价值	转售价值略高于债务价值	转售价值低于债务价值
资产价值及流动性相对于经济周期的敏感程度	资产价值及流动性相对经济周期较不敏感	资产价值及流动性相对经济周期敏感	资产价值及流动性相对经济周期相当敏感	资产价值及流动性相对经济周期的敏感度非常高
发起人实力				
营运商的财务实力，同类资产的管理业绩和对租赁期满资产的再次营销能力	业绩和再营销能力出众	业绩和再营销能力良好	业绩短、差，再营销能力不确定	业绩无或不为人知，缺乏资产再营销能力

	优	良	中	差
发起人的业绩和财务实力	发起人业绩出众，财力强盛	发起人业绩和财力优良	发起人业绩一般，财力优良	发起人业绩无或值得怀疑及或财力微弱
担保安排				
资产控制	法律文件保障贷款人对资产或拥有此资产的公司实施有效控制（例如拥有材料的优先担保权益，或租赁框架中包含此担保品）	法律文件保障贷款人对资产或拥有此资产的公司实施有效控制（例如拥有材料的担保权益，或租赁框架中包含此担保品）	法律文件保障贷款人对资产或拥有此资产的公司实施有效控制（例如拥有材料的担保权益，或租赁框架中包含此担保品）	合同几乎未规定向贷款人提供担保，造成对资产丧失控制的风险
贷款人拥有的监控资产场所和状况的权利和手段	贷款人能够在任何时间任何地点监控资产的场所和状况（定期报告、检查的可能性）	贷款人几乎能够在任何时间任何地点监控资产的场所和状况	贷款人能够在任何时间任何地点监控资产的场所和状况	贷款人仅能够有限监控资产的场所和状况
损害保险	向顶级保险公司投保 保险额高 包括担保品损害保险	向优质保险公司投保 保险额较高 不包括担保品损害保险	向一般保险公司投保 保险额一般 不包括担保品损害保险	向差的保险公司投保 保险额低 不包括担保品损害保险

表3

商品融资的监管评级标准

	优	良	中	差
财务状况				
交易的超额担保程度	优	良	中	差
政治和法律环境				
国家风险	没有国家风险	有限的国家风险 新兴市场的离岸外离岸存放	有国家风险（特别是新兴市场国家的储备在境外离岸存放）	国家风险高（特别是新兴市场国家的储备在境外离岸存放）
国家风险的缓释措施	非常有力的缓释措施：强有力的离岸机制 战略性商品 购买商实力一流	有力的缓释措施：有离岸机制 战略性商品 购买商实力强	缓释措施一般：有离岸机制 商品战略性较低 购买商实力一般	只有部分缓释措施 缺乏离岸机制 非战略性商品 购买商实力弱
资产特征				
流动性和易损程度	商品公开报价 可利用期货或场外市场工具套做保值 商品不易损坏	商品公开报价 可利用场外市场工具套做保值 商品不易损坏	商品非公开报价但有市场流动性 套做保值与否不确定 商品不易损坏	商品非公开报价，相对市场的广度和深度而言，流动性受限 缺乏合适的套做保值工具 商品易损坏
发起人实力				
交易商财务实力	相对于交易策略和风险而言非常强	强	一般	弱

	优	良	中	差
业绩，包括辅助流程的管理能力	在有问题交易上经验丰富 操作成功和成本节约的业绩优	在有问题交易上经验够用 操作成功和成本节约的业绩良	在有问题交易上经验有限 操作成功和成本节约的业绩一般	总体业绩有限或不确定 成本和利润波动大
交易控制和保值政策	交易对手方选择、套做保值和监控标准严格	交易对手方选择、套做保值和监控标准适当	有交易经验，问题没有或很小	交易员有巨额损失交易记录
财务披露质量	优	良	中	财务披露存在一些不确定性或不充分
担保安排				
资产控制	贷款人拥有完备的优先担保权益，在任何时间可视需要在法律上对资产行使控制权	贷款人拥有完备的优先担保权益，在任何时间可视需要在法律上对资产行使控制权	在某一环节贷款人对资产的控制发生中断，凭借对交易流程的了解或承担此中断问题	合同存在丧失资产控制权的风险。恢复可能有危险
损害保险	向顶级保险公司投保 保险额最高 包括担保品损害保险	向优质保险公司投保 保险额较高 不包括担保品损害保险	向一般保险公司投保 保险额一般 不包括担保品损害保险	向差的保险公司投保 保险额低 不包括担保品损害保险

表4

产生收入的房地产的监管评级标准

财务状况

	优	良	中	差
市场状况	目前项目类型和场所供需均衡 即将面市的竞争性房地产项目少于或等于需求预测	目前项目类型和场所供需均衡 即将面市的竞争性房地产项目大体与需求预测	市场供需基本均衡 竞争性房地产项目即将面市，其他房地产处于计划中，项目设计和生产力先进 没有新项目先进	市场需求弱，何时改善达到均衡并不确定 项目租期届满后不易找到新的租人。新的租赁条件不如在任的优越
财务比率和垫款比例（DSCR 适用于以出租为目的的房地产并且在建设阶段不适用，LTV 适用于以出售为目的的房地产）	相对房地产项目类型，偿债保障比率（DSCR）很高，贷款/价值比率（LTV）低。如果存在二级市场，按市场价认购	偿债保障比率（DSCR）和贷款/价值比率（LTV）良好。如果存在二级市场，按市场价认购	房地产的偿债保障比率（DSCR）恶化，价值下跌，导致贷款/价值比率（LTV）上升	房地产的偿债保障比率（DSCR）恶化严重，其贷款/价值比率（LTV）大大高于新贷款的最低标准
压力分析	房地产的资金来源，或有事项和负债配置严重的财务压力，经济增长严重履行偿债义务	房地产在面临持续的财务压力（如利率、经济增长）情况下可能履行偿债义务。该房地产仅在面临严重经济问题时才可能违约	在经济下滑时，房地产收入将减少，降低其资本开支能力并增加了可能违约	房地产的财务状况趋紧，除非近期改善否则可能违约

	优	良	中	差
现金流预测				
(a) 已完工、稳定的房地产项目	合同租期长且到期日分散 房地产租给信誉好的客户 房地产承租客户均到期期续租 空置率低 费用（维修、保险、保安和财产税）可预测	房地产大部分合同租期长 承租户信誉各异 合同到期续租情况正常 空置率低 费用可预测	房地产大部分出租合同为中期 承租户信誉各异 合同到期续租情况一般 空置率一般 费用相对可预测但随收入变动	房地产出租合同期限不一 承租户信誉各异 合同到期期原承租户很少续租 空置率高 吸引新租户的场地费用开支很高
(b) 已完工但不稳定的房地产项目	租赁活动按计划开展或超出计划。项目近期将稳定	租赁活动按计划开展或超出计划。项目近期将稳定	多数租赁活动按计划开展，但是一段时期内将稳定	出租情况不如预期。尽管入住率达到目标入住，但收入不理想，导致现金流紧张
(c) 在建项目	房地产在贷款存续期间已全部预租或预售给信誉好的承租人或投资级为投资级的买家	房地产已全部预租或预售给信誉好的承租人或买家	租赁活动按计划进行，但房地产可能没有预租	房地产因成本过高、市价下跌，承租人撤租或其他原因而恶化
资产特征				
场所	房地产位于非常优越的地段，方便租户	房地产位于优越的地段，方便租户	房地产位置缺乏比较优势	房地产位置、配置、设计和维修存在问题

	优	良	中	差
设计和条件	房地产因设计、配置和维修较好而受欢迎、远比新项目有竞争力	房地产的设计、配置和维修得当、设计和性能比新项目有竞争力	房地产的配置、设计和维修尚可	房地产的配置、设计或维修薄弱
在建房地产	建设预算保守，技术风险较低、承包商水平很高	建设预算保守，技术风险较低，承包商水平很高	建设预算够用，承包商水平一般	建设开支超出预算或项目技术风险过高而不切实际。承包商可能不合格
发起人开发商实力				
开发房地产项目的财力和意愿	发起人开发商提供大量现金用于建设或收购房地产，发起人开发商资金充裕，直接负债及或有负债低	发起人开发商提供较多现金用于建设或收购房地产，发起人开发商的财务状况良好，能在出现现金流短缺的情况下支持房地产建设	发起人开发商提供资金不多或非现金，发起人开发商财务实力中等或偏下	发起人开发商支持房地产项目的能力不足、意愿不强
	发起人开发商的房地产位置分散、种类多样	发起人开发商的房地产位置分散		
类似房地产项目的声誉和业绩	管理层富有经验、发起人资质出色，在类似项目上声誉佳、长期业绩好	管理层经验和发起人资质良好，发起人或管理层在类似项目上业绩好	管理层经验和发起人资质一般，管理层或发起人在类似项目上未发生过严重问题	管理层经验不足、规格质量不合格，管理层和发起人的问题曾导致房地产管理困难

	优	良	中	差
与房地产业参与方的关系	与一流房地产租赁代理商等保持密切关系	与一流房地产租赁代理商等关系可靠	与租赁代理商和其他提供重要房地产服务各方之间保持适当关系	与租赁代理商和其他提供重要房地产服务各方之间关系不好
自筹资金到位情况	已全部到位	预计优于贷款到位	预计与贷款同比例到位	迟于贷款到位或无法到位
担保安排				
留置权性质	拥有手续完备的第一顺位留置权	拥有手续完备的第一顺位留置权	拥有手续完备的第一顺位留置权	贷款人的执行抵质权的能力受到限制
租金分配（长期出租的房地产项目）	银行已经获得租金分配，并掌握现租户的信息，如出租表单、项目租约的副本，以通知租户直接向贷款人缴纳租金	银行已经获得租金分配，并掌握现租户的信息，如出租表单、项目租约的副本，以通知租户直接向贷款人缴纳租金	银行已经获得租金分配，并掌握现租户的信息，如出租表单、项目租约的副本，以通知租户直接向贷款人缴纳租金	银行尚未获得租金分配，或未掌握用于向租户发通知的必要信息
保险覆盖面情况	适当	适当	适当	不合格

附件 8：

交易对手信用风险加权资产计量规则

一、总体要求

（一）商业银行应制定与其交易活动的特征、复杂程度和风险暴露水平相适应的交易对手信用风险管理政策和程序。

（二）商业银行应计算银行账户和交易账户中未结算的证券、商品和外汇交易的交易对手信用风险暴露的风险加权资产，包括：

1. 场外衍生工具交易形成的交易对手信用风险；

2. 证券融资交易（包括回购交易、证券借贷和保证金贷款交易等）形成的交易对手信用风险；

3. 与中央交易对手交易形成的信用风险。

（三）场外衍生工具交易的交易对手信用风险加权资产包括交易对手违约风险加权资产与信用估值调整风险加权资产两部分。

信用估值调整风险是指交易对手信用状况恶化、信用利差扩大导致商业银行衍生工具交易发生损失的风险。

（四）对中央交易对手风险暴露的风险加权资产计量规则由银监会另行规定。

二、场外衍生工具交易的交易对手信用风险加权资产的计量

场外衍生工具交易的交易对手信用风险加权资产为交易对手违约风险加权资产与信用估值调整风险加权资产之和。

（一）违约风险加权资产的计量

1. 商业银行可采用权重法或内部评级法计算场外衍生工具交易的交易对手违约风险加权资产。

2. 商业银行采用权重法的，交易对手违约风险加权资产为场外衍生工具交易的违约风险暴露乘以本办法附件 2 规定的交易对手的风险

权重。

3. 商业银行采用内部评级法的，应按照本办法附件 3 的规定计量交易对手违约风险加权资产。

4. 商业银行应采用现期风险暴露法计算场外衍生工具交易的违约风险暴露（EAD），计算规则如下：

$$EAD = MTM + Add - on$$

其中：

（1）MTM 为按盯市价值计算的重置成本与 0 之间的较大者；

（2）Add – on 为反映剩余期限内潜在风险暴露的附加因子；

（3）潜在风险暴露的附加因子（Add – on）等于衍生工具的名义本金乘以相应的附加系数。

5. 信用衍生工具的附加系数见表 1。

表 1 　　　　　　　　　　　信用衍生工具的附加系数

类型	参照资产	信用保护买方（%）	信用保护卖方（%）
总收益互换	合格参照资产	5	5
	不合格参照资产	10	10
信用违约互换	合格参照资产	5	5
	不合格参照资产	10	10

（1）合格参照资产包括我国中央政府、中国人民银行和政策性银行发行的债券，以及本办法附件 10 所规定的政府证券和合格证券。

（2）信用违约互换的信用保护卖方只有在参照资产的发行人尚能履约但信用保护买方破产的情况下才需计算附加因子，且以信用保护买方尚未支付的费用为上限。

（3）在信用衍生工具的参照资产由多项资产构成的情况下，如果参照资产组中第一项参照资产违约即算做整体违约，附加系数由参照资产组中信用质量最低的参照资产决定；如果参照资产组中第二项参照资产违约才算整体违约，则附加系数由信用质量次低的参照资产决定，依此类推。

6. 除信用衍生工具外，其他衍生工具的附加系数见表 2。

表 2　　　　　　　　　各类其他衍生工具的附加系数

剩余期限	利率 （％）	汇率和黄金 （％）	股权 （％）	黄金以外的贵金属 （％）	其他商品 （％）
不超过 1 年	0.0	1.0	6.0	7.0	10.0
1 年以上，不超过 5 年	0.5	5.0	8.0	7.0	12.0
5 年以上	1.5	7.5	10.0	8.0	15.0

7. 商业银行为对冲银行账户信用风险或交易对手信用风险而购买的信用衍生工具，若在计量资本要求时考虑了该信用衍生工具的风险缓释作用，则在计算交易对手信用风险加权资产时该信用衍生工具的风险暴露为 0。

8. 若商业银行将销售的信用违约互换放在银行账户，并且将其当做保证来计算信用风险加权资产，计算交易对手违约风险加权资产时该信用违约互换的违约风险暴露为 0。

9. 场外衍生工具交易符合本办法附件 6 第三部分关于合格净额结算的要求的，商业银行可按照该部分的规定计算场外衍生工具交易的违约风险暴露。

（二）信用估值调整风险加权资产的计量

1. 商业银行应采用以下公式计算信用估值调整（CVA）风险加权资产：

CVA 风险加权资产

$$= 12.5 \times 2.33 \cdot \sqrt{h} \cdot$$
$$\left\{ \left[\sum_i 0.5 \cdot w_i \cdot (M_i \cdot EAD_i^{total} - M_i^{hedge} \cdot B_i) - \sum_{ind} w_{ind} \cdot M_{ind} \cdot B_{ind} \right]^2 \right.$$
$$\left. + \sum_i 0.75 \cdot w_i^2 \cdot (M_i \cdot EAD_i^{total} - M_i^{hedge} \cdot B_i)^2 \right\}^{\frac{1}{2}}$$

其中：

（1）h 为 1 年期的风险持有期（单位：年），$h = 1$。

（2）w_i 为交易对手 i 所适用的风险权重。交易对手 i 的风险权重应根据交易对手 i 的外部评级确定，表 4 列示了外部评级与风险权重的对应关系。如交易对手 i 无外部评级，银行应将该交易对手的内部评级结果映射到外部评级，且此映射关系应得到银监会的认可。如交易对手 i 无外部评级也无内部评级，则 $w_i = 1\%$。

（3）EAD_i^{total} 为交易对手 i 的 EAD。估计 EAD 时可考虑净额结算及

抵质押品的风险缓释效果，且应使用 $(1-\exp(-0.05 \times M_i)) / (0.05 \times M_i)$ 的折现系数进行折现。

（4）B_i 为银行购买的、标的为交易对手 i 且用于对冲 CVA 风险的单名信用违约互换套期工具的名义金额（如有多个头寸，则应进行加总），该名义金额应使用 $(1-\exp(-0.05 \times M_i^{hedge})) / (0.05 \times M_i^{hedge})$ 的折扣系数进行扣减。

（5）B_{ind} 为用于对冲 CVA 风险的一个或多个指数信用违约互换的名义总金额，该名义金额应使用 $(1-\exp(-0.05 \times M_{ind})) / (0.05 \times M_{ind})$ 的折扣系数进行扣减。

（6）w_{ind} 为指数套期工具的风险权重。商业银行应基于指数"ind"的平均利差、对照表 3 以确定该指数套期工具的风险权重。

（7）M_i 为对交易对手 i 的交易的有效期限。M_i 的计算规则见附件 5，且 M_i 不受上限（5 年）和下限（1 年）的限制。

（8）M_i^{hedge} 为名义金额为 B_i 的套期工具的期限（如存在多个头寸，则应加总 $M_i^{hedge} \cdot B_i$）。

（9）M_{ind} 为指数套期工具"ind"的期限。如有多个指数套期工具头寸，则为名义加权平均期限。

2. 对于任何交易对手，若其本身为用于对冲交易对手信用风险的指数信用违约互换中基础指数的组成部分，经银监会批准，该指数中属于该交易对手的名义金额（根据其在指数中的权重）可从指数信用违约互换的名义金额中扣减，并将该金额作为对单一交易对手的单名套期工具 B_i，该套期工具的期限等于指数套期工具的期限。

3. 交易对手的外部评级与风险权重的对应关系见表 3。

表 3　　　　　　　交易对手的外部评级与风险权重的对应关系

评级	风险权重（w_i）
AAA	0.7%
AA	0.7%
A	0.8%
BBB	1.0%
BB	2.0%
B	3.0%
CCC	10.0%

三、证券融资交易的交易对手信用风险加权资产的计量

（一）商业银行可采用权重法或内部评级法计量证券融资交易的交易对手违约风险加权资产。

（二）商业银行采用内部评级法的，按照本办法附件3和附件6的规定计量银行账户和交易账户中的证券融资交易的风险加权资产。

（三）商业银行采用权重法的，采用以下方法处理：

1. 对于银行账户中证券融资交易，按照本办法第七十三条、第七十四条和附件2的规定计量风险加权资产。

2. 对于交易账户中的证券融资交易，交易对手信用风险加权资产为证券融资交易风险缓释后风险暴露乘以本办法附件2规定的交易对手的风险权重。

3. 证券融资交易风险缓释后风险暴露按照以下公式计量：

$$E^* = \max\{0,[E \times (1 + H_e) - C \times (1 - H_c - H_{fx})]\}$$

其中：

E 为证券融资交易风险缓释前风险暴露；

E^* 为证券融资交易风险缓释后风险暴露；

H_e 为风险暴露的折扣系数；

C 为金融质押品的当前价值；

H_c 为金融质押品的折扣系数；

H_{fx} 为处理金融质押品和风险暴露币种错配的折扣系数。

合格证券的种类和以上参数分别见本办法附件6第六部分和第七部分。

4. 交易账户中证券融资交易符合本办法附件6合格净额结算要求，商业银行可按照本办法附件6第三部分的相关规定计量证券融资交易的违约风险暴露。

附件9：

资产证券化风险加权资产计量规则

一、总体要求

（一）资产证券化交易包括传统型资产证券化、合成型资产证券化以及兼具两种类型共同特点的资产证券化交易。

传统型资产证券化是指基础资产的信用风险通过资产转让、信托等方式全部或部分转移给投资者，基础资产的现金流用以支付至少两个不同信用风险档次的证券的资产证券化交易。

合成型资产证券化是指基础资产的信用风险通过信用衍生工具或者保证全部或部分转移给投资者的资产证券化交易。该交易结构中至少具有两个不同信用风险档次的证券。信用衍生工具包括资金来源预置型和资金来源非预置型两种类型。

（二）商业银行因从事资产证券化业务而形成的表内外风险暴露称为资产证券化风险暴露。资产证券化风险暴露包括但不限于资产支持证券、住房抵押贷款证券、信用增级、流动性便利、利率或货币互换、信用衍生工具和分档次抵补。

储备账户如果作为发起机构的资产，应当视同于资产证券化风险暴露。储备账户包括但不限于现金抵押账户和利差账户。

（三）为充分抵御因从事资产证券化业务而承担的风险，商业银行应当基于交易的经济实质，而不仅限于法律形式计提监管资本。商业银行作为资产证券化发起机构、信用增级机构、流动性便利提供机构、投资机构或者贷款服务机构等从事资产证券化业务，只要产生了资产证券化风险暴露，就应计提相应的监管资本。

银监会有权根据交易的经济实质，判断商业银行是否持有资产证券化风险暴露，并确定应当如何计提资本。

（四）商业银行经银监会批准使用信用风险内部评级法计算某类资

128

产证券化基础资产的资本要求的，必须使用资产证券化内部评级法计算同类基础资产的相应资产证券化风险暴露的资本要求。商业银行未得到银监会批准使用信用风险内部评级法计算某类证券化基础资产资本要求的，可以不使用资产证券化内部评级法计算相应资产证券化风险暴露的资本要求。

对部分证券化基础资产使用信用风险内部评级法计算资本要求的，如该部分资产所占比重超过50%，则应使用资产证券化内部评级法计算资产证券化风险暴露的资本要求，否则应使用资产证券化标准法计算资产证券化风险暴露的资本要求。

商业银行经银监会批准使用信用风险内部评级法计算某类资产证券化基础资产的资本要求的，如果证券化基础资产没有相应的内部评级，发起机构必须使用资产证券化标准法计算资产证券化风险暴露的资本要求，投资机构必须使用评级基础法计算资产证券化风险暴露的资本要求。

（五）商业银行资产证券化风险暴露金额按照如下规定确定：

1. 表内资产证券化的违约风险暴露为扣除专门针对该资产证券化风险暴露所计提的减值准备后的账面价值。

2. 表外资产证券化的违约风险暴露为其表外名义金额扣除减值准备后，再乘以相应的信用转换系数得到的金额。

（六）商业银行为资产证券化交易提供信用支持而且该信用支持已经反映到外部评级中的，该银行不得使用外部评级而应当按照本办法关于未评级资产证券化风险暴露的有关规定计量监管资本要求。

（七）同一商业银行在同一资产证券化交易中具有重叠的资产证券化风险暴露的，应当对重叠部分的监管资本要求进行比较，只需按照最高值计提一次监管资本。

（八）商业银行在按照本办法要求扣减销售利得之后为资产证券化业务所计提的资本，以基础资产证券化之前的监管资本要求为上限。

（九）对不符合以下条件的资产证券化风险暴露，商业银行只可采用标准法计算监管资本要求，且风险权重为1250%：

1. 商业银行应当持续、全面了解其表内外资产证券化风险暴露及基础资产的风险特征。

2. 商业银行应当能够及时获取基础资产的相关信息，包括资产类别、借款人资信状况、各类逾期资产占比、违约率、提前还款率、基础资产抵质押品类别及其权属状况、平均抵质押率以及行业和地域分散情况等。

3. 商业银行应当全面了解可能对其所持有资产证券化风险暴露产生重大影响的资产证券化交易的结构特征，包括信用增级、流动性便利、与交易有关的违约定义、各种触发机制和资产支持证券偿付安排等。

二、信用风险转移与监管资本计量

（一）对于传统型资产证券化交易，在符合下列所有条件的情况下，发起机构才能在计算风险加权资产时扣减证券化基础资产：

1. 与被转让资产相关的重大信用风险已经转移给了独立的第三方机构。

2. 发起机构对被转让的资产不再拥有实际的或者间接的控制。

发起机构证明对被转让的资产不再拥有实际的或者间接的控制，至少需要由执业律师出具法律意见书，表明发起机构与被转让的资产实现了破产隔离。

发起机构对被转让的资产保留实际的或者间接的控制，包括但不限于下列两种情形：

（1）发起机构为了获利，可以赎回被转让的资产，但发起机构按照相关规定，因基础资产被发现在入库起算日不符合信托合同约定的范围、种类、标准和状况而被要求赎回或置换的情况除外。

（2）发起机构有义务承担被转让资产的重大信用风险。

3. 发起机构对资产支持证券的投资机构不承担偿付义务和责任。

4. 在信托合同和资产证券化其他相关法律文件中不包括下列条款：

（1）要求发起机构改变资产池中的资产，以提高资产池的加权平均信用质量，但通过以市场价格向独立的第三方机构转让资产除外。

（2）在基础资产转让之后，仍然允许发起机构追加承担第一损失责任或者增加信用增级的支持程度。

（3）在资产池信用质量下降的情况下，增加向除发起机构以外的其他参与机构支付的收益。

5. 清仓回购符合本附件第一部分（六）所规定的条件。

在符合上述 1 至 5 项条件的情况下，发起机构仍然应当按照本附件规定，为所持有的资产证券化风险暴露计提资本。

在上述 1 至 5 项条件中任何一项不符合的情况下，发起机构都应当按照资产证券化前的资本要求计提资本。

（二）对于合成型资产证券化交易，只有在符合下列所有条件的情况下，发起机构才能在计量证券化基础资产监管资本时认可信用风险缓释工具的信用风险缓释作用：

1. 信用风险缓释工具符合本办法附件 6 的相关要求。

2. 合格抵质押品仅限于本办法附件 6 所规定的合格金融抵质押品。由特定目的信托所抵押的合格抵质押品可以被视为合格抵质押品。

3. 合格保证和信用衍生产品仅限于本办法附件 6 第六部分列示的第一项、第二项合格保证和合格信用衍生产品。特定目的信托不作为合格保证人。

4. 发起机构必须将基础资产的重大信用风险转移给独立的第三方机构。

5. 信用风险缓释工具的相关合同文件不得包含限制信用风险转移数量的条件和条款，包括但不限于以下情形：

（1）在信用损失事件发生或者资产池信用质量下降的时候，限制信用保护或信用风险转移程度。

（2）要求发起机构改变资产池中的资产，以提高资产池的加权平均信用质量，但通过以市场价格向独立的第三方机构转让资产除外。

（3）在资产池信用质量下降的情况下，增加发起机构的信用保护成本。

（4）在资产池信用质量下降的情况下，增加向除发起机构以外的其他参与机构支付的收益。

（5）在资产证券化交易开始之后，仍然允许发起机构追加承担第一损失责任或者增加信用增级的支持程度。

6. 资产证券化交易必须由执业律师出具法律意见书，确认相关合同在所有相关国家或者地区的执行效力。

7. 清仓回购符合本部分（六）所规定的条件。

在符合上述 1 至 7 项条件的情况下，发起机构仍然应当按照本附件规定，为所持有的资产证券化风险暴露计提资本。

在上述 1 至 7 项条件中任何一项不符合的情况下，发起机构在计量证券化基础资产监管资本时均不得认可信用风险缓释工具的信用风险缓释作用。

（三）对于符合本部分（二）规定条件的合成型资产证券化交易，发起机构在计量证券化基础资产监管资本时，应当按照如下规定认可信用风险缓释工具的信用风险缓释作用：

1. 基础资产采用信用风险内部评级法的，按照本办法附件 6 关于内部评级法的相关规定，认可信用风险缓释工具的信用风险缓释作用。

2. 基础资产不采用信用风险内部评级法的，按照本办法信用风险加权资产计量权重法的相关规定，认可信用风险缓释工具的信用风险缓释作用。

（四）当合成型资产证券化交易的信用风险缓释工具与基础资产存在期限错配时，发起机构应当按照下列规定计算监管资本要求：

如果资产池中的资产具有不同的期限，应当将最长的期限作为整个资产池的期限。

（五）对于其他的资产证券化风险暴露，发起机构应当按照本办法附件 6 的有关规定，对期限错配情形进行处理。

（六）资产证券化交易合同中含有清仓回购条款的，在符合下列条件的情况下，发起机构可以不为清仓回购安排计提资本：

1. 发起机构有权决定是否进行清仓回购，清仓回购的行使无论在形式还是实质上都不是强制性的。

2. 清仓回购安排不会免除信用增级机构或者资产支持证券投资机构理应承担的损失，也不会被用来提供信用增级。

3. 对于传统型资产证券化交易，只有在资产池或者以该资产池为基础发行的资产支持证券余额降至资产池或者资产支持证券初始金额的10%或者10%以下时，才能进行清仓回购。

4. 对于合成型资产证券化交易，只有在参考资产的价值降至初始金额的10%或者10%以下时，才能进行清仓回购。

在上述1至4项条件中任何一项不符合的情况下，对于传统型资产证券化交易，发起机构应当按照资产证券化前的资本要求计提资本，而且不能在监管资本中计入销售利得。对于合成型资产证券化交易，发起机构在计量证券化基础资产监管资本时不得认可信用风险缓释工具的信用风险缓释作用。如果合成型资产证券化交易包含赎回权，而且该赎回权在特定时间终止证券化交易及其所购买的信用保护，发起机构应当按照本部分（四）的规定计算该证券化交易的资本要求。

（七）商业银行以超过合同义务的方式为资产证券化交易提供隐性支持的，应当按照基础资产证券化之前的资本要求计提资本，而且应当公开披露所提供的隐性支持及其对监管资本要求的影响。

商业银行提供隐性支持的方式包括但不限于以下情形：

1. 以高于市场价格的方式从资产池赎回部分资产，或赎回资产池中信用质量下降的资产，但发起机构按照有关规定，因基础资产被发现在入库起算日不符合信托合同约定的范围、种类、标准和状况而被要求赎回或置换的情况除外。

2. 以打折的方式向资产池再次注入资产。

3. 增加合同约定之外的第一损失责任。

4. 所行使的清仓回购被认定为用做提供信用增级。

三、资产证券化标准法

（一）以经商业银行评估的合格评级机构的外部评级确定风险权重依据的，资产证券化风险暴露和再资产证券化风险暴露的风险权重按照表1和表2所示的对应关系确定。

长期信用评级与风险权重对应表

长期信用评级	AAA 到 AA −	A + 到 A −	BBB + 到 BBB −	BB + 到 BB −	B + 及 B + 以下或者未评级
资产证券化风险暴露	20%	50%	100%	350%	1250%
再资产证券化风险暴露	40%	100%	225%	650%	1250%

注：长期评级在 BB +（含 BB +）到 BB −（含 BB −）之间的，发起机构不适用表中的 350% 或 650% 风险权重，而适用 1250% 的风险权重。

表 2 短期信用评级与风险权重对应表

短期信用评级	A −1/P −1	A −2/P −2	A −3/P −3	其他评级或者未评级
资产证券化风险暴露	20%	50%	100%	1250%
再资产证券化风险暴露	40%	100%	225%	1250%

（二）商业银行应当区分以下情形，为无信用评级或者信用评级未被商业银行认可作为风险权重依据的资产证券化风险暴露和再资产证券化风险暴露（以下简称未评级的资产证券化风险暴露）计提监管资本。

1. 对于最高档次的资产证券化风险暴露和再资产证券化风险暴露，如果商业银行能够确定资产池的平均风险权重，则可以按照资产池的平均风险权重确定资产证券化风险暴露的风险权重。

2. 对于没有合格外部评级且符合本部分（三）规定的合格流动性便利，按照资产池中单个风险暴露的最高风险权重确定风险权重。

3. 其他未评级的资产证券化风险暴露按照 1250% 的风险权重计算风险加权资产。

（三）在满足以下条件的情况下，商业银行提供的流动性便利为合格流动性便利：

1. 流动性便利的合同文件明确限定使用流动性便利的情形。流动性便利的金额应当低于基础资产和信用增级所能清偿的全部金额。流动性便利不能用于抵补在其使用之前资产池中产生的任何损失。

2. 对流动性便利的使用应当具有不确定性。流动性便利不能用于永久性或者常规性地对资产证券化投资机构提供资金。

3. 对流动性便利应当进行资产质量测试，防止其被用于抵补因违约已经产生的信用风险暴露的损失。如果流动性便利用于支持具有外部评级的资产证券化风险暴露，则该项流动性便利只能用于支持外部评级为投资级以上的资产证券化风险暴露。

4. 流动性便利不得在所有的信用增级使用完毕之后动用。

5. 对流动性便利的偿付不能位于资产证券化交易投资机构之后，也不能延期或者免除债务。

（四）在满足以下条件的情况下，贷款服务机构现金透支便利为合格贷款服务机构现金透支便利：

1. 贷款服务机构有权得到全额偿付。

2. 该现金透支便利具有最高受偿顺序，优先于其他所有对基础资产的求偿权。

（五）表外资产证券化风险暴露按照如下方式确定信用转换系数：

1. 对于按照外部评级确定风险权重的流动性便利，运用100%的信用转换系数。

2. 对于不按照外部信用评级确定风险权重的合格流动性便利，若原始期限不超过1年，则运用20%的信用转换系数；若原始期限大于1年，则运用50%的信用转换系数。

3. 对于合格贷款服务机构现金透支便利，按照本附件关于合格流动性便利的有关规定计算监管资本要求。如果合格贷款服务机构现金透支便利可以在无须事先通知的情况下无条件取消，则可以运用0%的信用转换系数。

4. 对于其他的表外资产证券化风险暴露，运用100%的信用转换系数。

（六）采用资产证券化标准法的商业银行在计量具有信用风险缓释工具的资产证券化风险暴露的监管资本时，能够认可的合格抵质押品仅限于本办法附件6所规定的合格金融抵质押品。由特定目的信托所抵押的合格抵质押品可被视为合格抵质押品。

（七）采用资产证券化标准法的商业银行在计量由合格抵质押品提供信用风险缓释的资产证券化风险暴露的监管资本时，应当首先按照没有合格抵质押品的情况计算监管资本要求，再将其乘以按照本办法附件

6 第二部分（五）所计算的 E^*/E，作为该资产证券化风险暴露的监管资本要求。

其中 E 是指未考虑信用风险缓释的资产证券化风险暴露，E^* 是指考虑信用风险缓释之后的资产证券化风险暴露。

（八）采用资产证券化标准法的商业银行在计量具有信用风险缓释工具的资产证券化风险暴露的监管资本时，能够认可的合格保证仅限于本办法附件6第六部分所列示的第一项、第二项合格保证和信用衍生产品。特定目的信托不作为合格保证人。

（九）由合格保证人对资产证券化风险暴露提供具有风险缓释作用的信用保护的，该资产证券化风险暴露持有机构可以对具有信用保护的资产证券化风险暴露部分按照对保证人的直接债权计量监管资本要求。

（十）信用风险缓释工具仅覆盖部分资产证券化风险暴露的，对于所覆盖部分，商业银行应当按照本附件的有关规定计量考虑信用风险缓释作用后的监管资本要求；对于未覆盖部分，则应按照不存在信用风险缓释工具的情形计量监管资本要求。

信用风险缓释工具仅覆盖部分资产证券化风险暴露，并且资产证券化风险暴露具有不同档次的，若无明确约定，应当视为该信用风险缓释工具按照从高级到低级的顺序依次为各档次的资产证券化风险暴露提供信用保护。

（十一）资产证券化风险暴露与信用风险缓释工具之间存在期限错配、币种错配的，应当按照本办法附件6的相关规定进行处理。

（十二）作为非发起机构的商业银行为资产证券化风险暴露提供信用保护的，应当视同于该资产证券化风险暴露的投资机构来计量监管资本要求。

（十三）除了本部分（十四）规定的例外情形，当资产证券化交易同时具有下列提前摊还情形时，发起机构应当为部分或者全部投资者权益计提资本：

1. 在该资产证券化交易中有提前摊还条款的相关安排。

2. 基础资产具有循环特征，包括允许借款人在信用额度内在事先约定的限额内变动提款额与还款额而形成的资产。

当基础资产同时包含循环信贷和定期贷款时，发起机构应当对基础资产中的循环信贷风险暴露部分按照本部分（十五）的相关规定计提监管资本。

发起机构为投资者权益计提的监管资本要求不得大于以下两项的最大值：（1）剩余的资产证券化风险暴露的监管资本要求；（2）基础资产证券化之前的监管资本要求。

（十四）如有下列任何一项情形，发起机构都无须为证券化交易的提前摊还计提资本：

1. 在补充型证券化交易结构中，所补充的基础资产不具有循环特征，而且在提前摊还发生之后，发起机构不能再增加资产池中的基础资产。

2. 证券化交易的基础资产池虽然具有循环特征，但证券化交易的提前摊还安排导致其具有定期贷款性质，使发起机构无须承担基础资产的风险。

3. 即使发生提前摊还，资产支持证券投资机构仍然完全承担循环额度借款人未来动用融资额度的风险。

4. 提前摊还的触发机制与证券化交易的基础资产或发起机构无关。

（十五）发起机构为投资者权益计提的资本为以下三项的乘积：

1. 投资者权益。

2. 相关信用转换系数。

3. 基础资产证券化之前的平均风险权重。

投资者权益等于投资机构在证券化基础资产已提取本金余额和未提取本金余额的等价信用金额中所占的数额。在确定未提取本金余额的等价信用金额时，证券化基础资产的未提取本金余额应当根据发起机构与投资机构在已提取本金余额中的份额进行分配。

信用转换系数按照下列两项条件确定：提前摊还是控制型结构还是非控制型结构；基础资产为非承诺零售信用额度还是其他信用额度。

（十六）对于具有控制型提前摊还安排的资产证券化交易，发起机构应当根据表3确定信用转换系数：

1. 对于承诺型信用额度，适用90%的信用转换系数。

2. 对于非承诺的非零售信用额度，适用90%的信用转换系数。

3. 对于非承诺的零售信用额度，按照表3中资产证券化交易的"三个月平均超额利差"与"超额利差锁定点"的比值确定信用转换系数。若该证券化交易未设定锁定超额利差，则超额利差锁定点为4.5%。

表3 具有控制型提前摊还安排的资产证券化交易的信用转换系数表

	非承诺型		承诺型
	三个月平均超额利差/超额利差锁定点（R）		
零售信用额度	R≥133.33%	0%信用转换系数	90%信用转换系数
	100%≤R<133.33%	1%信用转换系数	
	75%≤R<100%	2%信用转换系数	
	50%≤R<75%	10%信用转换系数	
	25%≤R<50%	20%信用转换系数	
	R<25%	40%信用转换系数	
非零售信用额度	90%信用转换系数		90%信用转换系数

（十七）对于具有非控制型提前摊还安排的资产证券化交易，发起机构应当按照表4确定信用转换系数：

1. 对于承诺型信用额度，适用100%的信用转换系数。

2. 对于非承诺的非零售信用额度，适用100%的信用转换系数。

3. 对于非承诺的零售信用额度，按照表4中资产证券化交易的"三个月平均超额利差"与"超额利差锁定点"的比值确定信用转换系数。若该证券化交易未设定锁定超额利差，则超额利差锁定点为4.5%。

表4 具有非控制型提前摊还安排的资产证券化交易的信用转换系数表

	非承诺型		承诺型
	三个月平均超额利差/超额利差锁定点（R）		
零售信用额度	R≥133.33%	0%信用转换系数	100%信用转换系数
	100%≤R<133.33%	5%信用转换系数	
	75%≤R<100%	15%信用转换系数	
	50%≤R<75%	50%信用转换系数	
	R<50%	100%信用转换系数	
非零售信用额度	100%信用转换系数		100%信用转换系数

四、资产证券化内部评级法

（一）资产证券化内部评级法包括评级基础法和监管公式法。商业银行应当区分以下情形，选择相应的方法：

1. 对于有外部评级或者未评级但可以推断出评级的资产证券化风险暴露，应当使用评级基础法计量监管资本要求。

2. 对于未评级而且无法推断出评级的资产证券化风险暴露，可以选择下列方法计量监管资本要求：

（1）监管公式法。

（2）符合本附件第三部分（三）规定的合格流动性便利，按照本部分（八）的规定计量监管资本要求。

（3）按资产证券化风险暴露的 12.5 倍计算风险加权资产。

采用监管公式法所计算的资产证券化风险暴露的风险权重不得低于7%，再资产证券化风险暴露的风险权重不得低于 20%。

（二）采用评级基础法的，风险加权资产等于资产证券化风险暴露乘以表 5 和表 6 所列示的相应风险权重。

资产证券化风险暴露的风险权重决定于外部评级或者推测评级、长期评级或者短期评级、资产池中资产分散状况和资产证券化风险暴露的优先等级四方面因素。

如果资产证券化风险暴露对资产池全部资产享有最优先的受偿权利，该资产证券化风险暴露可以作为优先档次的资产证券化风险暴露。对于传统型资产证券化交易，如果第一损失责任以上所有档次的资产证券化风险暴露都有评级，则评级最高的是优先档次的资产证券化风险暴露；如果某几个档次的资产证券化风险暴露评级相同，则其中受偿顺序最优先的为优先档次的资产证券化风险暴露。对于合成型资产证券化风险暴露，如果符合本部分（三）所规定的条件，则超高档次为优先档次的资产证券化风险暴露。

资产证券化风险暴露的风险权重按照如下方法确定：

1. 资产池风险暴露有效数量（N）小于 6 的，该资产池不具有分散性，适用表 5 和表 6 中第四列的风险权重。

2. 资产池风险暴露有效数量（N）大于或者等于6的，若属于优先档次的证券，则适用表5和表6第二列的风险权重，否则适用表5和表6第三列的风险权重。

前款所称的资产池风险暴露有效数量（N）按照本部分（四）6的有关规定计算。

再资产证券化风险暴露的风险权重决定于再资产证券化风险暴露的优先等级。优先档次再证券化风险暴露适用表5和表6第五列的风险权重，非优先档次再证券化风险暴露适用表5和表6第六列的风险权重。

满足下列条件的再资产证券化风险暴露为优先档次再资产证券化风险暴露，否则为非优先档次再资产证券化风险暴露：

1. 该风险暴露为优先档次的资产证券化风险暴露。

2. 所有基础资产均不是再资产证券化风险暴露。

表5　　　　　　　　长期外部信用评级和/或以长期评估为基础的

推测评级的评级基础法风险权重

外部评级	资产证券化风险暴露			再资产证券化风险暴露	
	优先档次、资产池分散的风险权重	非优先档次、资产池分散的风险权重	资产池不分散的风险权重	优先档次风险权重	非优先档次风险权重
AAA	7%	12%	20%	20%	30%
AA	8%	15%	25%	25%	40%
A＋	10%	18%	35%	35%	50%
A	12%	20%		40%	65%
A－	20%	35%		60%	100%
BBB＋	35%	50%		100%	150%
BBB	60%	75%		150%	225%
BBB－	100%			200%	350%
BB＋	250%			300%	500%
BB	425%			500%	650%
BB－	650%			750%	850%
BB－以下或者未评级	1250%				

140

表6　　　　　　　短期外部信用评级和/或以短期评估为基础的

推测评级的评级基础法风险权重

外部评级	资产证券化风险暴露			再资产证券化风险暴露	
	优先档次、资产池分散的风险权重	非优先档次、资产池分散的风险权重	资产池不分散的风险权重	优先档次风险权重	非优先档次风险权重
A－1/P－1	7%	12%	20%	20%	30%
A－2/P－2	12%	20%	35%	40%	65%
A－3/P－3	60%	75%	75%	150%	225%
其他评级或者未评级	1250%				

（三）当满足下列条件，使未评级资产证券化风险暴露在各方面都优于作为参考的具有外部评级的资产证券化风险暴露时，商业银行必须对未评级资产证券化风险暴露进行推测评级。

1. 未评级的资产证券化风险暴露在各方面都比作为参考的资产证券化风险暴露具有更高的优先级。在评估未评级资产证券化风险暴露与参考资产证券化风险暴露的优先级别时，必须考虑信用增级的作用。如果参考资产证券化风险暴露由第三方保证或者其他信用增级提供保护，而对未评级资产证券化风险暴露没有提供上述信用增级，则不能依据参考资产证券化风险暴露对未评级资产证券化风险暴露进行推测评级。

2. 参考资产证券化风险暴露的期限，必须大于或者等于未评级资产证券化风险暴露的期限。

3. 参考资产证券化风险暴露的外部评级，必须满足外部评级的使用规范，并经商业银行认可作为确定风险权重的依据。

推测评级应当根据参考资产证券化风险暴露外部评级的变化，持续不断地进行更新。

（四）采用监管公式法的，某一档次资产证券化风险暴露的监管资本要求取决于下列五个指标：基础资产证券化之前的内部评级法监管资本要求（KIRB）、该档次的信用增级水平（L）、该档次的厚度（T）、资产池风险暴露有效数量（N）和资产池加权平均违约损失率。

监管公式法的计算方法和各个指标的定义如下：

1. 某一档次资产证券化风险暴露的监管资本等于基础资产风险暴露与 $0.0056 \times T$ 和 $S[L+T] - S[L]$ 中较大值的乘积。

如果银行只持有一定比例的某一档次资产证券化风险暴露，那么对该银行的监管资本要求等于该档次资产证券化风险暴露监管资本要求的相应比例。

2. 监管公式定义如下：

当 $L \leqslant K_{IRB}$ 时，$S[L] = L$

当 $K_{IRB} < L$ 时，

$$S[L] = K_{IRB} + K[L] - K[K_{IRB}]$$
$$+ (d \times K_{IRB}/\omega)(1 - e^{\omega(K_{IRB}-L)/K_{IRB}})$$

其中：$h = (1 - K_{IRB}/LGD)^N$

$c = K_{IRB}/(1 - h)$

$$v = \frac{(LGD - K_{IRB}) \times K_{IRB} + 0.25 \times (1 - LGD) \times K_{IRB}}{N}$$

$$f = \left(\frac{v + K_{IRB}^2}{1 - h} - c^2\right) + \frac{(1 - K_{IRB}) \times K_{IRB} - v}{(1 - h) \times \tau}$$

$$g = \frac{(1 - c) \times c}{f} - 1$$

$a = g \times c$

$b = g \times (1 - c)$

$d = 1 - (1 - h) \times (1 - Beta[K_{IRB}; a, b])$

$$K[L] = (1 - h) \times ((1 - Beta[L; a, b])$$
$$\times L + Beta[L; a + 1, b] \times c)$$

$Beta[L; a, b]$ 为 L 的以 a 和 b 为参数的累计 Beta 分布。

上述公式中由银监会确定的参数为：$\tau = 1000$，$\omega = 20$。

3. 基础资产证券化之前的内部评级法监管资本要求（KIRB）为 a 与 b 的比值。其中，a 为基础资产按照信用风险内部评级法计算所需要的监管资本与预期损失之和，b 为资产池风险暴露。计算 a 值时应当视同于资产池中的资产是由银行直接持有，按照银监会关于信用风险内部评级法的有关规定计算。对基础资产所提供的风险缓释会使所有的资产证券化风险暴露受益。如果在某些结构中涉及特别目的机构，特别目的机构所有与资产证券化相关的资产都应当按照资产池中的资产来处理，包括作为特别目的机构资产的储备账户。

如果银行专门针对资产池中的资产提取了准备，或者资产池中的某些资产是银行通过不可退款的打折方式购买的，在计算上述 a 和 b 值时，必须使用未扣减该项准备或者不考虑价格折扣的风险暴露。如果某项基础资产为违约资产，则相应的准备或者价格折扣可用于抵消与该资产证券化风险暴露相关的监管资本扣减。

4. 该档次的信用增级水平 L 为 a 与 b 的比值，以小数形式表示。a 为优先级低于该档次的资产证券化风险暴露，b 为资产池全部风险暴露。

计算该档次的信用增级水平时无须考虑针对某一特定档次证券的信用增级，也不考虑与资产证券化有关的销售利得。在计算利率互换或货币互换的信用增级水平时，如果其优先级次于该档次，可以用当前价值来计量；如果当前价值无法确定，在计算该档次的信用增级水平时就可以不考虑该利率互换或货币互换。如果某储备账户的资金由资产池中优先级低于该档次资产的现金流提供，则可以算入该档次的信用增级水平；如果储备账户是由资产池的未来收益提供资金，则不能算入该档次的信用增级水平。

5. 该档次的厚度 T 为 a 与 b 的比值。a 为银行持有的某一档次资产证券化风险暴露，b 为资产池全部风险暴露。对于因利率互换或货币互换所形成的资产证券化风险暴露，银行必须考虑潜在未来风险暴露。潜在未来风险暴露为本办法附件 8 针对衍生产品合约按照现额暴露法计算风险资产时由账面名义金额乘以固定系数所得的部分。如果资产证券化风险暴露的当前价值为非负值，则该资产证券化风险暴露的价值为当前价值与潜在未来风险暴露之和；如果该资产证券化风险暴露的当前价值为负值，则其价值为潜在未来风险暴露。

6. 资产池风险暴露有效数量 N 的计算方法如下：

$$N = \frac{\left(\sum_i EAD_i \right)^2}{\sum_i EAD_i^2}$$

其中，EAD_i 表示资产池中第 i 个债务人的违约风险暴露。对同一债务人的多个风险暴露应当合并计算。如果已知最大资产证券化风险暴露的份额为 C_1，也可以用 $1/C_1$ 来计算 N。

对于再资产证券化风险暴露，有效数量（N）是指该风险暴露的基础资产的数量，而不是该基础资产之下的基础资产数量。

7. 资产池加权平均违约损失率的计算方法如下：

$$LGD = \frac{\sum_i LGD_i \times EAD_i}{\sum_i EAD_i}$$

其中，LGD_i 表示对第 i 个债务人的全部风险暴露的平均违约损失率。

再资产证券化风险暴露适用 100% 的加权平均违约损失率。

（五）对于零售资产证券化交易运用监管公式法时，可以使用以下简化值：$h = 0$ 并且 $v = 0$。

（六）如果符合下列条件，银行在计算资产池风险暴露有效数量（N）和资产加权平均违约损失率时，可以采用下列简化方法：

1. 如果与最大风险暴露相关的资产组合份额 C_1 小于或者等于 0.03，在使用监管公式法时，可以令 $LGD = 0.50$，并采用下列公式计算 N：

$$N = \left[C_1 \times C_m + \left(\frac{C_m - C_1}{m - 1} \right) \times \max(1 - m \times C_1, 0) \right]^{-1}$$

前款中 C_m 表示证券化资产池中最大的 m 项风险暴露之和所占的份额，m 由商业银行自行确定。

2. 如果只有 C_1 已知，并且小于等于 0.03，则可以令 $LGD = 0.50$，$N = 1/C_1$。

（七）对于表外资产证券化风险暴露，运用 100% 的信用转换系数。

（八）如果商业银行计算基础资产证券化之前的内部评级法监管资本要求（KIRB）存在困难，经银监会批准，可以暂时采用以下方法计算未评级流动性便利的监管资本要求：

1. 对于合格流动性便利，风险权重按照不采用信用风险内部评级法计算的资产池中单个风险暴露的最高风险权重确定，若原始期限不超过 1 年，则运用 50% 的信用转换系数；若原始期限大于 1 年，则运用 100% 的信用转换系数。

2. 对于其他情形，应对流动性便利使用 100% 的信用转换系数和 1250% 的风险权重。

（九）采用资产证券化内部评级法的商业银行在计量具有信用风险缓释工具的资产证券化风险暴露的监管资本时，能够认可的合格抵质押品仅限于本办法附件 6 对初级内部评级法所规定的合格抵质押品。由特定目的信托所抵押的合格抵质押品可被视为合格抵质押品。

（十）采用资产证券化内部评级法的商业银行在计量具有信用风险缓释工具的资产证券化风险暴露的监管资本时，能够认可的合格保证和信用衍生产品仅限于本办法附件 6 对初级内部评级法所规定的合格保证和信用衍生产品。特定目的信托不作为合格保证人。

（十一）采用资产证券化内部评级法的商业银行应当根据本附件第三部分（七）、（九）、（十二）关于信用风险缓释工具的处理和本办法附件 5 关于初级内部评级法的有关规定，计量具有信用风险缓释工具的资产证券化风险暴露的监管资本。

（十二）使用内部评级法的发起机构应当按照本附件第三部分（十三）到（十七）的有关规定，为提前摊还安排计提监管资本。该发起机构为投资者权益计提的监管资本为以下三项的乘积：

1. 投资者权益。

2. 相关信用转换系数。

3. 基础资产证券化之前的内部评级法监管资本要求（KIRB）。

投资者权益等于投资机构在证券化基础资产已提取本金余额和未提取本金余额的违约风险暴露中所占的数额。在确定未提取本金余额的违约风险暴露时，未提取本金余额应当根据发起机构与投资机构在证券化基础资产已提取本金余额中的份额进行分配。

五、外部评级使用规范

使用外部信用评估计量资产证券化风险暴露资本要求时，除满足本办法附件17的外部评级使用规范外，还应满足下列操作标准。以下操作标准既适用于资产证券化框架中的标准法也适用于内部评级法：

（一）为了有效计算风险权重，外部信用评估必须要全额考虑和反映银行债权的信用风险。如，如果银行的债权既包括本金又包括利息，那么评估就必须要考虑和反映与本金和利息及时偿还相关的信用风险。

（二）外部信用评级必须由经过银监会认可的合格外部评级机构做出，以下情况例外。合格的信用评级、流程、方法、假设和评级用关键要素应该无选择地公之于众，并且完全免费。换言之，信用评级必须以公众可以获取的方式发布，并且包括在外部评级机构的评级迁徙矩阵中。此外，损失、现金流分析以及评级结果对主要评级假设变化的敏感性也应该公开。因此，只对交易相关方提供信用评级是不能满足该要求的。

（三）合格的外部评级机构必须证明在资产证券化方面具有专长，这要以很好的市场接受程度来证明。

（四）银行在使用合格外部信用评级机构的外部信用评估时，对于同一类型的资产证券化风险暴露应当保持连续性和一致性。针对同一资产证券化结构的所有档次，银行应使用同一家合格外部信用评级机构的外部信用评估结果。

（五）当信用风险缓释直接提供给特别目的机构时，如提供者当前外部信用评级在 BBB－（含）以上，且在提供信用风险缓释时外部信用评级在 A－（含）以上，并且该风险缓释反映在资产证券化风险暴露的外部信用评估中，则应使用与该外部信用评估相对应的风险权重。为避免重复计算，对于信用风险缓释不需持有额外资本。若信用风险缓释的提供者不满足以上要求，则该资产证券化风险暴露应作为未评级处理。

（六）如果特别目的机构未能得到信用风险缓释，而是在某个给定结构（如资产支持证券档次）中的特定资产证券化风险暴露中使用，银行应按照未评级来处理这些风险暴露，然后使用规定的信用风险缓释处理方法来确认相关风险的防范方式。

（七）同一资产证券化风险暴露具有两个不同的评级结果时，商业银行应当运用所对应的较高风险权重。同一资产证券化风险暴露具有三个或者三个以上的评级结果时，商业银行应从所对应的两个较低的风险权重中选用较高的风险权重。

六、名词解释

"传统型资产证券化"是指基础资产的信用风险通过资产转让、信托等方式全部或部分转移给投资者，基础资产的现金流用以支付至少两个不同信用风险档次的证券的资产证券化交易。

"合成型资产证券化"是指基础资产的信用风险通过信用衍生工具或者保证全部或部分转移给投资者的资产证券化交易。该交易结构中至少具有两个不同信用风险档次的证券。信用衍生工具包括资金来源预置型和资金来源非预置型两种类型。

"资金来源预置型信用衍生工具"是指在发生信用违约事件时，信用保护购买机构对于因获得信用保护而有权获取的资金或者资产，可以自行通过扣押、处置、转让等方式进行处理而获得赔偿。信用保护购买机构持有用于信用保护的抵质押资产或发行信用连接票据属于此种情形。

"资金来源非预置型信用衍生工具"是指在发生信用违约事件时，信用保护购买机构只能依赖信用保护提供机构履行承诺而获得赔偿。保证和信用违约互换属于此种情形。

"流动性便利"是指在基础资产的实际本息收取与资产支持证券的正常本息偿付暂时不匹配的情况下，由银行提供的一种短期融资，以确保投资者能按时、足额收取资产支持证券的本金和利息。

"分档次抵补"是指对于某一风险暴露，商业银行向信用保护提供方转移一部分风险，同时保留一部分风险，而转移部分和保留部分处于不同优先档次的情形。在这种情况下，商业银行所获得的信用保护既可以是针对较高档次的，也可以是针对较低档次的。

"现金抵押账户"是指资产证券化交易中的一种内部信用增级方式。现金抵押账户资金由发起机构提供或者来源于其他金融机构的贷款，用于弥补资产证券化业务活动中可能产生的损失。

"利差账户"是指资产证券化交易中的一种内部信用增级方式。利差账户资金来源于资产利息收入和其他证券化交易收入减去资产支持证券利息支出和其他证券化交易费用之后所形成的超额利差，用于弥补资产证券化业务活动中可能产生的损失。

"销售利得"是指商业银行因从事资产证券化交易而导致的所有者权益的增加额。

"第一损失责任"是指资产证券化交易参与机构最先承担的资产池损失责任，为该参与机构向资产证券化交易其他参与机构所提供的首要财务支持或者风险保护。

"清仓回购"是指在资产池资产或者资产支持证券全部偿还之前，发起机构赎回资产证券化风险暴露的一种选择权。对于传统型资产证券化交易，清仓回购的通常做法是在资产池或者资产支持证券余额降至一定的水平之后，由发起机构赎回剩余的资产证券化风险暴露；对于合成型资产证券化交易，清仓回购通常是指提前终止信用保护。

"再资产证券化"是指至少一项基础资产符合正文关于资产证券化风险暴露定义并具有分层结构的资产证券化风险暴露。对一个或多个再资产证券化的风险暴露属于再资产证券化。

"服务机构现金透支便利"是指由贷款服务机构提供的一种短期垫款或者融资，包括但不限于垫付清收费用、抵押品相关费用以按时收回基础资产的本金和利息，从而使投资者能按时、足额收取资产支持证券的本金和利息。

"提前摊还"是指在资产证券化相关法律文件中事先规定的机制被触发时，投资机构将在事先规定的资产支持证券到期日之前得到偿还。

"控制型提前摊还"是指满足如下条件的提前摊还安排：

发起机构具有恰当的资本或者流动性方案，以确保其在发生提前摊还时有足够的资本和流动性资金。

在包括提前摊还期在内的证券化交易存续期内，发起机构与投资机构按照每月月初在证券化基础资产未偿余额中的相对份额所确定的同一比例，分摊利息、本金、费用、损失与回收金额。

发起机构所设定的提前摊还期应当足以使基础资产至少 90% 的未偿债务在提前摊还结束时已经被偿还或者认定为违约。

在提前摊还期内，偿还投资机构的速度不得快于直线摊销法下的还款速度。

不满足上述条件的提前摊还安排为"非控制型提前摊还"。

"非承诺信用额度"是指无须事先通知，即可无条件随时撤销的信用额度。

附件 10：

市场风险标准法计量规则

一、利率风险

利率风险包括交易账户中的债券（固定利率和浮动利率债券、央行票据、可转让存单、不可转换优先股及按照债券交易规则进行交易的可转换债券）、利率及债券衍生工具头寸的风险。利率风险的资本要求包括特定市场风险和一般市场风险的资本要求两部分。

（一）特定市场风险

表 1   特定市场风险计提比率对应表

类别	发行主体外部评级	特定市场风险资本计提比率
政府证券	AA－以上（含 AA－）	0%
	A＋ 至 BBB－ （含 BBB－）	0.25%（剩余期限不超过 6 个月）
		1.00%（剩余期限为 6～24 个月）
		1.60%（剩余期限为 24 个月以上）
	BB＋ 至 B－（含 B－）	8.00%
	B－以下	12.00%
	未评级	8.00%
合格证券	BB＋以上（不含 BB＋）	0.25%（剩余期限不超过 6 个月）
		1.00%（剩余期限为 6～24 个月）
		1.60%（剩余期限为 24 个月以上）
其他	外部评级为 BB＋以下（含）的证券以及未评级证券的资本计提比率为证券主体所适用的信用风险权重除以 12.5，风险权重见本办法附件 2。	

1. 政府证券包含各国中央政府和中央银行发行的各类债券和短期融资工具。

我国中央政府、中国人民银行及政策性银行发行的债券的资本计提比率均为 0%。

2. 合格证券包括：

（1）多边开发银行、国际清算银行和国际货币基金组织发行的债券。

（2）我国公共部门实体和商业银行发行的债券。

（3）被至少两家合格外部评级机构评为投资级别（BB＋以上）的发行主体发行的债券。

3. 对于其他发行主体发行的债券，其资本计提比率为证券发行主体所对应的信用风险权重除以 12.5，具体风险权重根据本办法附件 2 确定。

资产证券化风险暴露的风险权重根据本办法附件 9 确定。

（二）一般市场风险

1. 一般市场风险的资本要求包含以下三部分：

（1）每时段内加权多头和空头头寸可相互对冲的部分所对应的垂直资本要求。

（2）不同时段间加权多头和空头头寸可相互对冲的部分所对应的横向资本要求。

（3）整个交易账户的加权净多头或净空头头寸所对应的资本要求。

2. 商业银行可以采用到期日法或久期法计算利率风险的一般市场风险资本要求。

3. 商业银行采用到期日法计算一般市场风险资本要求，应先对各头寸划分时区和时段，时段的划分和匹配的风险权重见表 2，时区的划分和匹配的风险权重见表 3。到期日法具体计算步骤如下：

（1）各时段的头寸乘以相应的风险权重计算各时段的加权头寸。

（2）各时段的加权多头、空头头寸可相互对冲的部分乘以 10% 得出垂直资本要求。

（3）各时段的加权多头头寸和加权空头头寸进行抵消得出各个时段的加权头寸净额；将在各时区内各时段的加权头寸净额之间的可相互对冲的部分乘以表 3 所列的同一区内的权重得出各个时区内的横向资本要求。

（4）各时区内各时段的加权头寸净额进行抵消，得出各时区加权头寸净额；每两个时区加权头寸净额之间可相互对冲的部分乘以表 3 所列的相邻区内以及1区和3区之间的权重得出时区间的横向资本要求。

（5）各时区加权头寸净额进行抵消，得出整个交易账户的加权净多头或净空头头寸所对应的资本要求。

表2　　　　　　　　　　　　　　　时段和权重

票面利率不小于3%	票面利率小于3%	风险权重	假定收益率变化
不长于1个月	不长于1个月	0.00%	1.00
1~3个月	1~3个月	0.20%	1.00
3~6个月	3~6个月	0.40%	1.00
6~12个月	6~12个月	0.70%	1.00
1~2年	1.0~1.9年	1.25%	0.90
2~3年	1.9~2.8年	1.75%	0.80
3~4年	2.8~3.6年	2.25%	0.75
4~5年	3.6~4.3年	2.75%	0.75
5~7年	4.3~5.7年	3.25%	0.70
7~10年	5.7~7.3年	3.75%	0.65
10~15年	7.3~9.3年	4.50%	0.60
15~20年	9.3~10.6年	5.25%	0.60
20年以上	10.6~12年	6.00%	0.60
	12~20年	8.00%	0.60
	20年以上	12.50%	0.60

表3　　　　　　　　　　　　　　　时区和权重

时区	时段	同一区内	相邻区之间	1区和3区之间
1区	0~1个月	40%		
	1~3个月			
	3~6个月			
	6~12个月			
2区	1~2年	30%		
	2~3年			
	3~4年		40%	100%
3区	4~5年	30%		
	5~7年			
	7~10年			
	10~15年			
	15~20年			
	20年以上			

4. 经银监会核准，商业银行可以使用久期法计量一般市场风险资本要求。一旦选择使用久期法，应持续使用该方法，如变更方法需经银监会认可。久期法具体计算步骤如下：

（1）在表4中找出每笔头寸期限对应的收益率变化，逐笔计算该收益率变化下的价格敏感性。

（2）将价格敏感性对应到表4的15级久期时段中。

（3）每个时段中的多头和空头头寸分别计提5%的垂直资本要求，以覆盖基差风险。

（4）按照到期日法的要求，计算横向资本要求。

（5）按照到期日法的规定，将各区加权头寸净额进行抵消，得出整个交易账户的加权净多头或净空头所对应的资本要求。

表4   久期法计算表

	假定收益率变化		假定收益率变化
1 区		3 区	
0～1 个月	1.00	3.6～4.3 年	0.75
1～3 个月	1.00	4.3～5.7 年	0.7
3～6 个月	1.00	5.7～7.3 年	0.65
6～12 个月	1.00	7.3～9.3 年	0.6
		9.3～10.6 年	0.6
2 区		10.6～12 年	0.6
1～1.9 年	0.90	12～20 年	0.6
1.9～2.8 年	0.80	20 年以上	0.6
2.8～3.6 年	0.75		

（三）利率及债券衍生工具

1. 利率衍生工具包括受利率变化影响的衍生金融工具，如利率期货、远期利率协议、利率互换及交叉货币互换合约、利率期权及远期外汇头寸。

债券衍生工具包括债券的远期、期货和债券期权。

2. 衍生工具应转换为基础工具，并按基础工具的特定市场风险和一般市场风险的方法计算资本要求。利率和货币互换、远期利率协议、远期外汇合约、利率期货及利率指数期货不必计算特定市场风险的资本要求；如果期货合约的基础工具是债券或代表债券组合的指数，则应根据发行主体的信用风险计算特定市场风险资本要求。

二、股票风险

股票风险是指交易账户中股票及股票衍生金融工具头寸的风险。其中股票是指按照股票交易规则进行交易的所有金融工具，包括普通股（不考虑是否具有投票权）、可转换债券和买卖股票的承诺。

（一）特定市场风险和一般市场风险

特定市场风险的资本要求等于各不同市场中各类股票多头头寸绝对值及空头头寸绝对值之和乘以8%后所得各项数值之和。一般市场风险对应的资本要求，等于各不同市场中各类多头及空头头寸抵消后股票净头寸的绝对值乘以8%后所得各项数值之和。

（二）股票衍生工具

股票衍生工具包括股票和股票指数的远期、期货及互换合约。

衍生工具应转换为基础工具，并按基础工具的特定市场风险和一般市场风险的方法计算资本要求。

三、外汇风险

外汇风险是指外汇（包括黄金）及外汇衍生金融工具头寸的风险。

（一）结构性外汇风险暴露

结构性外汇风险暴露是指结构性资产或负债形成的非交易性的外汇风险暴露。结构性资产或负债指经营上难以避免的策略性外币资产或负债，可包括：

1. 经扣除折旧后的固定资产和物业。

2. 与记账本位币所属货币不同的资本（营运资金）和法定储备。

3. 对海外附属公司和关联公司的投资。

4. 为维持资本充足率稳定而持有的头寸。

（二）外汇风险的资本要求

外汇风险的资本要求等于净风险暴露头寸总额乘以 8%。

净风险暴露头寸总额等于以下两项之和：

1. 外币资产组合（不包括黄金）的净多头头寸之和（净头寸为多头的所有币种的净头寸之和）与净空头头寸之和（净头寸为空头的所有币种的净头寸之和的绝对值）中的较大者。

2. 黄金的净头寸。

（三）外汇衍生工具

外汇衍生工具应转换为基础工具，并按基础工具的方法计算市场风险资本要求。

四、商品风险

适用于商品、商品远期、商品期货、商品互换。

此处的商品是指可以在二级市场买卖的实物产品，如贵金属（不包括黄金）、农产品和矿物（包括石油）等。

（一）商品风险对应的资本要求等于以下两项之和：

1. 各项商品净头寸的绝对值之和乘以 15%。

2. 各项商品总头寸（多头头寸加上空头头寸的绝对值）之和乘以 3%。

（二）商品衍生工具应转换为名义商品，并按上述方法计算资本要求。

五、期权风险

（一）仅购买期权的商业银行可以使用简易的计算方法。

1. 银行如持有现货多头和看跌期权多头，或持有现货空头和看涨期权多头，资本要求等于期权合约对应的基础工具的市场价值乘以特定市场风险和一般市场风险资本要求比率之和，再减去期权溢价。资本要求最低为零。

2. 银行如持有看涨期权多头或看跌期权多头，资本要求等于基础工具的市场价值乘以该基础工具的特定市场风险和一般市场风险资本要求比率之和与期权的市场价值两者中的较小者。

（二）同时卖出期权的商业银行应使用得尔塔＋（Delta－plus）方法。

得尔塔＋方法计算的资本要求由以下三部分组成：

1. 期权基础工具的市值乘以该期权的得尔塔值得到得尔塔加权期权头寸，然后将得尔塔加权头寸加入到基础工具的头寸中计算资本要求。

2. 伽马（Gamma）风险的资本要求。

伽马效应值 $= 0.5 \times Gamma \times (VU)^2$

VU 为期权基础工具的变动。

其中：

（1）对于利率期权，当基础工具为债券时：VU ＝基础工具市值×表2中相应时段的风险权重。

（2）当基础工具为利率时：VU ＝基础工具市值×表2中相应时段的假定收益率变化。

（3）当基础工具为股票、股指、外汇与黄金时：VU ＝基础工具市值×8%。

（4）当基础工具为商品时：VU ＝基础工具市值×15%。

同一基础工具每项期权对应的伽马效应值相加得出每一基础工具的净伽马效应值。仅当基础工具的净伽马效应值为负值时，才须计算相应的资本要求，且资本要求总额等于这些净伽马效应值之和的绝对值。

3. 维加（Vega）风险的资本要求。

基础工具维加风险的资本要求

＝25%×该基础工具波动率×｜该基础工具的各项期权的维加值之和｜

维加风险的资本要求总额，等于各项基础工具维加风险的资本要求之和。

六、承销

商业银行采取包销方式承销债券等工具时，应使用下述方法计提相应的市场风险资本。

1. 商业银行按以下方式确定需计提市场风险资本的承销业务风险暴露额：

需计提市场风险资本的承销业务风险暴露额 = 每日日终承销余额 × 转换系数

2. 自确定承销债券的金额和价格之日起，转换系数为50%；自缴款日起，将转换系数调为100%，直至债券全部出售。

3. 每日计算得出的需计提市场风险资本要求承销业务风险暴露作为交易账户头寸，根据所承销债券的类型和发行主体，计算相应的市场风险资本要求，包括一般市场风险和特定市场风险。

七、交易账户信用衍生产品

商业银行应将交易账户信用衍生产品转换为相关信用参考实体的本金头寸，并使用其当前市值计算利率风险的市场风险资本要求。

表5　　　　　　　　　　交易账户信用衍生产品转换规则

		多头/信用保护卖方	空头/信用保护买方
信用违约互换	一般市场风险	如有任何费用或利息的支付，则视为持有无特定市场风险债券多头	如有任何费用或利息的支付，则视为卖出无特定市场风险债券空头
	特定市场风险	视为持有信用参考实体多头，如为合格证券的情况，则视为持有互换风险暴露	视为持有信用参考实体空头，如为合格证券的情况，则视为卖出互换空头
总收益互换	一般市场风险	如有任何费用或利息的支付，则视为持有信用参考实体多头，及卖出无特定市场风险债券空头	如有任何费用或利息的支付，则视为卖出信用参考实体，及持有无特定市场风险债券多头
	特定市场风险	视为持有信用参考实体多头	视为卖出信用参考实体空头
信用联系票据	一般市场风险	视为持有票据发行方多头	视为卖出票据发行方空头
	特定市场风险	视为持有票据发行方以及信用参考实体多头，如为合格证券的情况，则视为持有票据发行方多头	视为卖出信用参考实体空头，如为合格证券的情况，则视为卖出票据发行方空头

		多头/信用保护卖方	空头/信用保护买方
首次违约信用互换	一般市场风险	如有任何费用或利息的支付,则视为持有无特定市场风险债券多头	如有任何费用或利息的支付,则视为卖出无特定市场风险债券空头
	特定市场风险	视为持有所有参考实体多头,特定市场风险资本要求以可能的最大支出作为上限,如为合格证券的情况,则视为持有信用衍生品多头	视为卖出特定市场风险资本要求最高的参考实体空头(针对风险暴露),或视为卖出特定市场风险资本要求最低的信用参考实体空头(针对对冲头寸)
第二次违约信用互换	一般市场风险	如有任何费用或利息的支付,则视为持有无特定市场风险债券多头	如有任何费用或利息的支付,则视为卖出无特定市场风险债券空头
	特定市场风险	视为持有所有参考实体多头,但不包括特定市场风险资本要求最低的信用参考实体多头,特定市场风险资本要求以可能的最大支出作为上限,如为合格证券的情况,则视为持有信用衍生品多头	视为卖出特定市场风险资本要求最高的参考实体空头(针对风险暴露),当存在首次违约保护的情况下,视为卖出第二个特定市场风险资本要求最低的信用参考实体空头,或当特定市场风险资本要求最低的信用参考实体已发生违约的情况下,视为卖出信用参考实体空头(针对对冲头寸)

附件 11：

市场风险内部模型法监管要求

一、内部模型法应涵盖的风险因素

（一）利率风险

1. 商业银行的内部模型应涵盖每一种计价货币的利率所对应的一系列风险因素。

2. 商业银行应使用业内普遍接受的方法构建内部模型使用的收益率曲线。该收益率曲线应划分为不同的到期时间，以反映收益率的波动性沿到期时间的变化；每个到期时间都应对应一个风险因素。

3. 对于风险暴露较大的主要货币和主要市场的利率变化，商业银行应使用至少六个风险因素构建收益率曲线。风险因素的数量应最终由商业银行交易策略的复杂程度决定。

4. 风险因素应能反映主要的利差风险。

（二）股票风险

1. 商业银行的内部模型应包含与商业银行所持有的每个较大股票头寸所属交易市场相对应的风险因素。

2. 对每个股票市场，内部模型中至少应包含一个用于反映股价变动的综合市场风险因素（如股指）。投资于个股或行业股指的头寸可表述为与该综合市场风险因素相对应的"贝塔（beta）等值"。

3. 银监会鼓励商业银行在内部模型中使用市场的不同行业所对应的风险因素，如制造业、周期性及非周期性行业等；最审慎的做法是对每只股票的波动性都设立风险因素。

4. 对于一个给定的市场，建模技术的特点及复杂程度应与商业银行对该市场的风险暴露以及个股的集中度相匹配。

（三）汇率风险

内部模型中应包含与商业银行所持有的每一种风险暴露较大的外币

（包括黄金）与本币汇率相对应的风险因素。

（四）商品风险

1. 内部模型应包含与商业银行所持有的每个较大商品头寸所属交易市场相对应的风险因素。

2. 对于以商品为基础的金融工具头寸相对有限的商业银行，可以采用简化的风险因素界定方法。即对有风险暴露的每种商品的价格都确定一个对应的风险因素；如商业银行持有的总商品头寸较小，也可采用一个风险因素作为一系列相关商品的风险因素。

3. 对于交易比较活跃的商品，内部模型应考虑衍生品头寸（如远期、掉期）和实物商品之间"便利收益率"的不同。

（五）其他

1. 内部模型应包含能有效反映与上述四大类别市场风险相关的期权性风险、基差风险和相关性风险等风险因素。

2. 原则上，商业银行所使用的定价和估值模型中的风险因素都应包含在内部模型中。如未包含，则应说明其合理性。

二、内部模型法的最低定性要求

商业银行使用内部模型法应满足银监会关于市场风险管理的一般要求和本办法的具体要求，并符合以下定性要求：

（一）资本计量应与其日常市场风险管理活动紧密结合，包括：

1. 资本计量应基于日常市场风险管理的内部模型，而非针对市场风险资本要求计算特别改进过的模型。

2. 模型应完全融入商业银行的日常市场风险管理过程，并作为提交高级管理层的风险报告的基础。模型结果应作为市场风险管理的必要组成部分。

3. 风险计量系统应与交易限额结合使用。交易限额与模型的联系应该保持一致，并被高级管理层所理解。

（二）由独立的风险管理部门提供的市场风险每日报告应由一定层级的管理人员审阅，且该管理人员应有足够授权强制减少单个交易员的头寸和整个银行的风险暴露。

（三）商业银行应建立独立于业务部门并直接向高级管理层报告的市场风险管理部门。该风险管理部门应负责设计和实施商业银行的风险管理体系，每日编制并分析基于风险计量模型输出结果的报告。

（四）商业银行应拥有足够的能在交易、风险控制、审计和后台工作中使用复杂模型的员工。

（五）商业银行应按照本办法的相关要求定期进行压力测试。

（六）商业银行应建立足够支持其内部模型运行的信息系统。

（七）商业银行所使用的内部模型应足够文档化，相关的文档应具备足够的细节。

三、内部模型法的最低定量要求

（一）商业银行可使用任何能够反映其所有主要风险的模型方法计算市场风险资本要求，包括但不限于方差—协方差法、历史模拟法和蒙特卡罗模拟法等。

（二）商业银行如采用内部模型法，其最低市场风险资本要求为一般风险价值及压力风险价值之和，一般风险价值和压力风险价值（$sVaR$）的计算应符合本办法的最低定量标准。

（三）商业银行应在每个交易日计算一般风险价值，使用单尾、99％的置信区间。

（四）计算一般风险价值时，商业银行使用的持有期应为 10 个交易日。

商业银行可使用更短的持有期并将结果转换为 10 天的持有期（如使用时间平方根法），但应定期向银监会证明此种方法的合理性。

（五）计算一般风险价值采用的观察期应符合下列要求：

1. 观察期长度应至少为一年（或 250 个交易日）。

2. 使用加权法或其他类似方法处理历史数据，有效观察期至少为一年，即当使用加权法时，历史数据点的加权平均时间不得少于 6 个月。

3. 商业银行可使用不完全满足上述第 2 项要求的其他加权法处理历史数据，但应确保计算得出的资本要求不低于按上述第 2 项计算的结果。

（六）在计算一般风险价值的基础上，商业银行还应对其现有的资产组合计算压力风险价值，压力风险价值应覆盖商业银行所有的主要市场风险。

（七）压力风险价值的计算要求包括：

1. 应至少每周计算压力风险价值。

2. 选用给商业银行造成重大损失的连续的 12 个月期间作为显著金融压力情景，并使用经该期间历史数据校准后的数据作为计算基础。

3. 选用的连续 12 个月的压力期间是指包括极端金融压力事件的连续期间，若极端压力事件的持续期间少于 12 个月，银行应使用适当方法将期间扩展至 12 个月。

4. 选用的连续 12 个月的压力期间应与商业银行自身的资产组合相关。

5. 商业银行选取压力期间的方法须经银监会认可。商业银行应将按认可方法确定的压力期间报备银监会，并须定期对其进行审核。

（八）商业银行应确保用于内部模型的数据的可靠性。在无法取得可靠数据时，可使用替代数据或其他合理的风险价值计量技术。商业银行应能够证明使用技术的合理性，并且不会实质性地低估风险。

（九）商业银行应至少每月更新一次数据集。如市场风险因素的变动使商业银行需更频繁地更新才能确保风险价值模型数据的审慎性，则应提高更新频率。数据集更新流程应足够灵活以适应提高更新频率的要求。

四、内部模型法计量特定市场风险资本的要求

（一）商业银行可以采用内部模型法计量利率风险和股票风险的特定市场风险资本要求。

（二）除符合本附件关于内部模型法最低定性和定量要求外，采用内部模型法计量特定市场风险资本要求时，内部模型应包含能反映所有引起价格风险的重要因素，并且可对市场状况和交易组合变化作出反应，并符合以下要求；否则，商业银行应使用标准法计量特定市场风险

资本要求。

1. 可解释交易组合的历史价格变化。

2. 可反映集中度风险。

3. 在不利的市场环境保持稳健。

4. 可反映与基础工具相关的基差风险。

5. 可反映事件风险。

6. 已通过返回检验验证。

内部模型应保守地估计由流动性较差或价格透明度有限的头寸带来的风险。

五、内部模型法计量新增风险资本的要求

（一）商业银行如采用内部模型法计量特定市场风险资本要求，应同时使用内部模型计量新增风险资本要求。商业银行使用的内部模型未能覆盖新增风险的，则应采用标准法计算特定市场风险资本要求。

新增风险是指未被风险价值模型计量的与利率类及股票类产品相关的违约和评级迁移风险。

商业银行采用内部模型法计算新增风险，应覆盖利率类新增风险；经银监会认可，可覆盖股票类新增风险。

（二）新增风险资本计算的持有期为 1 年，置信区间为 99.9%。

（三）新增风险的资本要求为以下两项中的较大值：

1. 过去 12 周的新增风险均值。

2. 最近一次计算得到的新增风险价值。

商业银行应至少每周计算一次新增风险的资本要求。商业银行计量新增风险的模型应满足在 1 年持有期内恒定风险水平的假设条件，并根据集中度、风险对冲策略和期权特征加以调整；同时也应反映可能影响多个证券发行人的市场性事件。

（四）商业银行的新增风险模型应充分考虑产品或组合的流动性期限。流动性期限是指在压力市场条件下，以不影响市场价格为前提，平仓或完全对冲新增风险所需的期限。

1. 流动性期限可以按照头寸或者组合为单位进行估计；如果以组

合为单位估计流动性期限，应对组合的划分方法予以清晰定义，以合理反映不同组合的流动性期限差异。

2. 对非投资级产品、二级市场流动性不足的产品和从未大幅下跌过的产品的流动性期限应予以审慎估计。

3. 流动性期限不得低于 3 个月。商业银行的新增风险模型应充分考虑违约和评级迁移事件的相关性，但不得考虑新增风险与其他市场风险因素的对冲或分散化效应。

（五）轧差计算仅适用于同一产品的多空头寸；产品的基差风险、优先级结构、评级、期限和轧差误差都须予以合理计量。

（六）商业银行的新增风险模型在满足以下条件时可以考虑动态对冲策略的对冲效果，而不将其作为对冲误差处理：

1. 动态对冲策略一致地应用于交易账户的所有相关头寸。

2. 证明采用动态对冲策略是一种较好的风险管理方法。

3. 证明对冲工具有足够流动性以保证即便在压力市场条件下仍然能够采取动态对冲策略管理风险。

六、返回检验要求

（一）商业银行应比较每日的损益数据与内部模型产生的风险价值数据，进行返回检验，依据最近一年内突破次数确定市场风险资本计算的附加因子，并按季度将返回检验结果及附加因子调整情况报告银监会。

银监会对商业银行返回检验结果和附加因子调整情况进行监督。

（二）符合以下情况的，商业银行可向银监会申请不根据实际突破次数调整附加因子：

1. 商业银行如能合理说明其使用的模型基本稳健，以及突破事件只属暂时性质，则银监会可以决定不将该突破事件计入突破次数。

2. 当金融市场发生实质性的制度转变时，市场数据的波动与相关系数的重大变化可能引发短时间内的大量突破事件。在这种情况下，银监会可要求商业银行尽快把制度转变的因素纳入其内部模型，这一过程中可暂不调高附加因子。

（三）内部模型的返回检验应至少满足以下要求：

1. 商业银行应每日计算基于 T–1 日头寸的风险价值与 T 日的损益数据并进行比较，如损失超过风险价值则称为发生一次突破。

2. 上述风险价值的持有期为 1 天，置信区间、计算方法以及使用的历史数据期限等参数应与使用内部模型法计提市场风险资本要求时所用参数保持一致。

3. 突破的统计方法采用简单突破法，即每季度末统计过去 250 个交易日的返回检验结果中总计发生的突破次数。

4. 商业银行向银监会申请实施内部模型法时，应建立返回检验流程，并积累至少一年的返回检验结果数据。

（四）使用内部模型法计量特定市场风险资本要求的，商业银行应对相关的利率和股票类子组合进行返回检验。

（五）商业银行应建立返回检验的文档管理和报告制度。

1. 商业银行应对返回检验过程及结果建立完整的书面文档记录，以供内部管理、外部审计和银监会查阅使用。

2. 返回检验突破事件发生后，应及时书面报告商业银行负责市场风险管理的高级管理层成员。

3. 商业银行正式实施市场风险内部模型法后，应每季度将过去 250 个交易日的返回检验结果报告提交银监会。

（六）按照过去 250 个交易日的返回检验突破次数，其结果可分为绿区、黄区和红区三个区域。

1. 绿区，包括 0~4 次突破事件。绿区代表返回检验结果并未显示商业银行的内部模型存在问题。

2. 黄区，包括 5~9 次突破事件。黄区代表返回检验结果显示商业银行的内部模型可能存在问题，但有关结论尚不确定，因此，模型是准确或不准确均有可能。通常情况下，随着出现突破事件次数由 5 次增加至 9 次，模型不准确的可能性会逐步增大。

3. 红区，包括 10 次或以上突破事件。红区代表返回检验结果显示商业银行的内部模型存在问题的可能性极大。

（七）市场风险返回检验突破次数、分区及资本附加因子的对应关系见表1。

表1　　　　　　　　　突破次数与附加因子关系表

分区	过去250个交易日的返回检验突破次数	资本附加因子
绿区	少于5次	0.00
黄区	5次	0.40
	6次	0.50
	7次	0.65
	8次	0.75
	9次	0.85
红区	10次或以上	1.00

七、模型验证要求

商业银行采用内部模型法计算市场风险监管资本要求，应按本办法的规定对市场风险内部模型及支持体系进行验证，确保模型理论正确、假设合理、数据完整、模型运行情况良好、计算准确、使用分析恰当。市场风险内部模型验证的详细要求见本办法附件16。

八、压力测试要求

（一）商业银行使用内部模型法计量市场风险资本要求，应按本办法要求进行相应的压力测试。

商业银行压力测试所用的压力情景应涵盖可能使其交易组合产生重大损失、对其交易组合造成重大不利影响，或会引致风险事前或事后管理相当困难的各种潜在风险因素。这些风险因素应包括各种主要风险类别中的低概率事件，并反映事件对具有线性和非线性价格特征的头寸的影响。

（二）商业银行应具备按日进行压力测试的能力。同时，应定期评估压力情景下的风险状况，尤其应对压力测试所揭示的主要风险点和脆弱环节予以特别关注，若压力测试显示商业银行受某种特定情景的负面影响显著，应通过降低风险暴露或分配更多资本等方式进行管理。

（三）商业银行应制定市场风险压力测试方案。

压力测试方案应重点关注如下方面：集中度风险、压力市场条件下的市场流动性不足、单一走势市场、事件风险、非线性产品及内部模型可能无法适当反映的其他风险。

压力测试方案应得到商业银行董事会及高级管理层的批准，并进行定期评估和修订。高级管理层应定期审查压力测试结果，在评估资本充足程度时予以考虑，并在管理层和董事会制定的政策和限额中予以体现。

（四）压力测试应同时具有定量和定性标准，同时考虑由市场动荡引起的市场风险和流动性风险。定量标准应明确商业银行可能会面对的压力情况；定性标准应强调压力测试目标是评估商业银行资本吸纳潜在大额亏损的能力，及寻求可以采取的降低风险及节约资本的措施。

（五）商业银行应选用最适合其业务规模及复杂程度的压力测试技术，包括敏感性测试和情景测试等。

（六）商业银行可以根据其组合的持仓规模、结构特点和复杂程度，确定压力情景的具体内容，并涵盖不同的严峻程度。压力情景依其性质可以分为：

1. 无须银行模拟的监管要求情景。商业银行应报告其每季度 5 个最大单日损失信息，供银监会审查。损失信息应与其内部计量系统计算出的资本水平相对比。

2. 需银行模拟的历史情景。商业银行应分别测试其交易组合在两类历史情景下的表现：第一类是当市场价格发生剧烈波动或市场流动性急剧下降时的历史情景；第二类是当风险因素的相关性和波动率发生极端变化时的历史情景。

3. 商业银行自行设计的反映其交易组合特性的压力情景。商业银行应根据其自身资产组合特性，自行设计压力测试情景，识别最不利的市场情况。商业银行应向银监会说明其识别和执行此类压力情景的方法，并说明此类情景引发的结果。

（七）商业银行应制定完备流程以确保进行全面的市场风险压力测试。相关流程应至少包括以下内容：分析交易组合特性及其业务所处的外部市场环境，以确定应在压力情况下进行测试的主要风险因素；设计适当的交易组合压力测试，包括可能的压力事件及情况的具体说明；以文件形式记录压力测试所用的假设及得出有关假设的方法；定期进行压力测试，分析压力测试结果以确定易受影响的环节及潜在风险；向商业银行高级管理层及有关管理人员报告压力测试结果；确定在压力情况下应采取的适当补救措施，以应对压力测试发现的潜在风险；向董事会报告有关压力测试结果及拟采取的补救措施。

（八）商业银行应根据交易组合特性及外部市场环境的变化，定期审核压力测试方案，评估压力测试所使用的基本假设是否仍然有效。审核应至少包括以下内容：压力测试方案涵盖的风险因素；压力测试是否融入日常风险管理；压力测试程序的核准过程，包括其后作出重大修改的授权；进行压力测试所用持仓数据的准确性及完整性；进行压力测试所用数据来源的一致性、及时性和可靠性；压力测试程序的文档记录的充分性。

九、报告要求

商业银行获准使用内部模型法计算市场风险资本要求后，应每季度向银监会报告内部模型的运行情况。报告内容至少应包括：模型方法、内容及覆盖面的重大变化，本期返回检验的结果，信息系统及管理层的重大变化，与市场风险有关的新业务开展情况等。

附件 12:

操作风险资本计量监管要求

一、基本指标法总收入定义

总收入为净利息收入与净非利息收入之和。总收入构成说明见表1。

表1   总收入构成说明

	项目	内容
1	利息收入	金融机构往来利息收入，贷款、投资利息收入，其他利息收入等
2	利息支出	金融机构往来利息支出、客户存款利息支出、其他借入资金利息支出等
3	净利息收入	1－2
4	手续费和佣金净收入	手续费及佣金收入－手续费及佣金支出
5	净交易损益	汇兑与汇率产品损益、贵金属与其他商品交易损益、利率产品交易损益、权益衍生产品交易损益等
6	证券投资净损益	证券投资净损益等，但不包括银行账户"拥有至到期日"和"可供出售"两类证券出售实现的损益
7	其他营业收入	股利收入、投资物业公允价值变动等
8	净非利息收入	4＋5＋6＋7
9	总收入	3＋8

二、标准法实施条件及业务条线归类

（一）实施条件

商业银行采用标准法，应当符合以下条件：

1. 商业银行应当建立清晰的操作风险管理组织架构、政策、工具、流程和报告路线。董事会应承担监控操作风险管理有效性的最终责任，高级管理层应负责执行董事会批准的操作风险管理策略、总体政策及体系。商业银行应指定部门专门负责全行操作风险管理体系的建设，组织实施操作风险的识别、监测、评估、计量、控制、缓释、监督与报告等。商业银行应在全行范围内建立激励机制鼓励改进操作风险管理。

2. 商业银行应当建立与本行的业务性质、规模和产品复杂程度相适应的操作风险管理系统。该管理系统应能够记录和存储与操作风险损失相关的数据和操作风险事件信息，能够支持操作风险及控制措施的自我评估和对关键风险指标的监测。该管理系统应配备完整的制度文件，规定对未遵守制度的情况进行合理的处置和补救。

3. 商业银行应当系统性地收集、跟踪和分析与操作风险相关的数据，包括各业务条线的操作风险损失金额和损失频率。商业银行收集内部损失数据应符合本附件第四部分的规定。

4. 商业银行应当制定操作风险评估机制，将风险评估整合入业务处理流程，建立操作风险和控制自我评估或其他评估工具，定期评估主要业务条线的操作风险，并将评估结果应用到风险考核、流程优化和风险报告中。

5. 商业银行应当建立关键风险指标体系，实时监测相关指标，并建立指标突破阈值情况的处理流程，积极开展风险预警管控。

6. 商业银行应当制定全行统一的业务连续性管理政策措施，建立业务连续性管理应急计划。

7. 商业银行负责操作风险管理的部门应定期向高级管理层和董事会提交全行的操作风险管理与控制情况报告，报告中应包括主要操作风险事件的详细信息、已确认或潜在的重大操作风险损失等信息、操作风险及控制措施的评估结果、关键风险指标监测结果，并制定流程对报告中反映的信息采取有效行动。

8. 商业银行的操作风险管理系统和流程应接受内部独立审查，内部审查应覆盖业务部门活动和全行各层次的操作风险管理活动。

9. 商业银行应当投入充足的人力和物力支持在业务条线实施操作风险管理，并确保内部控制和内部审计的有效性。

10. 商业银行的操作风险管理体系及其审查情况应接受银监会的监督检查。

（二）业务条线归类原则

1. 商业银行应当根据总收入定义，识别出符合总收入定义的会计子科目和核算码。

2. 商业银行应当将被识别为符合总收入定义的子科目按照其所记录的业务活动性质逐项归类至适当业务条线。

3. 若出现某个业务活动涉及两个或两个以上业务条线时，应归入 β 系数值较高的业务条线。

4. 商业银行应当规定所有符合总收入定义的会计子科目的分配方案。

5. 商业银行业务条线总收入应符合以下要求：

一是商业银行计算的各业务条线的总收入之和应等于商业银行的总收入；

二是商业银行计算业务条线净利息收入时，应按各业务条线的资金占用比例分摊利息成本。

6. 商业银行将业务活动归类到上述业务条线时，应确保与信用风险或市场风险计量时所采用的业务条线分类定义一致，如有差异，应提供详细的书面说明。

7. 商业银行应当书面记录所有业务条线的总收入归类明细。

表2　　　　　　　　　　　　业务条线归类目录

1级目录	2级目录	业务种类示例
公司金融	公司和机构融资	并购重组服务、包销、承销、上市服务、退市服务、证券化，研究和信息服务，债务融资，股权融资，银团贷款安排服务，公开发行新股服务、配股及定向增发服务、咨询见证、债务重组服务、财务顾问与咨询，其他公司金融服务等
	政府融资	
	投资银行	
	咨询服务	
交易和销售	销售	交易账户人民币理财产品、外币理财产品、在银行间债券市场做市、自营贵金属买卖业务、自营衍生金融工具买卖业务、外汇买卖业务、存放同业、证券回购、资金拆借、外资金融机构客户融资、贵金属租赁业务、资产支持证券、远期利率合约、货币利率掉期、利率期权、远期汇率合约、利率掉期、掉期期权、外汇期权、远期结售汇、债券投资、现金及银行存款、中央银行往来、系统内往来、其他资金管理等
	做市商交易	
	自营业务	
	资金管理	

1级目录	2级目录	业务种类示例
零售银行	零售业务	零售贷款、零售存款、个人收入证明、个人结售汇、旅行支票、其他零售服务
	私人银行业务	高端贷款、高端客户存款收费、高端客户理财、投资咨询、其他私人银行服务
	银行卡业务	信用卡、借记卡、准贷记卡、收单、其他银行卡服务
商业银行	商业银行业务	单位贷款、单位存款、项目融资、贴现、信贷资产买断卖断、担保、保函、承兑、委托贷款、进出口贸易融资、不动产服务、保理、租赁、单位存款证明、转贷款服务、担保/承诺类、信用证、银行信贷证明、债券投资（银行账户）、其他商业银行业务
支付和结算〔注〕	客户	债券结算代理、代理外资金融机构外汇清算、代理政策性银行贷款资金结算、银证转账、代理其他商业银行办理银行汇票、代理外资金融机构人民币清算、支票、企业电子银行、商业汇票、结售汇、证券资金清算、彩票资金结算、黄金交易资金清算、期货交易资金清算、个人电子汇款，银行汇票、本票、汇兑、托收承付、托收交易、其他支付结算业务
代理服务	托管	证券投资基金托管、QFII托管、QDII托管、企业年金托管、其他各项资产托管、交易资金第三方账户托管、代保管、保管箱业务、其他相关业务
	公司代理服务	代收代扣业务、代理政策性银行贷款、代理财政授权支付、对公理财业务、代客外汇买卖、代客衍生金融工具业务、代理证券业务、代理买卖贵金属业务、代理保险业务、代收税款、代发工资、代理企业年金业务、其他对公代理业务
	公司受托业务	企业年金受托人业务、其他受托代理业务
资产管理	全权委托的资金管理	投资基金管理、委托资产管理、私募股权基金、其他全权委托的资金管理
	非全权委托的资金管理	投资基金管理、委托资产管理、企业年金管理、其他全权委托的资金管理
零售经纪	零售经纪业务	执行指令服务、代销基金、代理保险、个人理财、代理投资、代理储蓄国债、代理个人黄金业务、代理外汇买卖、其他零售经纪业务
其他业务	其他业务	无法归入以上八个业务条线的业务种类

注：为银行自身业务提供支付结算服务时产生的操作风险损失，归入行内接受支付结算服务的业务条线。

三、高级计量法实施条件和计量规则

商业银行使用高级计量法，应符合本附件规定的标准法实施条件外，以及在治理结构、数据处理、模型建立和计量等方面的要求：

（一）治理结构

1. 商业银行的操作风险计量应成为操作风险管理流程的重要组成部分，相关计量体系应能促进商业银行改进全行和各业务条线的操作风险管理，支持向各业务条线配置相应的资本。

2. 商业银行应当根据本办法附件16的要求，建立对操作风险资本计量系统严格的独立验证程序。验证应包括操作风险高级计量模型及支持体系，证明高级计量模型能够充分反映低频高损事件风险，审慎计量操作风险的监管资本。商业银行的操作风险管理系统和流程应接受第三方的验证，验证应覆盖业务条线和全行的操作风险管理，验证的标准和程序应符合本办法的规定。

（二）数据处理

商业银行操作风险计量系统的建立应基于内部损失数据、外部损失数据、情景分析、业务经营环境和内部控制等四个基本要素，并对其在操作风险计量系统中的作用和权重作出书面合理界定。上述四项基本要素应分别至少符合以下要求：

1. 内部损失数据

（1）商业银行应当具备至少5年观测期的内部损失数据。初次使用高级计量法的商业银行，可使用3年期的内部损失数据。

（2）商业银行应当书面规定对内部损失数据进行加工、调整的方法、程序和权限，有效处理数据质量问题。

（3）商业银行的内部损失数据应全面覆盖对全行风险评估有重大影响的所有重要业务活动，并应设置合理的损失事件统计金额起点。

（4）商业银行操作风险计量系统使用的内部损失数据应与本附件规定的业务条线归类目录和损失事件类型目录建立对应关系。

（5）商业银行除收集损失金额信息外，还应收集损失事件发生时间、损失事件发生的原因等信息。

（6）商业银行对由一个中心控制部门（如信息科技部门）或由跨业务条线及跨期事件引起的操作风险损失，应制定合理具体的损失分配标准。

（7）商业银行应当建立对损失事件的跟踪和检查机制，及时更新损失事件状态和损失金额等的变化情况。

（8）商业银行应当收集记录没有造成任何损失影响或带来收益的事件，此类事件可不用于建模，但应通过情景分析等方法评估其风险及损失。

（9）商业银行对因操作风险事件（如抵押品管理缺陷）引起的信用风险损失，如已将其反映在信用风险数据库中，应视其为信用风险损失，不纳入操作风险监管资本计量，但应将此类事件在操作风险内部损失数据库中单独作出标记说明。

（10）商业银行对因操作风险事件引起的市场风险损失，应反映在操作风险的内部损失数据库中，纳入操作风险监管资本计量。

（11）商业银行的操作风险内部损失数据收集情况及评估结果应接受银监会的监督检查。

2. 外部损失数据

（1）商业银行的操作风险计量系统应使用相关的外部数据，包括公开数据、银行业共享数据等。

（2）商业银行应书面规定外部数据加工、调整的方法、程序和权限，有效处理外部数据应用于本行的适应性问题。

（3）外部数据应包含实际损失金额、发生损失事件的业务规模、损失事件的原因和背景等信息。

（4）实施高级计量法的商业银行之间可以适当的形式共享内部数据，作为操作风险计量的外部数据来源。商业银行之间汇总、管理和共享使用内部数据，应遵循事先确定的书面规则。有关规则和运行管理机制应事先报告银监会。

（5）商业银行对外部数据的使用情况应接受银监会的监督检查。

3. 情景分析

（1）商业银行应当综合运用外部数据及情景分析来估计潜在的操

作风险大额损失。

（2）商业银行应当对操作风险计量系统所使用的相关性假设进行情景分析。商业银行应及时将事后真实的损失结果与情景分析进行对比，不断提高情景分析的合理性。

4. 业务经营环境和内部控制因素

商业银行在运用内部、外部损失数据和情景分析方法计量操作风险时，还应考虑到可能使操作风险状况发生变化的业务经营环境、内部控制因素，并将这些因素转换成为可计量的定量指标纳入操作风险计量系统。

（三）模型建立和计量

1. 商业银行用于计量操作风险资本要求模型的置信度应不低于99.9%，观测期为1年。

2. 操作风险计量系统应具有较高的精确度，考虑到了非常严重和极端损失事件发生的频率和损失的金额。

3. 商业银行如不能向银监会证明已准确计算出了预期损失并充分反映在当期损益中，应在计量操作风险资本时综合考虑预期损失和非预期损失之和。

4. 商业银行在加总不同类型的操作风险资本时，可以自行确定相关系数，但要书面证明所估计的各项操作风险损失之间相关系数的合理性。

5. 商业银行可以将保险作为操作风险高级计量法的缓释因素。保险的缓释最高不超过操作风险资本要求的20%。

四、操作风险损失事件统计要求

（一）操作风险损失事件类型

1. 内部欺诈事件。指故意骗取、盗用财产或违反监管规章、法律或公司政策导致的损失事件，此类事件至少涉及内部一方，但不包括歧视及差别待遇事件。

2. 外部欺诈事件。指第三方故意骗取、盗用、抢劫财产、伪造要件、攻击商业银行信息科技系统或逃避法律监管导致的损失事件。

3. 就业制度和工作场所安全事件。指违反就业、健康或安全方面的法律或协议，个人工伤赔付或者因歧视及差别待遇导致的损失事件。

4. 客户、产品和业务活动事件。指因未按有关规定造成未对特定客户履行分内义务（如诚信责任和适当性要求）或产品性质或设计缺陷导致的损失事件。

5. 实物资产的损坏。指因自然灾害或其他事件（如恐怖袭击）导致实物资产丢失或毁坏的损失事件。

6. 信息科技系统事件。指因信息科技系统生产运行、应用开发、安全管理以及由于软件产品、硬件设备、服务提供商等第三方因素，造成系统无法正常办理业务或系统速度异常所导致的损失事件。

7. 执行、交割和流程管理事件。指因交易处理或流程管理失败，以及与交易对手方、外部供应商及销售商发生纠纷导致的损失事件。

表3 操作风险损失事件类型目录

1级目录	简要解释	2级目录	3级目录	编号示例
内部欺诈	故意骗取、盗用财产或违反监管规章、法律或公司政策导致的损失，此类事件至少涉及内部一方，但不包括歧视及差别待遇事件	行为未经授权	故意隐瞒交易	1.1.1
			未经授权交易导致资金损失	1.1.2
			故意错误估价	1.1.3
			其他	1.1.4
		盗窃和欺诈	欺诈/信用欺诈/不实存款	1.2.1
			盗窃/勒索/挪用公款/抢劫	1.2.2
			盗用资产	1.2.3
			恶意损毁资产	1.2.4
			伪造	1.2.5
			支票欺诈	1.2.6
			走私	1.2.7
			窃取账户资金/假账/假冒开户人/等等	1.2.8
			违规纳税/故意逃税	1.2.9
			贿赂/回扣	1.2.10
			内幕交易（不用本行的账户）	1.2.11
			其他	1.2.12

176

1级目录	简要解释	2级目录	3级目录	编号示例
外部欺诈	第三方故意骗取、盗用财产或逃避法律导致的损失	盗窃和欺诈	盗窃/抢劫	2.1.1
			伪造	2.1.2
			支票欺诈	2.1.3
			其他	2.1.4
		系统安全性	黑客攻击损失	2.2.1
			窃取信息造成资金损失	2.2.2
			其他	2.2.3
就业制度和工作场所安全事件	违反劳动合同法、就业、健康或安全方面的法规或协议，个人工伤赔付或者因歧视及差别待遇事件导致的损失	劳资关系	薪酬，福利，劳动合同终止后的安排	3.1.1
			有组织的工会行动	3.1.2
			其他	3.1.3
		环境安全性	一般性责任（滑倒和坠落等）	3.2.1
			违反员工健康及安全规定	3.2.2
			劳方索偿	3.2.3
			其他	3.2.4
		歧视及差别待遇事件	所有涉及歧视的事件	3.3.1
客户、产品和业务活动事件	因疏忽未对特定客户履行分内义务（如诚信责任和适当性要求）或产品性质或设计缺陷导致的损失	适当性，披露和诚信责任	违背诚信责任/违反规章制度	4.1.1
			适当性/披露问题（了解你的客户等）	4.1.2
			未尽向零售客户的信息披露义务	4.1.3
			泄露隐私	4.1.4
			强制推销	4.1.5
			为多收手续费反复操作客户账户	4.1.6
			保密信息使用不当	4.1.7
			贷款人责任	4.1.8
			其他	4.1.9
		不良的业务或市场行为	垄断	4.2.1
			不良交易/市场行为	4.2.2
			操纵市场	4.2.3
			内幕交易（用本行的账户）	4.2.4
			未经有效批准的业务活动	4.2.5
			洗钱	4.2.6
			其他	4.2.7

1级目录	简要解释	2级目录	3级目录	编号示例
		产品瑕疵	产品缺陷（未经许可等）	4.3.1
			模型错误	4.3.2
			其他	4.3.3
		客户选择，业务推介和风险暴露	未按规定审查客户信用	4.4.1
			对客户超风险限额	4.4.2
			其他	4.4.3
		咨询业务	咨询业务产生的纠纷	4.5.1
实物资产的损坏	实体资产因自然灾害或其他事件丢失或毁坏导致的损失	灾害和其他事件	自然灾害损失	5.1.1
			外力（恐怖袭击、故意破坏）造成的人员伤亡和损失	5.1.2
信息科技系统事件	业务中断或系统失灵导致的损失	信息系统	硬件	6.1.1
			软件	6.1.2
			网络与通信线路	6.1.3
			动力输送损耗/中断	6.1.4
			其他	6.1.5
执行、交割和流程管理事件	交易处理或流程管理失败和因交易对手方及外部销售商关系导致的损失	交易认定，执行和维护	错误传达信息	7.1.1
			数据录入、维护或登载错误	7.1.2
			超过最后期限或未履行义务	7.1.3
			模型/系统误操作	7.1.4
			账务处理错误/交易归属错误	7.1.5
			其他任务履行失误	7.1.6
			交割失误	7.1.7
			担保品管理失效	7.1.8
			交易相关数据维护	7.1.9
			其他	7.1.10
		监控和报告	未履行强制报告职责	7.2.1
			外部报告不准确导致损失	7.2.2
			其他	7.2.3
		招揽客户和文件记录	客户许可/免则声明缺失	7.3.1
			法律文件缺失/不完备	7.3.2
			其他	7.3.3

1级目录	简要解释	2级目录	3级目录	编号示例
		个人/企业客户账户管理	未经批准登录账户	7.4.1
			客户信息记录错误导致损失	7.4.2
			因疏忽导致客户资产损坏	7.4.3
			其他	7.4.4
		交易对手方	与同业交易处理不当	7.5.1
			与同业交易对手方的争议	7.5.2
			其他	7.5.3
		外部销售商和供应商	外包	7.6.1
			与外部销售商的纠纷	7.6.2
			其他	7.6.3

（二）操作风险损失数据收集统计原则

商业银行应当根据以下规定并结合本机构的实际，制定操作风险损失数据收集统计实施细则，并报银监会备案。

1. 重要性原则。在统计操作风险损失事件时，应对损失金额较大和发生频率较高的操作风险损失事件进行重点关注和确认。

2. 及时性原则。应及时确认、完整记录、准确统计操作风险损失事件所导致的直接财务损失，避免因提前或延后造成当期统计数据不准确。

3. 统一性原则。操作风险损失事件的统计标准、范围、程序和方法应保持一致，以确保统计结果客观、准确及可比。

4. 谨慎性原则。应审慎确认操作风险损失，进行客观、公允统计，准确计量损失金额，避免出现多计或少计操作风险损失的情况。

（三）操作风险损失形态

1. 法律成本。因商业银行发生操作风险事件引发法律诉讼或仲裁，在诉讼或仲裁过程中依法支出的诉讼费用、仲裁费用及其他法律成本。如违反知识产权保护规定等导致的诉讼费、外聘律师代理费、评估费、鉴定费等。

2. 监管罚没。因操作风险事件所遭受的监管部门或有权机关罚款及其他处罚。如违反产业政策、监管法规等所遭受的罚款、吊销执照等。

3. 资产损失。由于疏忽、事故或自然灾害等事件造成实物资产的直接毁坏和价值的减少。如火灾、洪水、地震等自然灾害所导致的账面价值减少等。

4. 对外赔偿。由于内部操作风险事件，导致商业银行未能履行应承担的责任造成对外的赔偿。如因银行自身业务中断、交割延误、内部案件造成客户资金或资产等损失的赔偿金额。

5. 追索失败。由于工作失误、失职或内部事件，使原本能够追偿但最终无法追偿所导致的损失，或因有关方不履行相应义务导致追索失败所造成的损失。如资金划转错误、相关文件要素缺失、跟踪监测不及时所带来的损失等。

6. 账面减值。由于偷盗、欺诈、未经授权活动等操作风险事件所导致的资产账面价值直接减少。如内部欺诈导致的销账、外部欺诈和偷盗导致的账面资产或收入损失，以及未经授权或超授权交易导致的账面损失等。

7. 其他损失。由于操作风险事件引起的其他损失。

（四）操作风险损失事件认定的金额起点和范围界定

1. 操作风险损失统计金额起点。商业银行应当根据操作风险损失事件统计工作的重要性原则，合理确定操作风险损失事件统计的金额起点。商业银行对设定金额起点以下的操作风险损失事件和未发生财务损失的操作风险事件也可进行记录和积累。

2. 操作风险损失事件统计范围界定。商业银行应当依据本办法合理区分操作风险损失、信用风险损失和市场风险损失界限，对于跨区域、跨业务种类的操作风险损失事件，商业银行应当合理确定损失统计原则，避免重复统计。

（五）操作风险损失事件统计的主要内容

商业银行的操作风险损失事件统计内容应至少包含：损失事件发生的时间、发现的时间及损失确认时间、业务条线名称、损失事件类型、涉及金额、损失金额、缓释金额、非财务影响、与信用风险和市场风险的交叉关系等。

附件 13：

商业银行风险评估标准

一、全面风险管理框架的评估

（一）商业银行应当建立与其内部资本充足评估程序相互衔接和配合的完善的全面风险管理框架，维护银行的稳健运行和持续发展。全面风险管理框架应当包括以下要素：

1. 有效的董事会和高级管理层监督。

2. 适当的政策、程序和限额。

3. 全面、及时的识别、计量、监测、缓释和控制风险。

4. 良好的管理信息系统。

5. 全面的内部控制。

（二）商业银行董事会和高级管理层对全面风险管理框架的有效性负首要责任，根据风险承受能力和经营战略确定风险偏好，并确保银行各项限额与风险偏好保持一致。

（三）商业银行董事会和高级管理层应当具备全面风险管理所需的知识和管理经验，熟悉主要业务条线特别是新业务领域的运营情况和主要风险，确保风险政策和控制措施有效落实。

商业银行董事会和高级管理层应当充分了解风险计量、风险加总的主要假设和局限性，确保管理决策信息充分可靠。

（四）商业银行董事会和高级管理层应当持续关注银行的风险状况，并要求风险管理部门及时报告风险集中和违反风险限额等事项。

（五）商业银行董事会和高级管理层应当清晰确定业务部门和风险管理部门的职责划分和报告路线，并确保风险管理部门的独立性。

（六）商业银行应当完善与自身发展战略、经营目标和财务状况相适应的全面风险管理政策及流程，针对主要风险设定风险限额，确保限额与资本水平、资产、收益及总体风险水平相匹配。风险政策、流程和限额应确保实现以下目标：

1. 完善全行层面和单个业务条线层面的风险管理功能，确保全面及时地识别、计量、监测、缓释和控制信贷、投资、交易、证券化、表外等重要业务的风险。

2. 确保风险管理流程能够充分识别主要风险暴露的经济实质，包括声誉风险和估值不确定性等。

3. 各级管理层应及时掌握违反内部头寸限额情况，并根据设定程序采取措施。

4. 确保对新业务、新产品的风险管理和控制。业务开办前，应当召集风险管理、内部控制和业务条线等部门对新业务、新产品进行评估，以确保银行事先具备足够的风险管控能力。

5. 建立定期评估和更新机制，确保风险政策、流程和限额的合理性。

（七）商业银行应当建立与全面风险管理相适应的管理信息系统体系，相关管理信息系统应具备以下主要功能：

1. 支持各业务条线的风险计量和全行风险加总。

2. 识别全行范围的集中度风险，以及信用风险、市场风险、流动性风险、声誉风险等各类风险相互作用产生的风险。

3. 分析各类风险缓释工具在不同市场环境的作用和效果。

4. 支持全行层面的压力测试工作，评估各种压力场景对全行及主要业务条线的影响。

5. 具有适当的灵活性，及时反映风险假设变化对风险评估和资本评估的影响。

（八）商业银行应当建立全面风险管理的内控机制，确保相关决策信息的准确和全行风险管理政策的有效实施。

二、信用风险、市场风险和操作风险的评估

（一）商业银行应当建立完善的信用风险、市场风险和操作风险管理体系，相关要素包括但不限于：

1. 董事会的监督控制。

2. 高级管理层的职责。

3. 适当的组织架构和人员安排。

4. 各类风险的管理政策、方法、程序和限额。

（二）商业银行应当评估银行账户信用风险暴露分类的标准、程序和覆盖范围，确认分类标准的合理性和合规性、标准执行的一致性，确保信用风险暴露的全覆盖、监管资本要求覆盖所有信用风险暴露。

（三）商业银行使用权重法计提信用风险监管资本的，应针对有外部评级与无外部评级的信用风险暴露，分别评估其权重法下的风险权重与潜在风险的匹配度。若银行发现风险暴露所蕴涵的风险显著高于其风险权重，尤其针对未评级风险暴露，银行在评估总体资本充足水平时应考虑更高的信用风险。

（四）商业银行应当清晰界定内部评级法覆盖的信用风险暴露的范围，并一致地执行，防止监管资本套利。

（五）商业银行应当评估内部评级体系所采用的违约、损失、经济衰退期等关键定义的合理性，掌握内部使用的关键定义与本办法关于商业银行内部评级体系对应定义规定之间的差异以及由此导致的监管资本计量结果的偏差。

（六）商业银行应当评估信用风险参数压力测试的审慎性，包括设置压力情景的合理性和相关性、压力情景与信用风险参数之间逻辑关系的严谨性等。

（七）商业银行应当评估内部评级体系验证是否达到本办法关于商业银行资本计量高级方法验证的相关要求，确保用于计算信用风险监管资本要求的风险参数的准确性和审慎性。

商业银行应当评估内部评级体系应用范围和应用程度，确保用于计算资本充足率的信用风险参数在信用风险管理中发挥重要作用。

（八）商业银行应当评估采用信用风险缓释技术可能存在的剩余信用风险。这些风险包括：

1. 由于交易对手违约导致无法及时占有抵质押品。

2. 由于缺乏流动性导致抵质押品难以变现。

3. 保证人拒绝或延迟支付。

4. 相关文档失效。

（九）商业银行应当评估信用风险缓释管理的政策、流程、估值和信息系统是否达到本办法关于商业银行信用风险缓释监管资本计量的相关要求。

（十）商业银行市场风险资本计量应当覆盖下列风险：

1. 交易账户利率风险和股票风险。

2. 交易账户和银行账户的汇率风险和商品风险。

3. 相关期权性风险。

（十一）商业银行应当清晰界定采用内部模型法和标准法计量的市场风险监管资本要求的范围，并一致地实施，防止商业银行资本套利。

（十二）采用标准法计量市场风险监管资本时，商业银行应当建立金融工具拆分标准和程序，做到期限确定合理、风险参数选择审慎，确保监管资本要求计量的审慎性。

（十三）采用内部模型法计量市场风险监管资本时，商业银行应当达到本办法关于商业银行市场风险内部模型法的相关要求；对市场风险计量模型的验证，商业银行应当达到本办法对商业银行资本计量高级方法验证的相关要求，确保商业银行用于计算市场风险监管资本要求的风险参数的准确性和审慎性。

（十四）商业银行应当根据本办法关于商业银行操作风险监管资本计量的有关要求，计量操作风险资本。

采用基本指标法或标准法计量操作风险监管资本的商业银行，与其他规模和业务相类似的银行相比，其总收入指标明显偏低或为负值，可能低估操作风险资本要求时，应当适当提高其操作风险资本。

（十五）使用高级计量法计量操作风险资本要求的商业银行，其计量模型应当持续满足本办法关于商业银行资本计量高级方法验证的相关要求。

三、其他风险和事项的评估

（一）集中度风险

1. 集中度风险是单个风险暴露或风险暴露组合可能给银行带来重

大损失或导致银行风险状况发生实质性变化的风险。

商业银行应当清楚地认识和评估单个或一组紧密关联的风险因素对银行的影响，并充分考虑不同种类风险之间的相互关联。

2. 存在集中度风险的情形包括：

（1）交易对手或借款人集中风险。由于商业银行对同一个交易对手、借款人或多个风险高度相关的交易对手、借款人具有较高的风险暴露而产生的风险，例如对地方政府融资平台类的贷款。

（2）地区集中风险。商业银行对同一地区交易对手或借款人具有较高的风险暴露而产生的风险。

（3）行业集中风险。商业银行对同一经济、金融行业具有较高的风险暴露而产生的风险。例如对房地产行业贷款和对铁路、公路和基础设施等的贷款。

（4）信用风险缓释工具集中风险。商业银行由于采用单一的抵质押品、由单个担保人提供贷款担保而产生的风险。

（5）资产集中风险。商业银行高比例持有特定资产的风险，特定资产包括贷款、债券、衍生产品、结构性产品等。

（6）表外项目集中风险。商业银行从事对外担保、承诺所形成的集中风险。

（7）其他集中风险。商业银行识别的其他可能给银行带来损失的单个风险暴露或风险暴露组合，例如期限偏长贷款过于集中而产生的风险。

3. 商业银行应当有效识别各类集中度风险，并清楚地理解不同业务条线的类似暴露所导致的整体集中度风险。同时应当充分考虑各类风险之间的关联产生的集中度风险。

商业银行还应当清楚地评估在经济下行和市场不具备流动性等压力市场条件下可能产生的集中度风险。

4. 商业银行应当采用多种技术手段并从多个角度充分识别、计量和管理自身面临的主要集中度风险。

5. 商业银行应当建立全面的集中度风险管理框架，银行的集中度风险管理框架应当至少包括：

（1）书面的风险管理制度。银行的集中度风险管理制度应当对银行面临的集中度风险作出明确的定义并规定相关的管理措施。

（2）有效的识别、计量、监测和控制集中度风险的方法。

（3）集中度风险限额管理体系。商业银行应当根据其经营规模和业务复杂程度对集中度风险确定适当的限额，并采取有效的措施确保限额在经营管理中得到遵循。

（4）定期的集中度风险报告和审查制度。董事会和高级管理层应当定期对集中度风险状况进行审查以确保相关风险得到有效的管理和控制。

（5）压力测试制度。商业银行应当定期对面临的主要集中度风险进行压力测试，识别可能对银行经营带来不利影响的潜在因素，并根据压力测试结果采取相应的处置措施。商业银行应当充分考虑压力条件下可能产生的风险集中情况。

6. 商业银行应当根据自身集中度风险的评估结果，配置相应的资本以有效抵御集中度风险可能带来的损失。

鉴于不同类别集中度风险特征各异，商业银行可针对不同类别集中度风险采用不同的资本计量方法。例如对政府融资平台贷款，可结合现金流覆盖程度计提相关资本，对中长期贷款可根据贷款期限特征计提相关资本，对房地产行业贷款可通过审慎估计行业整体平均违约趋势计提相关资本。

（二）银行账户利率风险

1. 商业银行应当建立与自身业务规模、性质和复杂程度相适应的银行账户利率风险的管理和评估体系，确定银行账户利率风险的资本要求并配置相应资本。商业银行应将银行账户利率风险管理纳入全面风险管理体系，并贯穿相关业务活动。

2. 商业银行应建立和完善银行账户利率风险管理的治理架构和管理信息系统；明确董事会、董事会授权的专门委员会、高级管理层和所指定的主管部门的职责；配置银行账户利率风险管理所需的人力、物力资源；制定相应的管理政策和流程；明确银行账户利率风险管理内部控制、限额管理、报告、审计等方面的原则和要求。

3. 商业银行银行账户利率风险管理部门（人员）应独立于负责交易和其他业务活动的风险承担部门（人员），报告路线也应保持独立。

4. 商业银行的管理信息系统应当为准确、及时、持续、充分地识别、计量、监测、控制和报告银行账户利率风险提供有效支持，其功能至少包括：

（1）按设定的期限计算重新定价缺口，反映期限错配情况。

（2）分币种计算和分析主要币种业务的银行账户利率风险。

（3）定量评估银行账户利率风险对银行净利息收入和经济价值的影响情况。

（4）支持对限额政策执行情况的核查。

（5）为压力测试提供有效支持。

（6）为模型验证提供有效支持。

5. 商业银行在引入新产品和开展新业务之前，应充分识别和评估潜在的银行账户利率风险，建立相应的内部审批、业务操作和风险管理程序，并获得董事会或其授权的专门委员会的批准。

6. 商业银行在计量银行账户利率风险过程中，应考虑包括重新定价风险、基差风险、收益率曲线风险和期权性风险在内的重要风险的影响，以及开展主要币种业务时所面临的利率风险。计量和评估范围应包括所有对利率敏感的表内外资产负债项目。

（1）对于重新定价风险，商业银行应至少按季监测重新定价缺口和利率平移情景模拟的结果，评估重新定价风险对银行整体收益和经济价值的可能影响。

（2）对于基差风险，商业银行应定期监测基准利率之间的相关程度，评估定价基准不一致对银行整体收益和经济价值产生的影响。

（3）对于收益率曲线风险，商业银行应根据收益率曲线的旋转、扭曲对银行整体收益和经济价值的影响，计量和监测银行账户利率风险；对各主要经营货币，商业银行应分别考量其收益率曲线不利变动带来的风险。

（4）对于期权性风险，商业银行应充分考虑银行账户业务中期权性风险的独立性和嵌入性特征；银监会鼓励商业银行基于有关业务历史数据对客户行为进行分析，并定期对客户行为分析结果进行检验和修正，以准确反映客户行为特点的变化。

7. 商业银行应结合监管机构对压力测试的相关要求，根据银行账户既有或预期业务状况、业务发展战略、资产负债的总量和结构变化以及利率风险特征进行压力测试，并制定相应的风险缓释措施。压力测试应覆盖所有实质性的风险源。高级管理层在制定和审议利率风险管理政策、程序和限额时，应考虑压力测试的结果。

8. 商业银行银行账户利率风险计量应与银行的风险管理过程紧密结合。计量结果应被充分应用到银行的管理决策中。

9. 商业银行应合理调整银行账户利率重定价期限结构，适时调整定价方式与定价水平，科学引导业务经营，有效控制银行账户利率风险。

10. 商业银行应根据风险实际水平，运用有效的金融工具，对揭示出的银行账户利率风险进行风险缓释，并定期检验风险缓释措施的有效性。

11. 商业银行应建立充分有效的内部计量模型验证程序，定期跟踪模型表现，对模型和假设进行持续验证，同时根据验证结果，对模型进行调整，确保计量的合理性。

12. 商业银行的文档支持体系应能够提供足够信息，以支持对银行账户利率风险计量的独立审查和验证。

（三）流动性风险

1. 商业银行应建立与银行规模、业务性质及复杂程度相适应的流动性风险管理体系，充分识别、准确计量、持续监测和适当控制银行整体及在各产品、业务条线和环节、各层次机构的流动性风险，以及流动性风险与其他风险的相互影响与转换。

2. 商业银行的流动性风险管理框架应包括以下基本要素：

（1）董事会及高级管理层的有效监控。

（2）完善的流动性风险管理策略、政策和程序。

（3）完善的流动性风险识别、计量、监测和控制程序。

（4）完善的内部控制和有效的监督机制。

（5）有效完善的管理信息系统。

（6）有效的危机处理机制。

3. 商业银行应根据本行经营战略、业务特点和风险偏好测定自身流动性风险承受能力，并以此为基础制定流动性风险管理策略、政策和程序。风险承受能力应包括在正常情况和压力状况下银行可以承受的未经缓释的流动性风险水平。

4. 流动性风险管理策略、政策和程序应涵盖银行的表内外各项业务，以及境内外所有可能对其流动性风险产生重大影响的业务部门、分支机构和附属公司，并包括正常情况和压力状况下的流动性风险管理。

5. 流动性风险管理策略应明确流动性风险管理的整体模式，并列明有关流动性风险管理特定事项的具体政策，包括但不限于以下内容：

（1）整体的流动性管理政策。

（2）流动性风险的识别、计量、监测和报告体系。

（3）流动性风险管理程序。

（4）资产与负债组合。

（5）流动性风险限额及超限额处理程序。

（6）现金流量分析。

（7）不同货币、不同国家、跨境、跨机构及跨业务条线的流动性管理方法。

（8）导致流动性风险增加的潜在因素及相应的监测流程。

（9）压力测试和情景分析。

（10）应急计划及流动性风险缓释工具管理。

6. 商业银行应根据监管要求和内部流动性风险管理政策设定流动性风险限额，并根据限额的性质确定相应的监测频度。原则上流动性风险管理应按币种分别进行，但若该币种可以自由兑换且业务量较小、对本行流动性风险水平及整体市场影响都较小，商业银行可按照重要性原则合并管理。商业银行应至少按本外币分别识别、计量和监测流动性风险。对外币实行合并管理的，应向监管部门报备。

7. 商业银行在引入新产品、新技术手段，建立新机构、新业务部门前，应在可行性研究中充分评估其对流动性风险产生的影响，并制定相应风险管理措施，完善内部控制和信息管理系统。引入并运行后，应加强日常监测，定期评估相应措施的有效性，并根据需要及时进行调整。

8. 商业银行应定期开展流动性风险管理的内部审计，审查和评价流动性风险管理体系的充分性和有效性。

有海外分支机构的商业银行，应根据其管理模式，针对银行整体及分国别或地区的流动性风险管理分别进行审计。

9. 商业银行应建立完善的管理信息系统，以便准确、及时、持续地计量、监测、管控和汇报流动性风险状况。管理信息系统应包括但不限于完成以下任务：

（1）按设定的期限每日计算银行的现金流量及期限错配情况，并可根据银行的流动性风险管理模式分币种、按银行整体或按机构、业务条线分别进行计算和分析。

（2）按法规和银行内部管理的要求计算有关流动性风险的比率和其他指标，并根据需要适时进行监测和控制。

（3）能及时、有效地对银行大额资金流动进行实时监测和控制。

（4）适时报告银行所持有流动性资产的构成和市场价值。

（5）定期核查是否符合流动性风险管理政策和限额。

（6）能及时地、有前瞻性地反映银行的流动性风险发展趋势，以便董事会和高级管理层准确评估银行的流动性风险水平。

（7）能根据快速变化的外部环境，针对不同的假设情景、限制条件收集、整理相关数据，及时实施情景分析和压力测试。

10. 在出现流动性危机时，商业银行应适时披露情况说明等资料以提高交易对手、客户、公众及其他利益相关方的信心，从而最大限度地减少信息不对称可能给银行带来的不利影响。

11. 商业银行应当按照审慎原则定期开展流动性压力测试，充分考虑各类风险与流动性风险的内在关联性，深入分析假设情景对其他流动性风险要素的影响及其反作用。商业银行应当根据流动性压力测试的结果评估其资产负债结构的合理性和流动性储备的充足性，确定其应当采取的风险缓释策略和制定流动性应急计划。

12. 商业银行应根据流动性资产状况、市场的流动性状况评估本行的资本充足率，评估工作应覆盖正常和压力情形。

商业银行应根据自身流动性风险监测结果和管理情况，结合流动性风险压力测试结果，配置适当的资本抵御流动性风险。

（四）声誉风险

1. 商业银行应建立与自身业务性质、规模和复杂程度相适应的声誉风险管理体系。

2. 商业银行的声誉风险管理体系应包括以下基本要素：

（1）有效的公司治理架构。

（2）有效的声誉风险管理政策、制度和流程。

（3）对声誉风险事件的有效管理。

3. 商业银行应定期进行声誉风险的情景分析，评估重大声誉风险事件可能产生的影响和后果，并根据情景分析结果制定可行的应急预案，开展演练。

4. 对于已经识别的声誉风险，商业银行应当准确计量隐性支持或在不利市场条件下可能面临的损失，并尽可能准确计量声誉风险对信用风险、流动性风险、操作风险等其他风险的影响。

5. 商业银行应当充分考虑声誉风险导致的流动性风险和信用风险等其他风险对资本水平的影响，并视情况配置相应的资本。

（五）战略风险

1. 战略风险是商业银行经营策略不适当或外部经营环境变化而导致的风险。

商业银行应当建立与自身业务规模和产品复杂程度相适应的战略风险管理体系，对战略风险进行有效的识别、评估、监测、控制和报告。

2. 商业银行的战略风险管理框架应当包括以下要素：

（1）董事会及其下设委员会的监督。

（2）商业银行战略规划评估体系。

（3）商业银行战略实施管理和监督体系。

商业银行应当根据外部环境变化及时评估战略目标的合理性、兼容性和一致性，并采取有效措施控制可能产生的战略风险。

3. 商业银行应当充分评估战略风险可能给银行带来的损失及其对资本水平的影响，并视情况对战略风险配置资本。

（六）资产证券化风险

1. 商业银行应当充分考虑资产证券化等创新产品和业务带来的相关风险。资产证券化业务的主要风险包括：

（1）各类资产证券化产品的信用风险、市场风险、流动性风险和声誉风险。

（2）证券化基础资产的拖欠和损失风险。

（3）对特殊目的机构的信用支持和流动性支持风险。

（4）保险机构及其他第三方提供担保的风险。

2. 商业银行投资于资产证券化产品时，应当持续的进行基础风险分析，不能完全依赖外部评级机构的信用评级进行投资决策。商业银行应具备必要的量化分析工具、估值模型和成熟的压力测试技术以评估所有相关风险。

3. 商业银行应当在单个交易、同一业务条线以及跨业务条线等多层面跟踪评估资产证券化的信用风险。

4. 商业银行作为资产证券化交易的发起行时，应当评估资产证券化风险转移的程度，尤其是评估通过非合同形式对资产证券化提供的隐性支持。对于未能实质性转移风险的或提供了隐性支持的资产证券化交易，商业银行应当持有与未证券化风险暴露相当的监管资本，并公开披露对资产证券化提供隐性支持的情况及所增加的监管资本。

（七）估值

1. 商业银行应当建立有效的治理结构和控制程序确保估值的客观、准确和一致，规范金融工具的估值。治理结构和控制程序应当同时适用于风险管理和会计报告目的。

商业银行应当定期对估值控制流程进行内部审计。

2. 商业银行所有的估值方法应当得到批准并予以清晰记录。对可选的初始定价、盯市、盯模、估值调整和定期独立重估方法，商业银行应当制定政策和程序予以规范。

3. 商业银行估值能力应当与其相关风险暴露的重要性、风险程度和规模相适应。对于其主要风险敞口，商业银行应当具备在压力时期采用多种方法进行产品估值的能力。

本条所称压力时期是指市场中断或缺乏流动性导致估值主要参数和方法失效的时期。

4. 商业银行估值应当基于可靠的数据。对活跃市场情形，商业银行采用估值技术估计公允价值时应当尽量采用可观测数据。

对不活跃市场情况，商业银行应基于下列考虑选择可靠数据：

（1）价格、报价的频率和可获得性。

（2）价格是否代表真实交易状况。

（3）数据分布广度，是否容易为市场参与者获得。

（4）估值频率的相关信息是否及时。

（5）独立报价或价格来源的数量。

（6）报价或价格是否得到实际交易的支持。

（7）市场成熟度。

（8）交易出售金融工具与该机构所持有工具的相似性。

商业银行采用模型估值的，应测试模型在压力情景下的局限性。

四、压力测试

（一）商业银行应在内部资本充足评估程序框架下建立全面的、审慎的、前瞻性的资本充足率压力测试工作机制，通过以定量分析为主的方法测算在某些不利情景下可能发生的损失及风险资产的变化，以评估对银行整体层面资本充足水平的影响。

（二）商业银行应建立经董事会或其授权委员会批准的压力测试政策，确保压力测试工作的全面性、规范性和有效性，并有效融入资本规划、资本应急预案等风险管理和资本管理体系中。压力测试政策应至少包含以下内容：

1. 明确董事会或其授权委员会、高级管理层、压力测试主管部门、各类风险主管部门或团队、资本管理部门等在压力测试工作中的职责。

2. 明确轻度、中度、重度等不同严重程度的压力情景设计的基本方法和工作流程，审批所使用的各类压力测试情景，建立定期评估、更新情景设计方法的机制。

3. 明确轻度、中度、重度等不同严重程度的压力情景下各类实质风险的单项压力测试框架和工作流程。

4. 明确轻度、中度、重度等不同严重程度的压力情景下各类风险间传导效应的压力测试框架和工作流程。

5. 明确轻度、中度、重度等不同严重程度压力情景下的压力测试报告线路和管理层联动机制，管理层联动范围包括但不限于董事会、高管层，以及声誉风险、战略风险、流动性风险、国别风险、集中度风险等各相关风险管理部门、资本管理部门和相关业务部门。

（三）商业银行董事会和高管层应积极参与和推动银行资本充足率压力测试的实施，明确风险偏好与压力测试目标，设计压力测试情景，了解压力情形下银行所面临的风险和资本充足情况，根据压力测试结果进行必要的战略调整，减少可能的损失和对资本充足率的不利影响，提高商业银行对极端事件的风险抵御能力。

（四）资本充足率压力测试应覆盖全行范围内的实质性风险，包括但不限于信用风险、市场风险、操作风险、银行账户利率风险、流动性风险、集中度风险等。

（五）资本充足率压力测试应涵盖商业银行表内外风险暴露的主要资产组合，包括但不限于对公信贷组合、零售信贷组合、债券投资组合、买入返售资产、股权投资组合、金融衍生品组合、资产证券化组合及表外业务等。

（六）商业银行应合理设计轻度、中度、重度等不同严重程度的压力情景。根据测试目的的需要，可以选择单因素压力变量，构建单一的情景假设，评估单一事件对资本充足率的影响，也可以选择多因素压力变量，构建综合性的情景假设，分析、评估系统性风险对银行资本承压能力的影响。

（七）商业银行可根据自身的业务特点、风险状况和管理水平，自主选择使用相应复杂程度的压力测试方法论。商业银行所选择的压力测试方法论应确保所设计情景能有效传导至各类实质风险，压力情景下各类风险间传导效应能有效加总。

商业银行应根据内外部经济形势变化，建立定期评估、更新压力测试方法论的机制，不断提高压力测试结果的科学性和可靠性。

（八）商业银行应结合自身风险状况，采用定量或者非定量的方法评估特定风险领域在压力情景下的损失情况，并将特定风险领域的压力测试结果纳入到整体资本充足率压力测试中。特定风险领域应为可能影响银行稳定经营的重大风险领域。商业银行应定期研究、分析潜在的特定风险领域。

（九）商业银行应逐步建立完善的资本充足率压力测试系统，能够实施整体的压力测试，也能实施特定风险的专项压力测试。

（十）资本充足率压力测试分为定期压力测试和不定期压力测试。原则上，定期压力测试至少一年一次。不定期压力测试视经济金融形势、监管需要或银行自身判断适时进行。

（十一）商业银行应根据定期和不定期压力测试工作编制资本充足率压力测试报告，报告内容包括但不限于测试目的、情景设定、测试方法、测试结论、相关风险点分析、应急处理措施和其他改进措施等。

（十二）商业银行应根据资本充足率压力测试工作评估银行所面临的潜在不利影响及对应所需持有的附加资本。

商业银行制定资本规划和流动性管理计划应考虑压力测试结果，并将其作为制订本行风险偏好和设定风险暴露限额的重要依据之一，为商业银行中长期战略发展提供决策参考。

附件 14：

资本计量高级方法监督检查

一、实施申请

商业银行应当按照本办法的要求开展资本计量高级方法实施准备工作，适时向银监会提交实施申请，获得核准后进入实施阶段。资本计量高级方法实施申请和核准包括银行集团和商业银行单一法人层面实施的申请和核准。在提交申请时，商业银行可根据本行实施进展情况，对资本计量高级方法和内部资本充足评估程序分别提交实施申请。

（一）治理结构

1. 商业银行应当建立完善的实施申请组织架构，明确董事会、高级管理层、牵头部门以及参与部门的职责和权限，设定实施申请的内部程序，形成有效的决策机制和报告流程，确保申请工作有效开展。

2. 商业银行董事会承担本行实施准备、申请和达标的最终责任。董事会应当履行以下职责：

（1）审议和批准资本计量高级方法实施规划及其重大调整。

（2）审议和批准实施申请报告，确保相关申请材料的真实性、可靠性和完整性。

（3）定期听取实施准备情况汇报，了解资本计量高级方法实施对本行战略发展、资本管理、风险管理等方面的重大影响，及时掌握相关情况。

3. 商业银行高级管理层负责组织本行具体实施准备、申请和达标工作。高级管理层应履行以下职责：

（1）批准实施申请工作流程，明确各参与部门的工作职责，持续监督各项工作落实情况。

（2）建立定期的内部沟通和汇报机制，听取实施准备、申请和达标情况汇报，全面掌握整体情况、各项目实施进度以及主要差距。

（3）组织本行配合银监会的现场评估及验收。

（4）根据银监会评估情况，负责组织制定和监督落实整改计划。

4. 商业银行应当指定专门部门牵头负责本行实施准备和申请的总体协调及推进工作。牵头部门应履行以下职责：

（1）牵头实施准备和申请工作。

（2）牵头开展本行的达标自我评估工作。

（3）组织相关部门定期向董事会和高级管理层汇报实施准备、申请和达标情况。

（4）具体组织配合银监会的现场评估及验收。

（5）组织落实整改计划，汇报整改情况。

5. 相关参与部门按照本行实施总体规划，在牵头部门的统一组织下，负责落实实施准备、申请和达标相关工作。参与部门应当履行以下职责：

（1）提供实施申请所需材料。

（2）定期开展本部门职责范围内的达标自我评估工作，向牵头部门提供评估结果和相关支持。

（3）定期向董事会和高级管理层汇报实施准备进展情况。

（4）配合银监会的现场评估及验收工作。

（5）根据银监会的评估意见和要求，落实与本部门相关的整改计划。

（二）提交申请

1. 提交实施申请前，商业银行应接受银监会对实施准备情况的评估。商业银行提交的评估材料应包括以下内容：

（1）总体情况说明，包括但不限于申请范围、申请目标、实施准备工作概述。

（2）支持文档，包括但不限于治理结构、政策流程、计量模型、数据和信息系统、业务应用等方面的文档。其中，资本计量高级方法的关键定义及重要事项应有董事会或高级管理层核准的记录。

（3）最近一次达标自我评估报告。

（4）至少最近两次定量影响测算结果。

（5）验证报告以及审计报告。

（6）其他有助于银监会了解实施准备情况的材料。

2. 通过外包途径开发、维护计量模型的，商业银行应通过适当的方式向银监会提供全面评估所需的信息。

3. 改进情况经银监会评估认可后，商业银行可以提交实施申请，申请材料包括但不限于：

（1）实施申请。实施申请应列明申请范围及目标。

（2）董事会或其授权机构审议通过实施申请的相关决议。

（3）截止申请日更新的本部分（二）"提交申请"所要求的评估材料。

（三）银行集团的实施申请

1. 银行集团总部应当负责银行集团层面实施申请的准备和组织工作，向银监会提交集团实施申请，接受银监会对集团层面的实施核准。

2. 银行集团应当明确申请实施的范围，包括所涵盖附属机构及资产占比情况。

对未列入本次申请、计划未来另行申请纳入集团实施范围的，应提交明确的实施规划和当前进展情况；对不列入集团实施申请的，应当说明原因。

3. 除满足本部分（二）"提交申请"关于提交评估材料和申请材料的相关要求外，银行集团还应当提交集团内部各法人机构的实施方法及差异说明，提交实证数据说明上述差异对集团风险管理一致性要求的影响、解决方案和实际效果。

二、监管核准

（一）一般核准

1. 银监会根据本办法对商业银行资本计量高级方法和内部资本充足评估程序的实施进行核准。

2. 在实施核准时，银监会重点关注以下方面：

（1）分析资本计量高级方法实施对提高商业银行风险管理水平的作用。

（2）审查商业银行是否建立起推动风险管理水平持续改进的自我完善机制。

（3）评估商业银行资本计量高级方法实施是否达到监管要求。

（4）核查资本计量高级方法的验证工作是否充分有效。

3. 银监会根据商业银行提交的材料制定评估方案，开展评估工作，对商业银行实施准备整体情况进行综合评价，并敦促整改。

4. 银监会根据对商业银行实施准备情况的评估结果及发现问题的整改情况，确定商业银行是否可以正式提交实施申请。

5. 银监会按照以下流程对商业银行实施申请进行核准：

（1）检查和评估申请材料的真实性和完整性。

（2）制定核准方案、开展现场验收。根据评估阶段对商业银行实施情况的评估结果和后续整改情况，综合分析商业银行提交的各项材料确定核准方案，重点对评估阶段没有覆盖的方面及评估中发现问题的整改情况进行现场验收。

（3）撰写核准报告。核准报告应重点分析商业银行实施现状、存在的问题及差距、并行期安排等，最后提出初步核准建议。

（4）核准意见反馈。与商业银行高级管理层沟通初步核准意见，核对确认事实。

（5）签发核准意见。对核准意见为有条件实施的商业银行，应列明银行需在并行期内整改达标的具体项目。

（6）持续监控。对有条件实施的商业银行，持续监控其在并行期内的改进情况。

6. 在核准实施资本计量高级方法时，银监会有权根据评估和验收结果，要求商业银行调整信用风险内部评级法长期平均违约趋势、衰退期违约损失率、相关性系数、有效期限等重要参数，调整市场风险内部模型法附加因子等重要参数，调整操作风险高级计量方法，使计量结果充分反映真实风险状况。

7. 经验收认为商业银行实施准备工作完全达到监管要求的，银监会可以核准其实施资本计量高级方法。若未能完全达到监管要求，但对实施有实质影响的核心项目达标且对非实质性差距有明确的并行期达标计划的商业银行，银监会可以核准其有条件实施。

未能获准实施的商业银行，应根据银监会整改要求进行改进，经银监会认可后再次申请。

(二) 跨境核准

1. 银监会对银行集团的核准负主要责任，并主动与东道国监管当局合作，达成一致核准意见。无法达成一致意见的，银监会综合各东道国监管当局意见形成最终核准意见。

2. 对于由银行集团总部进行集中管理的境外附属机构，由银监会牵头核准。

对在东道国当地占实质性市场份额的境外附属机构，银监会邀请东道国监管当局参与核准工作；对其他境外附属机构，银监会将会同东道国监管当局，采用监管联席会议机制、提供核准结果等方式共享核准信息。

3. 对实施方法与银行集团存在较大差异或对某些业务条线行使全球管理职能的境外附属机构，由东道国监管当局牵头核准。银监会通过双边监管合作机制，与东道国监管当局协商联合核准、参与核准或分享核准主要信息。

如东道国监管当局未与银监会建立双边合作机制或东道国监管当局提供信息有限，银行集团总部应按照银监会要求，提供境外附属机构的申请和核准情况。

4. 对在中国占实质性市场份额的外商独资银行，由银监会牵头核准，并商洽其母国监管当局参与核准工作。

对其他外商独资银行，银监会通过双边监管合作机制，与其母国监管当局协商联合核准、参与核准或分享核准主要信息。

5. 对资产组合或实施方法与境外银行集团存在较大差异，或对某些业务条线行使全球或区域管理职能的外商独资银行，由银监会负责核准。

对于母国监管当局未同银监会建立双边合作机制或母国监管当局所提供信息有限的情况，外商独资银行应当根据银监会要求，提供集团申请和核准情况。

三、并行期安排

（一）银监会对获准实施资本计量高级方法的商业银行设立并行期，并行期至少 3 年，自商业银行获得银监会核准当年 12 月 31 日起计算。

在并行期内，若获准有条件实施的商业银行未能根据监管要求完成整改，或内部资本充足评估程序未获得核准，银监会可以适当延长并行期。

在并行期内，如商业银行信用风险资本计量从内部评级初级法过渡到高级法，市场风险资本计量从标准法过渡到内部模型法，或操作风险资本计量从标准法过渡到高级计量法，则并行期延长至新方法获批当年 12 月 31 日起之后 3 年。

（二）获准有条件实施的商业银行应当制定详细的全面达标计划，每半年向银监会报告计划执行情况，配合银监会实施相关的检查和评估，确保并行期结束时全面达到实施的监管要求。

（三）商业银行应当提前六个月向银监会提出结束并行期的申请，获得核准后方可结束并行期。申请材料的提交应符合本附件第一部分（二）"提交申请"的要求。

（四）并行期内，商业银行应当按照资本计量高级方法和其他方法平行计算资本充足率，并遵守资本底线要求。

（五）并行期风险加权资产总额的计算：

1. 按照其他方法计算资本底线

$$C_s = (RWA_s \times CAR + D_s - EP_s) \times \alpha$$

其中：

C_s 为受资本底线约束的资本要求；

RWA_s 为按其他方法计算的风险加权资产总额；

CAR 为最低资本要求与储备资本要求之和；

D_s 为采用其他方法时，依据本办法计算的资本扣减项总额；

EP_s 为采用其他方法时，依据本办法计算的可计入资本的超额贷款损失准备；

α 为资本底线要求调整系数，并行期第一年为 95%，第二年为 90%，第三年及以后为 80%。

2. 按照资本计量高级方法计算资本要求

$$C_a = RWA_a \times CAR + D_a - EP_a$$

其中：

C_a 为对信用风险、市场风险和操作风险中的一种或几种采用资本计量高级方法计算风险加权资产时的资本要求；

RWA_a 为部分或全部采用资本计量高级方法时，依据本办法计算的风险加权资产总额；

D_a 为采用资本计量高级方法时，依据本办法计算的资本扣减项总额；

EP_a 为采用资本计量高级方法时，依据本办法计算的可计入资本的超额贷款损失准备。

3. 并行期风险加权资产总额的计算

$$RWA = \max(C_s - C_a, 0) \times CAR^{-1} + RWA_a$$

其中，RWA 为并行期风险加权资产总额。

四、持续监督

（一）银监会持续监督检查商业银行资本计量高级方法的审慎性，确保计量结果充分反映各种经济、政策环境变化对预期损失和非预期损失的负面影响。

（二）商业银行对资本计量高级方法进行重大调整，包括但不限于扩大高级方法覆盖范围、调整关键定义和重要参数、重建和调整计量模型等，应及时向银监会报告，并提交全面验证报告和定量影响测算分析报告。

银监会根据商业银行验证和测算结果，决定是否进行现场评估、是否予以认可。

（三）银监会通过审阅商业银行验证报告等非现场监管方式，了解商业银行资本计量高级方法的运行情况。

商业银行应至少每年一次向银监会提交验证报告，验证报告应当有助于银监会了解资本计量高级方法的运行、验证和修改情况。银监会可要求商业银行对所提交的验证报告进行详细说明。

（四）银监会依据本办法对商业银行资本计量高级方法的验证工作进行监督检查，包括：

1. 检查商业银行资本计量高级方法内部验证体系的建立和实施情况。

2. 评估商业银行所采用的验证方法的合理性和适用性。

3. 评估商业银行验证数据管理流程、信息系统和验证工作的可靠性。

4. 审查商业银行的验证阶段是否覆盖了本办法要求的全部验证工作。

5. 评估商业银行验证触发机制和应变机制的执行情况。

6. 检查商业银行验证结果的运用情况，以及验证发现问题的整改纠正情况。

7. 审阅商业银行验证有关文档，评估文档的有效性。

（五）如商业银行资本计量高级方法存在重大缺陷的，包括但不限于计量结果低估资本要求，验证工作无法持续达到监管要求等，银监会应当要求商业银行限期整改。如商业银行在限期结束后仍未能达到监管要求，银监会有权取消商业银行实施资本计量高级方法的资格。

其中，内部模型法返回检验结果在最近 250 个交易日内出现 10 次以上的突破后，商业银行应当立即报告银监会。银监会应当要求商业银行进行整改，并设立 6 个月观测期。观测期内，商业银行仍不能进行有效整改的，银监会应当取消商业银行使用内部模型法计量市场风险资本要求的资格。

（六）商业银行被银监会取消采用资本计量高级方法资格的，自取消之日起，3 年之内不得再向银监会申请采用资本计量高级方法。

附件 15：

信息披露内容和要求

一、主要风险管理体系

（一）信用风险的管理目标、政策和流程。

（二）市场风险的管理目标、政策和流程。

（三）操作风险的管理目标、政策和流程。

（四）其他重要风险的管理目标、政策和流程。

（五）风险管理体系的组织架构和管理职能。

二、资本充足率计算范围

（一）银行集团名称。

（二）资本充足率计算范围。

（三）资本充足率计算范围和财务并表的差异，以及二者的对应关系表。

（四）按被投资机构的类型，逐类披露计算并表资本充足率时采用的处理方法。

（五）根据股权投资余额排名，分别披露前十大纳入计算范围的被投资机构和采用扣除处理的被投资机构的基本情况。

（六）拥有多数股权或拥有控制权的被投资金融机构存在的监管资本缺口。

（七）银行集团内资本转移的限制。

三、资本数量及构成

（一）所有监管资本项目与经审计的资产负债表项目的对应关系。

（二）资本构成项

1. 核心一级资本的期末数，包括：

（1）实收资本或普通股。

（2）资本公积。

（3）盈余公积。

（4）一般风险准备。

（5）未分配利润。

（6）少数股东资本可计入部分。

2. 其他一级资本的期末数，包括：

（1）其他一级资本工具及其溢价。

（2）少数股东资本可计入部分。

3. 二级资本的期末数，包括：

（1）二级资本工具。

（2）超额贷款损失准备可计入部分。

（3）少数股东资本可计入部分。

（三）总资本的期末数。

（四）资本扣除项。

1. 核心一级资本中扣除项目的扣除数额，包括：

（1）商誉。

（2）其他无形资产（土地使用权除外）。

（3）由经营亏损引起的递延所得税资产。

（4）贷款损失准备缺口。

（5）资产证券化销售利得。

（6）确定受益类养老金资产抵扣递延税负债后的净额。

（7）直接或间接拥有的本银行股票。

（8）对资产负债表中未按公允价值计量的项目进行套期形成的现金流储备应予以扣除的正值或予以加回的负值。

（9）商业银行自身信用风险变化导致其负债公允价值变化带来的未实现损益。

2. 从相应监管资本中对应扣除的，两家或多家商业银行之间通过协议相互拥有的各级资本工具数额，或银监会认定为虚增资本的各级资本投资数额。

3. 从相应监管资本中对应扣除的，对未并表金融机构的小额少数资本投资超出核心一级资本净额 10% 的部分。

4. 从核心一级资本中扣除的，对未并表金融机构的大额少数资本投资超出核心一级资本净额 10% 的部分。

5. 从相应监管资本中对应扣除的，对未并表金融机构的大额少数资本投资中的其他一级资本投资和二级资本投资部分。

6. 从核心一级资本中扣除的，其他依赖于商业银行未来盈利的净递延税资产超出核心一级资本净额 10% 的部分。

7. 未在核心一级资本中扣除的，对金融机构的大额少数资本投资和相应的净递延税资产合计超出核心一级资本净额 15% 的部分。

（五）所有限额与最低要求，以及对资本的正面和负面的影响，包括：

1. 资本扣除的有关限额，即适用门槛扣除法各项目的扣除数额。若未达到扣除上限，应披露各项目的具体数额及与上限的差额。

2. 可计入二级资本的超额贷款损失准备的限额。若未达到可计入上限，应披露具体数额及与上限的差额。

（六）发行的各类合格资本工具的主要特征。

（七）在网站上披露所有监管资本工具的条款及细则。

（八）报告期内增加或减少实收资本、分立和合并事项。

（九）报告期内重大资本投资行为。

四、各级资本充足率

逐项披露未并表的核心一级资本充足率、一级资本充足率和资本充足率及其计算方法，以及并表后的核心一级资本充足率、一级资本充足率、资本充足率及其计算方法。

五、风险加权资产

（一）信用风险资本计量方法、总体资本要求、采用内部评级法覆盖的信用风险暴露对应的资本要求、采用内部评级法未覆盖的信用风险暴露对应的资本要求、资产证券化风险暴露的资本要求、信用风险加权资产。

（二）市场风险资本计量方法、总体资本要求、采用内部模型法计量的资本要求、采用标准法计量的资本要求、市场风险加权资产。

（三）操作风险资本计量方法、总体资本要求、采用基本指标法的资本要求、采用标准法的资本要求、采用高级计量法的资本要求、操作风险加权资产。

（四）风险计量体系的重大变更，以及对相应资本要求的影响。

六、信用风险暴露和评估

（一）信用风险暴露的定性信息，包括：逾期及不良贷款的定义、贷款损失准备的计提方法、各类风险暴露采用的计量方法等。

（二）信用风险暴露的定量信息，包括：信用风险暴露总额，采用不同资本计量方法的各类风险暴露余额，信用风险暴露的地域分布，行业或交易对手分布、剩余期限分布，不良贷款总额、贷款损失准备余额及报告期变动情况等。

（三）商业银行采用内部评级法的，应披露的定性信息包括：银监会对本银行内部评级法的认可，评级体系的治理结构，评级结构、评级结果的应用，风险参数的定义、数据，风险计量的基本方法和假设等。

（四）商业银行采用内部评级法的，应披露非零售信用风险暴露的定量信息包括：按违约概率级别划分的风险缓释前、后各类风险暴露，平均违约概率，风险暴露加权平均违约损失率，风险暴露加权平均风险权重等。如果商业银行在进行信息披露时对违约概率级别进行归并，则应按照归并后的违约概率级别披露上述信息。

（五）商业银行采用内部评级法的，应披露零售信用风险暴露的定量信息包括：个人住房抵押贷款、合格的循环零售及其他零售风险缓释前、后的风险暴露，平均违约概率，平均违约损失率，平均风险权重等。

（六）商业银行采用内部评级法的，还应披露的有关历史损失信息包括：报告期各类风险暴露的实际损失与历史损失数据的差别，产生差别的原因。

（七）商业银行应采用权重法或内部评级法未覆盖的信用风险暴露的信息，包括：风险权重的认定方法，按风险权重档次划分的风险缓释前、后的风险暴露及其扣减项，按主体分类的风险缓释前、后的风险暴露等。

逐项披露持有其他商业银行发行的各级资本工具、对工商企业的股权投资、非自用不动产的风险暴露。

（八）商业银行采用监管映射法计量专业贷款资本要求的，应披露按风险权重档次划分的风险缓释前、后的各类风险暴露。

（九）商业银行应披露信用风险缓释的定性信息，包括：风险缓释政策、管理风险缓释工具的过程、风险缓释程度、净额结算、主要抵质押品类型、抵质押品估值政策和程序、保证人和信用衍生工具交易对手的主要类型及资信情况、所拥有的缓释工具集中度等。

（十）商业银行应披露信用风险缓释的定量信息，包括：各类型风险暴露的净额结算、合格的金融质押、其他合格的抵质押品、保证及信用衍生工具覆盖的风险暴露。

七、市场风险暴露和评估

（一）市场风险暴露和评估的定性信息，包括：

1. 采用标准法计量市场风险覆盖的风险暴露等。

2. 采用内部模型法计量市场风险覆盖的风险暴露、所用模型的特点、压力测试情况等。

（二）市场风险暴露和评估的定量信息，包括：

1. 采用标准法计量市场风险，应披露利率风险、股票风险、外汇风险、商品风险、期权风险的资本要求等。

2. 采用内部模型法计量市场风险，应披露期末风险价值，报告期的最高、最低、平均风险价值，返回检验中的显著异常值等。

八、操作风险暴露和评估

操作风险资本要求的计量方法和风险暴露等；采用高级计量法计量操作风险，应披露所考虑的内部因素和外部因素，以及使用保险前、后的操作风险资本要求。

九、资产证券化风险暴露和评估

（一）资产证券化风险暴露和评估的定性信息，包括：

1. 商业银行从事资产证券化业务的目标，包括从本银行向其他实体转移出去的证券化资产信用风险转移的程度，以及因这些活动使本银行承担的风险。

2. 商业银行在资产证券化过程中所承担的角色，以及在每个过程中的参与程度。

3. 资本计量方法。

4. 资产证券化的相关会计政策，包括交易性质、收益确认原则、对合成型资产证券化的会计处理政策。

5. 每个资产证券化产品使用的外部评级机构的名称。

（二）资产证券化风险暴露和评估的定量信息，包括：

1. 传统型和合成型资产证券化风险暴露余额，如果发起机构对资产证券化交易不保留任何证券化风险暴露，应在当年报告中单独列出此类交易。

2. 按风险暴露的类别划分，证券化资产的不良、逾期及报告期确认的损失。

3. 按证券化风险暴露种类划分，商业银行拥有或买入的各类资产证券化风险暴露余额。

4. 按风险权重划分，商业银行拥有或买入的资产证券化风险暴露余额和内部评级法下的资本要求。

5. 资产证券化交易具有提前摊还情形的，应针对每一类证券化资产披露以下项目：

（1）所有涉及发起机构和投资者权益的提款风险暴露。

（2）按照内部评级法，对商业银行留存的已提款部分，如卖家的资本要求。

（3）按照内部评级法，对商业银行留存的已提和未提款的投资者权益的资本要求。

6. 采用标准法的商业银行也要按上述 4、5 的要求进行披露，但应使用标准法规定的资本要求。

7. 报告期内商业银行作为发起机构的资产证券化业务，应按类别披露被证券化的资产余额，以及出售的各类资产证券化确认的收益或损失。

十、其他风险暴露和评估

（一）交易对手信用风险暴露的定性信息，包括：对交易对手信用风险暴露的管理方法，抵押、质押品的管理及保证金建立的政策，错向风险暴露相关政策（如发生信用评级下调时对本银行需要额外提供的抵押、质押品的影响）。

（二）银行账户股权风险暴露的定性信息，包括：非大额或大额股权投资风险暴露的处理方法，股权投资的种类、特征和拥有目的，银行账户股权估值和会计处理的重要政策（包括采用的会计方法和估值方法、关键假设以及这些方法和假设的重大变化）。

（三）银行账户股权风险暴露的定量信息，包括：金融机构和公司的股权投资（包括公开交易、非公开交易的余额，股权风险暴露未实现潜在的风险收益）。

（四）银行账户利率风险暴露的定性信息，包括：银行账户利率风险的特点和重要假设、贷款提前支付和无期限存款行为等重要客户行为的假设、银行账户利率风险计量的频率。

（五）银行账户利率风险暴露的定量信息，包括：在利率向上或向下变动时，按主要币种分类对收益和权益的影响值等。

（六）商业银行设立表外机构或实体的，应披露表外机构或实体的业务范围、主要业务品种、风险特征等定性信息。

（七）商业银行设立表外机构或实体的，应披露表外业务的大额暴露、转换系数、风险暴露等定量信息。

十一、内部资本充足评估

（一）内部资本充足评估的方法和程序。

（二）资本规划和资本充足率管理计划。

十二、薪酬

（一）薪酬的定性信息，包括：

1. 薪酬管理委员会（小组）的构成和权限，商业银行高级管理人员以及对风险有重要影响岗位上的员工的基本信息。

2. 薪酬政策的特点、目标、适用范围、审议和修改情况，以及确保从事风险和合规管理工作员工的薪酬与其所监督的业务条线绩效相独立的措施和政策。

3. 薪酬政策如何与当前和未来的风险挂钩。

4. 薪酬水平如何与银行绩效挂钩。

5. 根据长期绩效调整薪酬水平的方法。

6. 可变薪酬使用的支付工具类别及使用原因。

（二）薪酬的定量信息，包括：

1. 银行薪酬管理委员会（小组）成员薪酬及薪酬监督会议召开的次数。

2. 获得绩效奖金和离职金的员工数和奖金总额。

3. 未支付和已支付的递延薪酬总额。

4. 根据固定薪酬和可变薪酬、未受限薪酬和递延薪酬、支付工具分类披露薪酬总额。

5. 针对递延薪酬、留存薪酬的显性调整和隐性调整信息。

薪酬的定量信息披露要求仅针对商业银行高级管理人员以及对风险有重要影响岗位上的员工。

附件 16：

资本计量高级方法验证要求

一、总体要求

1. 商业银行采用信用风险的内部评级法、市场风险的内部模型法、操作风险的高级计量法，应当按照本附件的要求建立验证体系，对资本计量高级方法及其支持体系进行持续检查，完善自我纠正机制，确保资本充分反映风险水平。

2. 对本办法实行前已投产的资本计量模型和支持体系，商业银行应当按照本附件要求评估投产前全面验证工作情况，补充相应文档，并证明其定期持续监控和投产后全面验证已达到本附件有关投产前全面验证的要求。

3. 银监会应当定期评估商业银行验证工作以及针对验证工作的内部审计工作，商业银行验证或审计工作不充分、存在缺陷或未能达到监管要求的，银监会有权要求商业银行进行进一步验证或审计。

（一）验证目标和范围

1. 商业银行对资本计量高级方法的验证承担主要责任，并通过建立完善的验证体系实现以下目标：

（1）增强资本计量高级方法的稳健性和可靠性。

（2）建立纠正机制，改进资本计量高级方法的风险预测能力，促进方法和体系的持续改进。

（3）增进商业银行高级管理层和相关人员对计量模型的理解，充分认识模型的局限性，完善模型结果运用，确保资本准确反映风险水平。

2. 商业银行对资本计量高级方法的验证包括对计量模型及其支持体系的验证。

3. 商业银行对计量模型进行验证时，应当重点关注对模型开发样本数据、模型方法、重要假设和参数、模型开发过程和模型结果应用等方面的审查。商业银行应当对自行开发模型和外购模型进行验证，确保模型适用于本银行实际资产组合和风险状况。

4. 商业银行对支持体系进行验证时，验证范围应当包括但不限于计量模型使用政策和流程、数据、信息系统、模型应用和用户反馈信息，以及相关文档记录等方面。

5. 商业银行应当同时采用定量和定性的验证方法。定量验证主要通过返回检验和基准测试等方法，运用数理统计工具对模型的准确性、区分能力和稳定性进行验证。定性验证主要通过专家评估等方法，检验计量模型和支持体系相关治理结构、政策、流程、控制、文档管理和模型结果运用等情况。

6. 商业银行的验证工作应当关注模型结果在业务部门的表现和使用情况，验证结果和其他反馈信息应当及时提供给高级管理层和模型用户，以推动计量模型及其支持体系的持续完善，推动模型结果的深入应用。

（二）验证阶段

1. 商业银行的验证工作是一个持续、循环进行的过程。验证可分为投入使用前全面验证（以下简称投产前全面验证）、定期持续监控和投入使用后全面验证（以下简称投产后全面验证）三个阶段，每一阶段验证结果应当作为启动下一阶段验证以及改进资本计量高级方法的重要依据。

2. 商业银行计量模型和支持体系正式投入使用前，应当进行投产前全面验证。验证包括对计量模型开发工作的验证，重点验证计量模型方法的合理性、关键定义的合规性及可操作性、数据的真实完整性和风险量化的有效性等。验证还应涵盖模型和相关政策、流程、数据、信息系统和文档记录等方面，确保对计量模型和支持体系的稳健性、可靠性和合规性作出全面评估。

3. 商业银行应当对资本计量高级方法进行定期持续监控，及时了解计量模型的表现，分析模型运行环境或假设条件发生变化对模型结果的影响，监测支持体系的运作状况。

4. 商业银行进行投产后的全面验证，应当针对已投产的计量模型和支持体系进行全面检验和测试，形成综合评估结果，为资本计量高级方法的改进提供依据。商业银行应当根据资本计量高级方法的不同特点确定全面验证的频率。

（三）验证治理结构

1. 商业银行应当建立完善的验证治理结构，确保验证工作持续、有效、独立地开展，并为持续改进资本计量高级方法提供依据。

2. 商业银行应当建立经董事会或其授权委员会批准的验证政策，确保验证工作的规范性和独立性，并有效融入风险计量和日常管理体系中。验证政策包含下列内容：

（1）明确董事会及其授权委员会、高级管理层、验证主管部门、审计部门、模型开发团队、应用团队以及各个验证职能在验证工作中的职责，明确验证结果达到设定标准是资本计量高级方法获得内部批准的前提条件。

（2）明确资本计量高级方法的验证范围和基本方法，建立定期评估、更新验证工具和方法的机制。

（3）明确投产前全面验证、定期持续监控和投产后全面验证的职能和主体认定原则，确保验证工作的独立性和客观性。

（4）明确投产前全面验证、定期持续监控和投产后全面验证的流程管理及结果运用政策，确保建立纠正机制，对计量模型和支持体系进行持续改进。

（5）明确验证报告体系要求，确保报告信息与报送频率满足本附件和银行内部风险管理的需要；根据验证类别、频率、重要性和报告用途的不同，报告体系应明确各类验证报告的要素、格式、发送范围、报告内容、详略程度、报告频度及批准权限。

（6）建立并持续改进文档管理要求，确保验证过程能够被独立第三方检验和复制。

3. 董事会及其授权委员会应当履行以下职责：

（1）对本银行资本计量高级方法的体系框架和特点有概括性了解。

（2）审批或授权审批验证工作相关政策，每年听取一次验证政策执行情况的报告。

（3）监督高级管理层建立健全验证政策和执行机制，确保本银行有足够资源独立、有效地开展验证工作。

（4）确保内部审计部门采用系统、规范的方法对验证过程进行独立和客观的监督。

4. 高级管理层应当履行以下职责：

（1）深入了解本银行资本计量高级方法的体系框架和特点，了解影响计量模型的主要风险因素。

（2）组织制定本银行验证工作相关政策，建立健全验证流程和管理制度，确保验证工作在合理运用模型结果和改进资本计量高级方法等方面持续发挥作用。

（3）组织开展本银行的验证工作，明确各阶段验证主体，界定计量模型设计开发主体、模型应用主体和数据提供者等各相关方职责，配备足够的人力和信息科技资源，确保验证工作的独立性。

（4）定期听取验证工作的详细汇报，评估验证方法、工具及内部设定标准的合理性和有效性，每年至少听取一次有关投产后定期持续监测和全面验证的情况报告，在新的计量模型上线使用之前，听取投产前全面验证情况的报告。

（5）清楚了解现有资本计量高级方法存在的缺陷对风险计量、业务活动和资本充足性的影响，负责审批重大修改或重新开发建议，向董事会及其授权委员会汇报资本计量高级方法的修改情况。

5. 商业银行应当指定验证主管部门，负责资本计量高级方法的验证工作，并组织开展本银行不同层面资本计量高级方法的验证工作。验证主管部门应当履行以下主要职责：

（1）负责验证政策的组织落实，统一验证工作框架和理论方法，规范验证工作流程。

（2）组织开展全面验证工作，负责重要风险资本计量方法的投产前和投产后全面验证。

（3）协调开展风险计量高级方法的验证工作，明确各阶段的验证主体。

（4）撰写验证报告，确保董事会及其授权委员会、高级管理层和模型应用主体了解集团和各层面资本计量高级方法的验证情况、主要验证结果和改进建议。

（5）向计量模型设计开发主体、政策制定主体、模型应用主体反馈验证信息，提出改进建议。

6. 计量模型设计开发主体应当负责提供验证工作所需建模数据样本、模型方法、重要假设、建模过程、使用说明以及模型局限性等方面的文档资料，并承担模型的上线测试工作。

7. 商业银行应当建立不同的验证主体，以满足相应的验证需求，包括：

（1）商业银行应当建立模型验证主体，承担对计量模型的投产前和投产后全面验证。

（2）商业银行应当建立风险监控主体负责计量模型运行情况的日常监控工作并形成监控分析报告。

（3）商业银行应当建立支持体系验证主体负责支持体系的验证工作并形成支持体系验证报告。

8. 验证主体的职责设定应满足独立性要求。投产前和投产后全面验证的模型验证主体应与模型开发主体和模型应用主体保持独立，定期持续监控主体应与模型应用主体保持独立。验证主体不应从模型应用主体的业务活动直接获益。

9. 商业银行内部审计部门负责对本银行资本计量高级方法验证工作进行监督，评估验证政策、管理架构、组织流程、实施重要环节和报告机制等的适用性、独立性和有效性，确保商业银行能够对模型和支持体系进行独立公正的查验。

（1）内部审计应当至少每年开展一次，涵盖验证工作的全过程，内部审计部门应及时向高级管理层反馈审计中发现的问题，定期向董事会或其授权委员会报告审计结果。

（2）内部审计部门发现重大问题时，应向银监会报告相关情况。

（3）内部审计人员应具备必要的专业知识和技能，熟悉本银行验证工作政策、流程和方法。

（四）验证流程和方法

1. 商业银行应当建立投产前、持续监控和投产后验证的程序，明确验证范围和内容，选择合适方法，制定详细操作规程，合理安排各项工作的顺序与频率，确保验证工作按计划运行。

2. 商业银行的验证流程应包含验证触发机制，确保验证过程能够及时捕捉计量模型表现和支持体系的变化，适时启动验证工作。

3. 商业银行的验证流程应包含应变机制，确保验证对象或验证工作条件发生重大变化而导致重大调整时，可及时记录和检查验证工作的变化，做好应对变化的工作预案，确保变化不阻碍验证工作的顺利实施。

4. 商业银行应当充分了解资产组合风险特征和资本计量高级方法的特点，对不同资产组合的风险设计相应的验证工具和方法，确保验证技术手段能有效实现验证目标。

5. 验证人员应当充分了解不同模型方法的局限性，针对计量方法的特点进行重点验证。

6. 商业银行应当建立自动监测系统，确保定期持续监控工作流程和标准的一致性。

7. 商业银行应当对验证过程进行全面记录，形成文档。文档应至少包括验证范围、内容、方法、步骤、结果、报告、已识别的缺陷以及整改措施和改进情况评估等。

（五）验证的支持体系

1. 商业银行应当建立一套完整的验证数据管理流程，确保验证工作基于准确、适当和完整的数据。

2. 商业银行应当具备能够有效支持验证工作的信息系统，提高验证工作的自动化程度，提升验证工作的效率和准确性，信息系统的建设及内部控制要求应满足银监会的有关规定。

3. 验证数据管理流程应包括以下方面：

（1）建立支持验证工作的数据集，能够完成输入数据的清理筛选、逻辑检验和后台不同来源的数据对账等功能，确保用于验证数据的准确性。如需建立验证样本数据集，应明确抽样标准。

（2）制定数据存储的管理办法，确保数据长期存储的安全性，满足验证工作对数据观察期的要求。

（3）制定手工录入数据规则，为数据输入人员提供必要的培训，减少数据手工输入错误。

（4）定期对验证数据的质量进行评估。

4. 商业银行应当保存与验证工作相关的各类重要文档，详细记录验证工作的全部内容，确保验证工作能够被检验和复制，包括：

（1）高级计量方法开发技术文档。

（2）各阶段验证工作的分析文件和报告。

（3）政策和流程的形成依据，对相关风险计量的影响。

（4）根据验证工作采取改进纠正措施的记录。

（5）向董事会或高级管理层的汇报材料。

（6）内部审计报告。

（7）其他有助于第三方了解验证合规性的文档。

二、信用风险内部评级体系验证

（一）基本要求

1. 内部评级体系验证应评估内部评级和风险参数量化的准确性，包括：

（1）非零售风险暴露的评级和零售风险暴露资产池划分按照设计要求得以实施。

（2）内部评级能够有效区分风险。

（3）非零售风险暴露的评级迁徙符合相应的评级方法论。

（4）零售风险暴露的风险分池体系能准确将风险暴露划分到相应的资产池。

（5）每个等级或资产池的实际违约率、损失程度和风险暴露与所估计的风险参数一致。

2. 内部评级体系验证应评估内部评级和风险参数量化的稳定性，即在风险不变的情况下，所采用政策和标准能够保持评级与所估计的风险参数总体上不发生变化，但不排斥评级体系的调整。

3. 内部评级体系验证应评估内部评级和风险参数量化的审慎性，即所采用政策与标准能够辨别内部评级、风险分池和量化估值的数据来源不确定性程度，以及内部评级和风险参数量化的保守程度，以保证实际结果不明显超出风险参数的估计值。

4. 内部评级体系的验证频率应能够保证内部评级和风险参数量化的准确性、完整性、可靠性。商业银行内部评级风险参数量化的方法、数据或实施发生重大改变时，相关验证活动应及时实施。

5. 内部评级体系验证应包括投产前全面验证、定期持续监控和投产后全面验证三个阶段。

实施内部评级法初期，如缺乏足够的数据进行结果分析，商业银行应主要依靠对开发依据的验证、过程核查和基准测试等验证手段，保证内部评级结果和风险参数估值的准确性。早期阶段的验证活动应包括商业银行高级管理层对评级体系运作的有效性的判断，不能仅依靠实证方法。

6. 商业银行应当对内部评级体系进行投产前全面验证，确保内部评级模型具备投入使用的基本条件，内部评级体系满足本办法附件5的最低要求。

7. 商业银行投产前全面验证报告应作为内部评级体系投入使用的审批依据，验证结果应作为确定持续监测指标阈值的依据。

8. 商业银行应当对内部评级体系进行定期持续监控，通过一系列监测指标评估计量模型和评级体系的表现，确保评级体系得到合理应用，有关计量模型的风险区分、校准能力和稳定性达到内部设定标准。

9. 当设定监测指标突破阈值时，商业银行应当适时启动投产后全面验证。

10. 商业银行应当结合评级体系有效性年度检查，对内部评级体系进行投产后全面验证，为内部评级体系继续使用或全面优化提供依据。当商业银行资产组合、授信政策及流程发生实质性变化，或经济周期等外部因素发生重大变化影响评级体系运行环境时，商业银行应当及时启动全面验证。

11. 商业银行应当根据内部评级体系和风险参数量化模型的特点，

采用不少于两种方法验证模型的风险区分能力、稳定性以及风险参数量化的准确性。验证人员在了解模型逻辑和局限性的基础上，应当能说明所选用验证方法的依据及适用性，并了解这些方法的局限性。

12. 商业银行应当通过基准测试评估现行评级体系与其他评级结论的差异。商业银行应当根据评级模型特征和评级体系选择合理的基准，对模型结果和评级结果分别进行基准测试。如商业银行使用外部评级结果支持验证校准，则应当了解外部评级工具考虑的风险因素和评级标准，确保外部评级的结构与内部评级保持一致。

13. 实施初级内部评级法的商业银行可将实际违约损失率、违约风险暴露与监管标准进行比较。实际违约损失率、违约风险暴露值应构成内部经济资本评估的重要因素。

（二）投产前全面验证

1. 投产前全面验证包括但不限于以下工作：

（1）对风险参数量化模型及其他评级相关模型进行开发阶段验证，涵盖风险量化的数据选取、参数估算、映射和参数应用四个阶段，包括对风险参数量化政策、流程、关键定义、建模数据和模型基础假设及方法论等的验证。

（2）对评级治理结构、评级体系设计、评级流程以及支持内部评级的信息系统和数据管理进行验证。

2. 商业银行应当评估支持内部评级和风险参数量化模型的开发依据。开发依据是内部评级体系以及风险参数量化设计和构建的基础，包括研究文献、实证基础、统计模型技术逻辑，证明所采取的方法及选定变量合理性。评估开发依据应满足下列要求：

（1）内部评级体系能够准确评估债务人及债项风险。

（2）风险分池体系能够准确衡量不同资产池的风险情况并衡量风险池随时间的变化情况。

（3）风险参数量化能够准确估计违约概率、违约损失率和违约风险暴露。

3. 若内部评级体系或风险参数量化模型发生重大改变，商业银行应当重新评估开发依据。

4. 投产前全面验证应包括比较现行的内部评级体系以及风险参数量化方法与其他备选方案之间的优劣。对于零售资产组合，评估开发依据应包括采用实证经验对不同风险驱动因素进行比较分析和选择。

5. 商业银行采用以模型为基础的内部评级体系，验证应包括分析支持模型运行的数据质量和统计模型构建技术；分析评级体系运行的历史经验数据，确保结果与开发样本最大程度的吻合；通过时段外和样本外数据测试验证统计模型的适应性。

6. 商业银行采用基于专家判断的评级体系，验证可以包括对评级体系采纳专家经验的依据进行检查，并对模型的最终表现进行评估。

7. 商业银行采用专家判断的评级体系，并以模型估计值作为输入参数时，验证应对所包括的财务比率指导值或打分模型分值体系进行检查，包括对历史违约和损失情况的比率值或分值的逻辑与实证的描述。

8. 商业银行应当建立具有代表性的数据样本对内部评级体系进行基准测试，即用替代方法或数据得出推论，在模型得出结果之前，评估内部评级结果以及风险参数估计是否可靠。基准测试应检验现行评级方法与其他评级方法在评级结论方面的差异；对于零售风险暴露，基准测试应检验其他风险分池方法是否得到相似的风险驱动因子和组合分布。

基准测试方法包括：

（1）评级审核人员对专家判断体系中评级人员的评级结果进行重新评级。

（2）运用内部开发的模型对基于专家判断的风险暴露进行评级。

（3）专家根据长期经验对模型评级的风险暴露进行评级。

（4）比较内部评级与外部评级的结果。

9. 商业银行对风险参数量化进行基准测试，可视不同情况对本办法附件5描述的量化过程四个阶段进行测试：

（1）比较样本数据集和其他数据源。

（2）使用另一种方法对相同样本数据计算风险参数。

（3）使用另一种方法进行映射。

（4）使用另一种方法对实施阶段数据进行调整。

10. 基准测试与实际采用的内部评级和风险参数量化结果之间存在

误差时，商业银行应调查原因，确认内部评级结果或风险参数估计值是否存在错误，分析误差是否可以接受。

（三）持续监控

1. 商业银行应当对内部评级体系进行持续监控，确保内部评级和风险参数量化按照本附件设定的要求有效运行。定期持续监控包括但不限于以下内容：

（1）评级治理工作情况。

（2）评级系统运作情况，包括评级流程、评级推翻情况。

（3）评级政策执行和调整情况。

（4）评级结果的准确性。

（5）评级使用情况。

（6）数据存储、管理、维护情况和数据质量。

（7）评级指标或风险变量的稳定性和预测性。

（8）评级模型的稳定性。

（9）评级分布和评级迁徙情况。

（10）评级模型使用环境的变化情况。

（11）前一验证阶段发现的风险点。

2. 商业银行应当从模型上线运行之日起对上线模型开展持续监控工作，直至模型下线或模型结果不再进入风险加权资产计算引擎之日停止。

3. 商业银行应当根据不同资产特点结合客户履约表现更新情况确定合理的监控频率，形成监测分析报告。遇重大市场变动时，商业银行应当及时调整监控频率。

（四）投产后全面验证

1. 商业银行应当进行返回检验，运用统计方法分析内部评级结果和风险参数的估计值。商业银行应当对返回检验使用的方法和数据形成专门的文档。返回检验至少每年进行一次。

返回检验是比较内部评级体系预测结果与实际结果，对内部评级确定、风险池划分以及风险参数估计的准确性进行实证分析。

2. 商业银行应当对内部评级计量模型和支持体系进行投产后全面

验证。对计量模型的验证应至少达到本附件对数据、评级模型、违约概率、违约损失率、违约风险暴露的验证要求，对支持体系的验证应至少达到本附件对信息系统、政策流程的验证要求和验证是否达到本办法附件5对治理结构、数据管理、文档化管理和内部评级应用的要求。投产后全面验证还应覆盖对支持体系的过程核查。

3. 过程核查包括对内部评级以及风险参数量化是否按照设计要求运作、监控和更新评估的一系列活动。过程核查包括确定数据的质量、评级流程的合理性等活动，并应确保查明的缺陷得到纠正。

4. 对于不同的内部评级法和风险参数量化方法，商业银行可以采用相应的过程核查方法：

（1）商业银行采用基于模型的内部评级体系，过程核查应包括评价自动分配过程，如核查电脑编码模式和数据输入是否正确，评估模型运用是否符合本办法附件5规定的要求等。

（2）商业银行采用基于专家判断的内部评级体系，应要求独立检查人员评估评级人员是否执行现有的评级政策。验证的最低要求应包括透明的评级过程、评级人员使用的信息数据基础、评级决策的记录等。

5. 商业银行的验证政策应对内部评级结果、风险参数估计值与实际结果之间的差别设定容忍度，并规定差别超出容忍度情况下应采取的补救措施和处理流程。

（五）对数据的验证

1. 商业银行应当对评级体系所用数据进行验证，包括对模型开发样本数据和评级运行实际业务数据的验证。

2. 商业银行进行投产前全面验证时，应对数据的完整性、全面性、准确性、一致性、数据质量和缺陷处理进行验证。

（1）验证样本数据完整性时，应重点评估样本数目、观察期、满足建立评级模型基本要求的情况，分析样本数据的选取数量、选取时间段和采集频率对风险参数估计值准确性的影响。

（2）验证样本数据全面性时，应重点评估样本选取方法与步骤对样本数据代表性的影响，评估样本数据反映本银行信用风险暴露特征、信贷政策及外部经营环境的能力。

（3）验证样本数据准确性时，应审核模型输入数据是否真实可靠，避免数据输入出现重大偏差。验证人员应当审核数据清洗方法与过程对数据准确性的影响，并全面校验违约客户和违约债项的标识情况。对于需采用抽样方法验证准确性的风险暴露，应分析抽样方法的代表性。对输入数据的例外情况，应详细记录并进行审查。

（4）验证样本数据一致性时，应审核模型自动输入数据和人工补录数据的采集范围是否适当，采集标准是否一致；应对评级体系所使用数据和会计数据进行对账，评估数据一致性程度。

（5）验证数据质量时，应运用钩稽检查、横向比较和趋势分析等方法进行数据质量分析与检查，验证数据在单一时点上经受逻辑检验的能力，以及多时点上连续性和一致性经受业务检验、统计检验与逻辑检验的能力。验证过程中应重点关注数据中的缺失值、异常值和极端值及其处理方法。

（6）验证数据缺陷处理时，应审核模型开发团队对样本数据缺陷的理解和处理方法，评估上述处理对模型开发的影响。

3. 使用外部数据进行内部评级体系设计及验证时，商业银行应重点检验外部数据与内部数据之间的可比性、相关性和一致性。

商业银行应当每年对继续使用外部数据的恰当性进行评估。

（六）对评级模型的验证

1. 商业银行应当对评级模型关键定义的合规性和持续有效性进行核查，主要包括违约定义、损失定义、主标尺定义、长期中心违约趋势及经济衰退期定义。

（1）审查违约定义与损失定义的界定与标识是否符合本办法附件5的要求，违约定义的客观标准与主观认定是否合理。

（2）审查损失定义及实际执行是否持续涵盖直接成本、间接成本等具体内容并反映时间价值，在业务实践中是否具有合理性与可操作性。

（3）审查主标尺定义，其中评级级别和标准是否合理、直观，且能够有效区分风险，描述是否详细、可操作。不同业务条线、部门和地区的评级级别标准是否保持一致。

（4）审查长期中心违约趋势的计算方法和实际执行是否真实地反映

了银行的历史违约情况，是否采用了最保守的加权方式进行长期违约趋势的估计，是否反映了经济周期的特点。

（5）审查经济衰退期的定义是否合理并且可操作，是否能够真实代表经济低迷时期的违约损失率特点，审查经济衰退期界定与压力测试情景之间的关系是否合理。

2. 商业银行应当评估模型细分的依据和合理性，确保模型能够准确反映风险暴露风险特征。

3. 商业银行应当对评级方法论进行验证，评估所选模型的内在逻辑、合理性、适用性与局限性，同时应能证明所选评级方法论能够准确反映评级对象的风险特征和周期特征。

商业银行应当评价不同评级方法论对风险估值准确性和稳定性的影响。

4. 商业银行应当评估模型参数和基本假设是否与实际资产组合的风险特征和外部经营环境持续保持一致，在经济环境发生改变时，相关假设和参数是否持续合理。

5. 商业银行应当检查建模过程的合理性，包括样本选取逻辑和依据、数据清洗方法与过程、模型参数选择、单变量分析、分数转换、多变量分析和样本与总体的映射依据等。建模及模型优化过程应当有专门文档，确保能被第三方复制。

6. 商业银行应当对模型结果进行验证，并关注不同评级方法论下评级结果与经济周期的关系。

（1）对债务人评级模型和主标尺，结果验证包括长期平均违约趋势的合理性分析，模型输出结果与人工干预最终结果的关系，以及等级与违约概率对应的合理性等。

（2）对债项评级模型，结果验证包括不同种类债项的债项级别或违约损失率确定过程与结果的合理性，债项评级模型输出结果与人工干预最终结果的关系等。

（3）对于零售风险暴露，应检查评分与风险参数对应关系、实际结果与风险参数估计值的合理性，检查风险分池的逻辑、结构是否合理，基于风险划分的风险参数计量结果是否准确，资产池是否符合池内同质性和池间异质性要求。

7. 商业银行应当对每年重新确定的个人住房抵押贷款和合格循环零售风险暴露存量客户的分池进行验证，并对每年重新确定归入零售风险暴露的小企业名单进行验证。

8. 商业银行应当根据实际业务数据对债务人评级模型的区分能力进行验证，以确保模型能够按照债务人风险大小有效排序。模型区分能力应采用不少于两种方法进行检验，包括监测累积准确曲线及其主要指数准确性比率、ROC 曲线及 AUC 系数、Somers'D 和 KS 检验结果等。

9. 商业银行应当检查并文档记录模型的使用测试结果与实际业务的吻合性。

10. 商业银行应当选择适当方法对低违约资产组合的评级模型进行验证，可使用的方法包括：

（1）将内部评级和迁徙矩阵与第三方的等级和迁徙矩阵相比较，如评级机构、共同数据库或其他内部模型所得到的评级及评级变动情况。

（2）将内部评级与内部和外部不同专家的判断相比较。

（3）对具有相同等级风险暴露的风险特征进行分析。

（4）将整个资产组合的平均等级与该资产组合的实际情况相比较。

（5）对评级模型采纳专家判断的依据进行检查，并对模型的总体表现进行评估。

（6）采用自行验证方法，并充分考虑数据不足的影响，采取数据加强方法来弥补数据的不足。

（七）对违约概率的验证

1. 商业银行应当对违约概率估值进行验证。

2. 商业银行应当根据实际违约频率对违约概率估值的准确性进行验证。验证人员应当采用不少于两种方法分析实际违约频率与违约概率估值的吻合程度，包括二项检验、卡方检验、正态检验、红绿灯方法、赫芬达尔指数和条件信息熵等方法。

3. 商业银行应当根据实际业务数据对债务人评级模型的稳定性进行验证，检验违约概率估值在时间和客户群变动情景下是否具有稳定性。

（1）商业银行应当分析不同评级方法论对评级稳定性的影响，设定内部稳定性监测指标。

（2）商业银行应当对不同时间段模型区分能力的稳定性进行验证，确保模型的区分能力至少在三年中满足内部设定的稳定性要求，并确保模型区分能力超过设定时限后随时间段长度的增大而逐渐减弱而非骤降。

（3）商业银行应当评估经济和法律环境等模型使用前提条件发生变化对违约概率估值稳定性的影响。

4. 对于零售风险暴露违约概率稳定性的验证，除满足上一条规定外，还应验证资产分池的稳定性，评估新增客户在不同资产池之间的分布比例与原有客户的分布比例的一致性。

5. 如果零售风险暴露的违约概率考虑了成熟性效应，商业银行应当评估成熟性效应对违约概率估值稳定性的影响，包括：

（1）债项的成熟时间是否发生了变化。

（2）债项的账龄分布比例是否发生了较大变化。

（3）未成熟零售风险暴露的违约概率调整参数是否恰当。

6. 商业银行应当根据实际业务数据对债务人违约概率估值的审慎性进行验证。审慎性验证可通过统计方法比较违约概率估计值与实际违约频率，确保统计结果满足内部设定标准。

（八）对违约损失率的验证

1. 商业银行应当参照对违约概率的验证的相关要求，对违约损失率估值的风险区分能力、准确性和稳定性进行验证。

2. 商业银行应当验证违约损失率估值考虑经济衰退的方法和程度。

3. 如运用清收违约损失率方法估算违约损失率，验证应包括对清收结束时间、可收回金额评估方法、成本评估方法和折现率选择等的验证。商业银行应当重点评估下列内容：

（1）账龄分布的变化是否对清收时间与回收金额产生明显的影响，折现率是否包含了对于回收现金流波动性所采取的溢价。

（2）折现率是否与回收现金流之间存在期限错配。

（3）清收过程中发生的直接费用和间接费用是否得到了合理考虑。

4. 商业银行应当审阅违约损失率估计程序是否合理，即是否按照构建开发数据集、评估违约债项的已实现违约损失率和估计非违约债项的违约损失率等程序进行。

（1）验证开发数据集时，商业银行应当评估违约债项样本是否有偏，是否包含违约情况相对较多和已实现违约损失率相对较高的年度数据，风险因素与评级或分池时所用风险因素是否有实质性差异，是否与违约概率所用违约定义保持一致。

（2）计算样本违约债项的实际违约损失率时，应评估经济衰退对违约损失率的影响。

（3）估算非违约债项的违约损失率时，应基于实证研究分析与其类似的违约债项已实现违约损失率的分布情况。

第一，使用模型（如回归模型）直接得出或调整得出违约损失率估计值时，验证应通过样本外检验评估模型的预测能力。

第二，运用专家判断对违约损失率估计值进行调整时，验证应重点检查调整依据和程序透明度，并检查调整政策执行情况的一致性。

5. 商业银行可运用基准测试和返回检验的方法对违约损失率估值的准确性进行验证。进行基准测试时，商业银行应当重点考虑违约定义差异、数据样本差异以及有关贷款收回、损失和折现率评估方法差异对基准比较结果的影响。商业银行可采用与其自身资产池相近的外部数据（如第三方评级机构）为基准。如未使用外部数据，商业银行应当能提供充足的理由以及补偿性措施，如较高频率的返回检验。对于无法获得外部基准的估值，如零售风险暴露，商业银行可设定内部基准进行测试。

6. 对零售风险暴露的违约损失率估计值进行验证时，应涵盖违约损失率池内债项同质性、池间异质性以及违约损失率参数设定的准确性。

（九）对违约风险暴露的验证

1. 商业银行应当参照对违约概率的验证的相关要求，对违约风险暴露估值的准确性和稳定性进行验证。

2. 商业银行对违约风险暴露验证应侧重于对估计程序的评估。

（1）商业银行评估违约风险暴露估值样本数据时，应关注数据的完整性，包括违约后被收回的债项。

（2）商业银行应当审核违约风险暴露估算驱动因素的合理性，关注风险暴露估值过程中是否考虑到以下因素：影响借款人要求获取资金的因素、影响商业银行提供贷款的因素、可能作为借款人的其他资金来源的第三方态度和特定债项的性质等。

（3）运用专家判断对违约风险暴露估计值进行调整时，验证应重点检查调整依据和程序透明度，并检查调整政策执行情况的一致性。

3. 商业银行对非衍生工具的表外项目使用100%的信用转换系数或整项债项的使用率，对表内项目使用当前未偿还余额时，应评估风险暴露估计值的保守程度。

（十）对信息系统的验证

1. 商业银行应当审核内部评级信息系统数据内容的全面性、完整性与有效性，建立的数据仓库与风险数据集市是否符合本办法对内部评级信息系统的要求，内部评级信息系统与其他信息系统是否达到有效整合、数据口径是否达到统一等。

2. 商业银行应当审核内部评级信息系统是否能有效支持评级运作、评级模型开发、评级模型的验证与优化、内部评级数据管理和风险报告等，数据采集、数据清洗、存储、备份、业务数据的定期加载、数据取样和数据分析等功能是否完善。

3. 商业银行应当审核内部评级信息系统是否经过功能测试、集成测试以及用户确认测试。

4. 商业银行应当审核内部评级信息系统是否具有可靠性与安全性，对系统的安全性与稳定性是否进行过测试，是否具有相关政策与措施控制数据的存取，是否有完整备份、恢复、回退计划以及业务持续性计划，以保证数据的完整性免受危机或灾难事故的影响。

5. 商业银行应当审核内部评级信息系统是否具有灵活性及可扩展性，能根据需要及时改进并升级信息系统，充分满足内部评级体系以及模型开发、运行对信息不断增加的需求，确保信息系统在扩展过程中不发生信息丢失的风险。

（十一）对政策和流程的验证

1. 商业银行应当对风险计量体系中的政策和流程进行验证，确保模型计量结果能够得到合理运用。

2. 商业银行应当对政策和流程进行定性验证，包括：

（1）政策和流程的合规性，评估相关政策是否符合本办法附件5的要求。

（2）风险计量政策和流程设置的依据和合理性。依据包括模型特点、评级方法论和评级独立性；合理性包括评级更新频率和评级人员的专业资格等影响模型结果质量的重要因素。

（3）政策和流程是否合理界定了风险计量和风险管理的关系。

（4）违约定义的完整性和维护及时性，包括技术性违约确定依据和合理性。

（5）评级发起、认定、推翻和更新等政策和流程的依据和合理性，检查推翻政策执行过程中是否主要依据模型未涉及的相关信息，是否有对同一风险因素重复考虑的情况等。商业银行应当重点监测评级推翻的情况，检查是否建立了监控评级推翻的规范与流程，是否制定了针对人工推翻模型评级、参数排除或者修改模型输入等情况的判断条件。

（6）集团客户评级政策的合理性。

3. 商业银行应当对政策和流程进行定量验证。

（1）通过实际数据分别检验模型计量结果和评级体系认定结果的吻合程度，评估政策和流程对风险计量区分能力的影响程度，应特别关注违约定义的完整性维护和技术性违约的处理对区分能力的影响、评级推翻政策对区分能力的影响。

（2）验证政策执行的一致性，评估和计算同一政策在商业银行内部不同部门和人员的理解、执行差异，特别关注基于专家判断的评分卡在执行中的一致性。结合对准确性和区分能力的验证结果，评估政策在不同区域和层次中的效果。

（3）评估政策和流程以及模型对风险计量影响的相关性，对于发生高相关性情况时，应特别关注政策和流程制定的合理性。

4. 商业银行应当监测和分析评级推翻的情况。对评级推翻的验证可从推翻性质、授权人员和频率等维度进行。推翻验证应对照风险计量模型结果，审查不同推翻环节的推翻决定和程度对评级体系稳定性的影响，分析推翻政策和授权的合理性。

（1）应分别对评级人员推翻模型结果、评级认定人员推翻评级发起人员评级结果分别验证。

（2）如果存在评级推翻过于频繁的情况，商业银行应检查内部评级体系相应环节可能存在的问题，并从以下两个角度评估评级推翻情况：

第一，推翻比例检验，分析推翻比例是否高于内部设定的容忍值。

第二，推翻程度检验，检验推翻等级跨度大于内部设定级别的现象在所有推翻中所占比例是否高于内部设定的容忍值。

三、市场风险内部模型验证

（一）基本要求

1. 商业银行应当对用于市场风险资本计量的风险价值模型以及与之相关的产品定价模型进行验证。

2. 商业银行引入新模型计量新产品或新业务的风险价值并纳入市场风险资本计提前，模型应经过投产前全面验证，确保模型对该产品或交易的估值和风险计量达到内部模型法的要求。

3. 商业银行投产前全面验证报告应作为模型应用于新产品、新交易的审批依据。

4. 商业银行应当每日通过返回检验等手段对投入使用的市场风险计量模型进行持续监控，监控过程及结果的文档记录应确保独立第三方可据此充分了解持续监控情况。

5. 如返回检验结果突破次数超过设定阈值，或其他定期监控指标突破设定阈值时，应及时书面报告商业银行负责市场风险管理的高级管理层，并适时启动投产后全面验证。

6. 商业银行持续监控结果表明需对内部模型进行全面验证或市场风险内部模型出现如下变更时，应验证模型对风险变化的反映能力：

（1）当内部模型的假设、计量方法或所使用的市场数据类型、数据加工方法发生重大改变时。

（2）当市场发生显著结构性改变或商业银行业务组合发生重大改变，并可能使内部模型不再适用于实际业务组合时。

（3）当增加新的模块及功能或系统升级时。

7. 除出现上述情形外，商业银行应至少每两年进行一次市场风险内部模型的全面验证，以确保模型可满足市场及业务发展的需要。

8. 市场风险验证主体应当履行以下职责：

（1）从银行实际情况出发，对模型的逻辑及概念的合理性进行独立评估，评估产品录入是否准确，对有分拆录入的交易，评估分拆方式是否合理。

（2）通过模型复制、建立平行模型或对比业内其他基准模型等方法，对定价模型或定价引擎的准确性和稳定性进行验证。

（3）比较平行模型或基准模型计量的结果与内部模型计量结果，分析差异原因，提出相应验证建议。

（4）撰写模型验证文档，向高级管理层提交模型验证报告，并将验证结果反馈至负责模型开发、维护和使用的相关部门。

（5）对于在模型验证中发现的问题分析其产生的原因，并根据实际情况提出改进和优化建议。

9. 商业银行市场风险验证的文档管理应满足以下要求：

（1）商业银行自行开发模型，模型开发团队应提交开发过程文档，具体包括模型理论推导、编码说明、程序源代码、开发过程测试及验证文档、使用说明等，以确保独立的模型验证主体可根据文档完成模型验证工作。

（2）商业银行外购模型，模型采购部门应要求系统供应商提供充分的模型使用手册及技术文档，以确保模型验证主体可根据文档完成模型验证工作。

（3）模型验证主体应当建立完整、充分的验证文档，包括模型理论说明、定价算式推导、数据来源、平行模型结果对比等。模型验证人员还需在验证报告中对模型的有效性及局限性进行评估，并说明原因。

（二）对输入数据的验证

1. 商业银行应当确保市场风险内部模型输入数据准确、完整、及时。模型输入数据可分为交易及头寸数据、市场数据、模型的假设和参数，以及相关参考数据。

2. 交易及头寸数据包括手工输入或由系统接口导入的数据。商业银行应当确保其市场风险内部模型中的交易及头寸数据传输顺畅、准确有效。模型初建时，商业银行应选取验证时点，对该日的新增交易数据、持仓数据与其他来源的交易数据进行核对；对于模型变更等其他类型验证，商业银行可采取抽样方式进行输入数据的验证。

3. 市场数据是指由外部第三方机构提供的、用于产品估值及风险价值计算的收益率曲线和汇率等数据。商业银行可通过选取时点，比照多个外部机构提供的数据进行交叉验证，或者可以通过自行编程、Ex-cel 计算表等方式处理原始数据并与之前加工后的数据进行比较，以确保市场数据的准确性。

4. 商业银行采用自行采集或计算所获得的投资组合、交易对手等市场数据作为内部模型输入数据时，应向银监会提供自行采集或计算市场数据的方法说明及技术文档，并说明其选择的合理性，并经银监会批准。

5. 对于参考数据，如交易对手信用评级等数据，商业银行应当建立相应的验证机制，包括验证方法、频率、报告机制等，确保参考数据有效支持定价模型和内部模型的运行。

（三）对计算处理过程的验证

1. 商业银行应当对风险价值系统中的单个产品定价和估值模型进行验证，以掌握模型定价方法，避免由"定价黑匣"带来的损失。商业银行应当根据模型开发文档，对不同产品定价模型进行逐项推导，评估其准确性和合理性；还应通过自行建模、平行计算或提取第三方机构公布的定价数据等方式进行验算，以确保模型的准确性。

单个产品定价和估值模型验证可根据产品类型及特征，抽取一定数量的产品或交易样本进行。

2. 商业银行应当在单个产品定价和估值模型验证的基础上，对模型输出的风险价值进行验证。商业银行可选取部分有代表性的交易，按产品类别建立平行的风险价值模型，并将结果与内部模型计算产生的风险价值结果进行对比。对于持有头寸较大、产品较复杂的商业银行，风险价值模型复制难度较大，商业银行可采用基于理论损益的返回检验，将内部模型计算得出的风险价值与当日理论损益进行对比。商业银行应当记录返回检验的结果，并参考本办法附件11关于返回检验突破次数及所属分区的相关规定对模型进行相应处理。

3. 商业银行采用基于理论损益的返回检验验证风险价值时，还可以根据自身风险和组合结构特点，采取以下验证方法作为补充。银监会可以要求商业银行采取以下方法作为常规验证方法的补充。

（1）通过延长基于理论损益的返回检验时间提高检验的效力，如对三年的历史数据进行返回检验；如果商业银行的内部模型或市场状况在所选历史区间曾出现重大变化或历史数据无法适用，无须采取该方法。

（2）按照高于99%的置信度进行基于理论损益的返回检验。

（3）对商业银行的子组合进行基于理论损益的返回检验。

4. 商业银行应当根据日常风险管理的经验及需求，预先确定合理的容忍度水平，并将验证过程中出现的差异与容忍度水平相比较。如果差异超过容忍度水平，模型验证主体应根据问题类型及时将问题反馈给模型开发主体、外部模型提供商或市场数据提供商，并报知高级管理层。同时，模型验证主体需与开发主体、系统提供商或市场数据提供商共同确定问题产生的原因，并尽快进行模型、市场数据或参考数据的修正和完善。如果问题是由系统提供商或市场数据提供商造成的，商业银行还应及时报告银监会。

（四）对市场风险报告的验证

商业银行应当对由市场风险内部模型产出的市场风险报告进行验证，以确保模型结果的准确传递及合理应用。市场风险报告应包括模型输出概要、模型运行结果、重要的模型假设和参数及模型局限性等关键要素，以及定期的敏感性分析、情景分析结果等补充信息。

四、操作风险高级计量体系验证

（一）基本要求

1. 对操作风险高级计量体系的验证应涵盖操作风险资本计量的重点领域，包括对高级计量法和支持高级计量法相关体系的验证。

2. 商业银行应当对高级计量模型进行投产前全面验证，重点对模型重要假设、输入数据、参数设置、建模过程和试运行效果进行全面检验，确保高级计量模型具备投产条件。

3. 商业银行应当对影响系统运行和结果的相关基础设施的支持性功能进行验证，确保相关基础设施支持计量模型的运用。

4. 商业银行应当持续监测高级计量体系的运行状况，确保高级计量体系的运行符合相关政策、流程要求，并在需要时及时进行局部修正。

5. 商业银行应当至少每两年对高级计量体系进行一次全面验证，为其继续使用或全面优化提供依据。当操作风险状况、操作风险计量方法论或假设、业务经营环境或内部控制要素发生重大变化以及发生重大的操作风险损失时，商业银行应及时启动全面验证。

6. 商业银行应根据业务性质、规模、产品复杂程度和风险管理体系以及高级计量体系（试）运行情况选择合适的验证方法，验证方法应考虑市场和操作环境的变化。商业银行可根据需要综合采取多种验证方法，如基准测试、返回检验、压力测试等。商业银行应当定期评估验证方法的适用性。

7. 商业银行无论选择何种验证方法，都应通过对高级计量体系政策、流程、数据、模型假设、参数以及建模过程的验证，确保高级计量体系的准确性、稳健性和灵敏性。

（1）准确性验证，验证计量结果反映实际结果的准确程度。

（2）稳健性验证，验证计量结果的稳健程度，模型置信度至少为99.9%。

（3）灵敏性验证，在业务经营环境和内部要素发生变化时，比较前后计量结果的差异，确定该计量体系风险敏感性。

8. 商业银行应当对使用不同技术的高级计量法采用相适宜的验证指标。

（1）商业银行使用打分卡计量操作风险资本，应重点验证专家的主观判断、定性评估数据、映射逻辑关系等。

（2）商业银行使用内部计量法计量操作风险资本时，应重点验证风险暴露指标、损失概率与事件损失值设置的准确性和稳健性。

（3）商业银行使用损失分布技术计量操作风险资本时，应重点验证内部损失数据和外部数据清洗与混合使用、损失概率的分布函数与事件损失强度、不同业务条线的损失分布的重要统计特征，包括时间差异、异质性和相关性等；应验证内部数据、外部数据、情景分析、业务经营环境和内部控制等要素的权重。

9. 内审部门除履行本附件前述一般性职责外，还应在日常业务和功能单元检查中关注操作风险损失数据报告以及损失监控、归并和报告流程。

（二）验证程序

商业银行应当对每一阶段验证建立相应的程序，规范关键风险要素识别、核验、持续监测、变化控制、结果分析、校准和批准、报告及整改、文档化等工作步骤。

1. 确定操作风险管理体系和操作风险资本计量系统所有关键风险要素定义，明确验证范围，列出需验证的关键风险要素清单。

2. 选择验证方法，配置充分的验证资源，制定验证规程，合理安排各项验证工作的顺序与验证频率，对不同模型或关键风险要素进行独立核验。

3. 对内部验证工作的全过程进行动态持续监测，当业务经营环境和内部控制要素或其他关键风险要素发生重大变化时，要及时进行重新验证。

4. 当验证工作因被验证对象或验证工作条件发生重大变化而出现重大调整时，应及时记录和检查验证工作的变化，做好相应的工作预案，确保变化不阻碍验证工作的顺利实施。

5. 根据验证情况选择适当的基准对计量结果进行校准，确保计量结果符合设定标准。

6. 及时向高级管理层报告验证结果及整改建议。

（三）对数据的验证

1. 数据验证包括对内部数据、外部数据、情景分析数据、与业务经营环境和内部控制要素有关数据的验证，应重点考虑以下内容：

（1）内外部数据标准化方法。

（2）外部数据使用条件的确定流程。

（3）生成情景分析数据的标准以及本银行数据精细度的合适水平，情景数据假设的合理性。

（4）业务经营环境和内部控制要素选择的适当性及整合到计量系统的方法。

2. 商业银行应当定期检查业务部门或支持部门提交的损失数据。检查流程应要求业务条线负责人或操作风险负责人确认报告数据的完整性，并识别损失报告中存在的不足。

3. 商业银行应当确保在风险和控制自我评估程序中能对报告事件的周期样本测试进行检验，如可能，还需在损失数据库和相关的子系统中进行比较，该子系统可监控第一手损失数据。

4. 商业银行操作风险事件数据收集系统应涵盖损失结果，为事件成因的调查提供支持，并支持相应的文档化工作，以生成可追溯的记录，使事件按适当的授权处置并在对应的总账或子系统中得以处理。

5. 商业银行应当对不同业务、不同部门及不同地域的损失趋势做比较分析，并通过设置合适的转换因子以确保定性评估的合理性、可比性和有效性。

6. 商业银行应当验证阈值的充分性和适当性。损失数据的阈值设置应考虑计量模型的敏感性和管理评估的有效性，保证阈值以下损失事件不会对预期损失、非预期损失及相应的监管资本产生重大影响，也不会削弱本银行操作风险管理的有效性。

7. 高级计量模型输入数据应设置合理，覆盖主要风险，收集方法一致，并能支持业务管理等。商业银行应当对高级计量模型输入数据的清洗和持续验证建立明确标准。

（四）对模型验证

1. 商业银行应当确保模型的输入参数和输出结果之间的关系稳定，概念、假设和参数设置合理可行，包括操作风险暴露、数据生成模型和操作风险资本要求等所含假设，相关技术透明直观。

2. 商业银行应当检查内部数据、外部数据、情景分析数据、业务经营环境和内部控制因素在操作风险计量系统中所占的权重，确保该权重的合理性。

3. 商业银行应当检查分布函数的选择，不论分布函数是由历史数据导出还是模拟生成，应确保分布函数符合本银行当前和今后一段时期面临的操作风险损失分布状况。

4. 商业银行应当检查高级计量模型对低频高损事件反映的充分性，特别是检查本银行操作风险压力测试结果反映低频高损事件的稳健性和敏感性。

5. 商业银行应当检查操作风险的预期损失和非预期损失计算的准确性。预期损失和非预期损失之间的逻辑应直观合理。

6. 商业银行应当检查变量之间的相关系数，确保相关系数假设合理，确保历史数据或情景数据的相关系数符合实际情况。

7. 商业银行应当检查各条线资本要求加总的合理性。确保高级计量模型对各条线资本要求加总考虑了不同分布、相关性以及时间差异等因素。

8. 商业银行应当检查模型输出结果，分析模型结果与实际结果的差异及原因。

（五）对政策和流程的验证

1. 对高级计量体系政策的验证，包括但不限于以下方面：

（1）是否制定了明确的高级计量体系政策并在全行有效推行。

（2）是否明确规定了有效的公司治理、计量流程、计量方法与模型、计量结果及应用、计量报告等内容。

（3）是否涉及操作风险管理框架的有效性，是否包括对操作风险管理框架的检查和更新程序，并要求操作风险管理标准、政策和程序的合规性。

（4）是否要求高级计量方法在不同业务条线的一致性。

2. 对高级计量体系流程的验证，包括但不限于以下方面：

（1）是否制定了高级计量管理体系的管理流程并在全行有效推行。

（2）管理流程是否明确包括识别、评估、监测、控制和缓释以及报告等环节。

（3）识别环节是否明确包括对业务经营环境和内部控制要素等关键风险要素的评估，是否明确定义风险计量的范围，是否明确内部和外部数据源及其收集程序和存储，是否制定了损失数据标准等。

（4）评估环节是否明确包括对数据输入标准设定及数据清洗、模型假设和参数、建模过程、结果输出的评估；是否明确对操作风险资本要求估值调整的测试和核查，包括操作风险暴露及其所含假设、高级计量模型和操作风险资本要求等。

（5）监测环节是否明确包括定义操作风险管理系统监控的操作风险范围；评价操作风险管理系统是否监控所有重大活动和风险暴露；关键风险要素、损失数据、合规报告以及风险估值是否与定性自我评估结果相一致；监测操作风险管理系统的表现和稳健性，并对系统内含的统计关系和假设进行检查等。

（6）控制环节中，当业务经营环境和内部控制要素发生重大变化、模型假设和参数进行重大调整、出现新产品和新业务等情况时，是否有包括控制标准和控制流程等的应对预案。

（7）缓释环节中，业务经营环境和内部控制要素重大变化、模型假设和参数重大调整、新产品和新业务等出现时，商业银行应急预案是否涵盖缓释措施以应对残余风险，包括暂停某些业务、实施特定的投保安排以及适当提高操作风险资本要求等。

（8）报告环节是否包括明确书面程序以记录风险量化分析模型的开发、运行等情况，文档化工作是否完整，是否有明确的报告路线及是否遵从管理信息报告程序等。

附件17：

外部评级使用规范

一、总体要求

（一）商业银行应当根据本附件规定的合格外部评级机构的资格标准，在进行尽职调查的基础上，审慎选用合格外部评级机构及其信用评级结果。

（二）商业银行应当至少每两年一次对认可的合格外部评级机构的独立性、专业性及内部控制能力进行评估，了解其评级原理，并阅读相关披露文件。

（三）商业银行应当将认可的合格外部评级机构名单、变更情况以及评估报告报送银监会。

（四）商业银行在资本计量和风险管理中，对合格外部评级机构的选择以及评级结果的使用应当保持一致。存在多家外部评级机构对同一信用主体或债项的评级结果时，商业银行不得任意选择使用，或随意变更合格外部评级机构。

二、合格外部评级机构的资格标准

（一）客观性

1. 外部评级机构应当建立对市场各个组成部分的评级方法，包括严格的返回检验，评级方法至少有一年的使用时间，最好是三年以上。

2. 外部评级机构的评级方法论应当坚持定性和定量分析相结合，评级方法应当是严格的、系统的，并且可使用历史数据进行检验。

3. 外部评级机构必须定期对评级结果进行审查，并根据评级对象财务状况的变化予以更新。

4. 外部评级机构的评估人员在评级过程中应当做到公正、无任何偏见。

（二）独立性

外部评级机构应当具备足够的独立性，不会迫于政治或经济上的压力而影响评级结果；外部评级机构的内部信用评审委员会成员以及评估人员在评级过程中应当保持独立性，并应当根据所收集的数据和资料作出独立评判，不受评级对象及其他外来因素的影响。

（三）国际通用性及透明度

对于个体评级，外部评级机构应当充分披露评级过程中关键要素，以及评级对象是否参与评级过程等信息。

（四）披露

外部评级机构应当披露以下信息：

1. 外部评级机构的行为准则。

2. 外部评级机构与评级对象之间报酬安排的一般特点。

3. 评级方法论，包括违约定义、时间跨度及各信用等级的含义等。

4. 各信用等级的实际违约率。

5. 评级迁徙情况。

（五）资源

外部评级机构应当有足够的资源，确保提供高质量的评级结果。同时，外部评级机构应当有足够的资源，确保与评级对象的高级管理层及工作人员保持实质性的经常联系，以提高评级结果的质量。

（六）可信度

1. 外部评级机构的评级结果应当被市场参与者广泛认可和使用。

2. 外部评级机构不要求具备对多个国家的公司进行评级的能力。

3. 外部评级机构应当建立防止机密信息被不当使用的内部程序。

三、多方评级结果的使用

（一）同一信用主体或债项有两个外部评级结果的，且对应不同的风险权重，商业银行应当使用风险权重较高的评级结果。

（二）同一信用主体或债项有三个及以上外部评级结果的，且对应不同的风险权重，商业银行应当首先按照风险权重由低到高的顺序选择前两个评级结果，然后从中选择风险权重较高的评级结果。

四、债项评级结果的确定

（一）债务工具拥有合格外部评级机构提供的债项评级结果的，则该债务工具的风险权重将根据其外部评级来确定。

（二）某债务工具没有合格外部评级机构提供的债项评级结果（"未评级债务工具"）的，商业银行应当依据以下原则确定该债务工具的风险权重：

1. 该信用主体已发行的其他债务工具（"已评级债务工具"）具有较高的外部评级结果（对应的风险权重低于未评级债项的风险权重）的，只有当"未评级债务工具"在各方面均不劣于该"已评级债务工具"时，"未评级债务工具"才可以适用"已评级债务工具"外部评级结果对应的风险权重。

2. 该信用主体具有外部评级结果，但该评级结果仅适用于该信用主体发行的优先无抵押债务工具的，该信用主体发行的其他"未评级债务工具"按照未评级进行处理。

3. 信用主体或其发行的"已评级债务工具"的信用评级结果较低（对应的风险权重不低于未评级债项的风险权重），且该"未评级债务工具"的条件不优于信用主体优先无抵押债项或"已评级债务工具"的，该"未评级债务工具"适用该较低信用等级对应的风险权重。

（三）无论是采用发行人评级还是对某项债务工具的债项评级，该评级必须考虑到债权中全部的信用风险暴露，并反映在评级结果中。

（四）债务工具的债项评级已反映了信用增级因素的，商业银行在计算风险加权资产时不应重复考虑信用风险缓释效果。

五、评级结果使用需考虑的其他问题

（一）本币和外币的评级

当根据信用主体某一债项的外部评级结果来确定其未评级债项的风险权重时，外币债项评级结果只能用于确定以同一外币标价的未评级债项的风险权重，本币债项评级结果只能用于确定以本币标价的未评级债项的风险权重。

（二）评级的适用范围

企业集团内部某一信用主体的外部评级不能用于确定同一集团内部其他信用主体的风险权重。

（三）主动评级

原则上，商业银行应当使用合格外部评级机构给出的委托评级结果。在主动评级的质量不低于委托评级的情况下，商业银行可使用外部评级机构的主动评级结果。

如外部评级机构存在运用主动评级对评级对象施加压力，迫使其获取委托评级的行为，商业银行应当将该外部评级机构从合格外部评级机构中剔除。

主动评级是指外部评级机构根据公开信息对评级对象主动进行的评级。委托评级是指评级机构接受评级对象的委托，对评级对象进行的评级。

中国银监会关于商业银行
资本工具创新的指导意见

（银监发〔2012〕56 号　2012 年 11 月 29 日）

各银监局，各政策性银行、国有商业银行、股份制商业银行，中国邮政储蓄银行：

为推动和规范商业银行开展资本工具创新，拓宽资本补充渠道，增强银行体系稳健性，支持实体经济持续健康发展，现提出以下指导意见：

一、推进商业银行资本工具创新的基本原则

（一）坚持以商业银行为主体的原则。商业银行应根据《商业银行资本管理办法（试行）》（以下简称《资本办法》）及本指导意见的相关规定，结合境内外市场特点，加强法规、政策及市场研究，做好与投资主体和相关部门的沟通协调，营造有利于资本工具创新的外部环境，积极探索通过不同市场发行各类新型资本工具。

（二）坚持先易后难、稳步推进的原则。商业银行资本工具创新工作应率先在法律法规允许、市场条件基本具备的领域进行创新探索。银监会将加强与相关部门沟通协调，共同解决资本工具创新面临的法律障碍和政策限制。在条件成熟的情况下，适时推出新型债务类和权益类资本工具。

（三）坚持先探索、后推广的原则。商业银行应广泛借鉴国际金融市场上资本工具的发行经验，并结合自身发展的现实特点，积极探索资本工具创新。在不断总结发行经验、培育市场投资主体的基础上，逐步扩大各类资本工具的发行范围和规模。

二、合格资本工具的认定标准

从 2013 年 1 月 1 日起，商业银行发行的非普通股新型资本工具，应符合《资本办法》的相关规定，并通过合同约定的方式，满足本指导意见提出的认定标准。

（一）包含减记条款的资本工具

1. 当其他一级资本工具触发事件发生时，其他一级资本工具的本金应立即按照合同约定进行减记。减记可采取全额减记或部分减记两种方式，并使商业银行的核心一级资本充足率恢复到触发点以上。

2. 当二级资本工具触发事件发生时，其他一级资本工具和二级资本工具的本金应立即按合同约定进行全额减记。

3. 若对因减记导致的资本工具投资者损失进行补偿，应采取普通股的形式立即支付。

（二）包含转股条款的资本工具

1. 当其他一级资本工具触发事件发生时，其他一级资本工具的本金应立即按合同约定转为普通股。转股可采取全额转股或部分转股两种方式，并使商业银行的核心一级资本充足率恢复到触发点以上。

2. 当二级资本工具触发事件发生时，其他一级资本工具和二级资本工具的本金应立即按合同约定全额转为普通股。

3. 商业银行发行含转股条款的资本工具，应事前获得必要的授权，确保触发事件发生时，商业银行能立即按合同约定发行相应数量的普通股。

（三）减记或转股的触发事件

"其他一级资本工具触发事件"指商业银行核心一级资本充足率降至 5.125%（或以下）。

"二级资本工具触发事件"是指以下两种情形中的较早发生者：1. 银监会认定若不进行减记或转股，该商业银行将无法生存。2. 相关部门认定若不进行公共部门注资或提供同等效力的支持，该商业银行将无法生存。

在满足上述合格标准的基础上，鼓励商业银行根据市场情况和投资者意愿，在合同中自主设定减记或转股条款。

三、完善商业银行资本工具创新的工作机制

商业银行应结合本行实际，科学制定发展战略和资本规划，强化资本约束，转变发展方式，控制风险资产的过快增长。商业银行应坚持以内源性资本积累为主的资本补充机制，同时加强对资本工具创新的深入研究，通过发行新型资本工具拓宽资本补充渠道。

（一）认真做好调研工作，审慎制定资本工具发行方案

商业银行应根据本指导意见的要求，借鉴境内外金融市场上资本工具发行的最新实践，加强与相关市场主管部门的沟通协调。在此基础上，结合本行资本充足水平和资本补充需求，制定新型资本工具的发行方案，包括资本工具的类型、发行规模、发行市场、投资者群体、定价机制以及相关政策问题的解决方案等。

（二）明确工作流程，不断完善资本工具的发行机制

商业银行应在认真做好可行性研究的基础上，向银监会提交资本工具发行方案。银监会对拟发行资本工具的资本属性进行确认。商业银行依据现有的法规及管理规定，向相关市场主管部门提出发行申请，获得批准后择机发行新型资本工具。在发行过程中，商业银行应及时向银监会报告相关进展情况。

（三）加强沟通协调，推动资本工具持续创新

银监会将积极与相关主管部门协调配合，持续推进配套法规制度及市场机制建设，为商业银行资本工具创新提供制度保障。在条件成熟后，逐步丰富商业银行资本工具的发行品种，扩大发行范围。

中国银监会关于实施
《商业银行资本管理办法（试行）》
过渡期安排相关事项的通知

（银监发〔2012〕57号　2012年11月30日）

各银监局，各政策性银行、国有商业银行、股份制商业银行，中国邮政储蓄银行，银监会直接监管的企业集团财务公司、金融租赁公司：

2012年6月7日，银监会发布了《商业银行资本管理办法（试行）》（以下简称《资本办法》）。《资本办法》将于2013年1月1日起施行，要求商业银行在2018年底前达到规定的资本充足率监管要求。为稳妥推进《资本办法》实施，现将过渡期内资本充足率监管有关问题通知如下：

一、商业银行资本充足率监管要求包括：最低资本要求、储备资本要求以及逆周期资本要求、系统重要性银行附加资本要求、第二支柱资本要求。2013年1月1日，商业银行应达到最低资本要求；国内系统重要性银行还应满足附加资本要求。过渡期内，逐步引入储备资本要求（2.5%），商业银行应达到分年度资本充足率要求；期间，如需计提逆周期资本或监管部门对单家银行提出第二支柱资本要求，将同时明确达标时限，商业银行应在规定时限内达标。

二、商业银行应分别计算未并表和并表资本充足率，并同时达到过渡期内分年度资本充足率要求。

三、商业银行获得监管部门批准实施资本计量高级方法的，可采用高级方法计算资本充足率，并遵守《资本办法》中有关并行期内资本底线的要求。

四、商业银行按照《资本办法》计算2012年底的未并表和并表的资本充足率。对于2012年底已达到《资本办法》规定的资本充足率要求的商业银行，过渡期内鼓励其资本充足率保持在《资本办法》规定的资本充足率要求之上。对于 2012 年底未达到《资本办法》规定的资本充足率要求的商业银行，过渡期内应在满足分年度资本充足率要求的基础上，稳步提高资本充足水平。

五、商业银行应根据本通知要求，结合本行实际情况，制定过渡期内的分年度资本充足率达标规划，经董事会批准后，于 2013 年 3 月底前报监管部门并认真执行。各商业银行应指定专门部门持续跟踪本行《资本办法》实施的基本情况，每半年将实施情况报送银监会。

六、银监会将按照《资本办法》的要求，根据宏观经济金融形势和商业银行的具体情况，采取相应的监管措施。各监管部门、银监局在实施风险评估和监管评级及日常监管中应综合考虑过渡期内商业银行资本充足率分年度达标的情况。对于提前达标的商业银行，银监会将在监管政策方面给予一定激励。

附表

过渡期内分年度资本充足率要求

银行类别	项目	2013 年底	2014 年底	2015 年底	2016 年底	2017 年底	2018 年底
系统重要性银行	核心一级资本充足率	6.5%	6.9%	7.3%	7.7%	8.1%	8.5%
	一级资本充足率	7.5%	7.9%	8.3%	8.7%	9.1%	9.5%
	资本充足率	9.5%	9.9%	10.3%	10.7%	11.1%	11.5%
其他银行	核心一级资本充足率	5.5%	5.9%	6.3%	6.7%	7.1%	7.5%
	一级资本充足率	6.5%	6.9%	7.3%	7.7%	8.1%	8.5%
	资本充足率	8.5%	8.9%	9.3%	9.7%	10.1%	10.5%

中国银监会关于做好
《商业银行资本管理办法（试行）》
实施工作的指导意见

（银监发〔2013〕11号　2013年4月16日）

各银监局，各政策性银行、国有商业银行、股份制商业银行，邮储银行：

《商业银行资本管理办法（试行）》（以下简称《资本办法》）已于2013年1月1日开始实施。为稳步推进《资本办法》实施，现提出如下指导意见：

一、建立健全工作机制

各商业银行、各银监局应充分认识到实施《资本办法》对于促进银行业转变发展方式、维护银行体系稳健运行的重要性，切实加强《资本办法》实施工作的组织领导，建立健全相应的工作机制。商业银行应落实一把手责任制，建立由高管层牵头并向董事会负责的《资本办法》实施领导小组，指定专门部门（或团队）统筹《资本办法》的实施工作，明确相关部门的分工，理顺总行（母行）、分行（子行）的职责边界及工作流程，制定清晰可行的实施方案，保证《资本办法》实施工作有序开展。各银监局要确定牵头处室，负责统筹协调辖内法人银行《资本办法》的实施工作。

二、加大资源投入力度

商业银行应加大人力、财力和技术资源的投入，为《资本办法》的顺利实施提供支持。一是加强资产负债部门、计划财务部门、风险管理部门、审计部门和信息科技部门的相关人员配置，提升员工的专业能力。二是扩大与《资本办法》实施相关的资本规划、流程更新、技术提升等方面的财务投入，保证《资本办法》实施取得实效。三是在科技资源投入方面，优先考虑与《资本办法》实施相关的信息系统建设升级项目。银监局应结合辖内法人银行的实际，在监管人员配备、现场检查和非现场监管项目上优先安排。

三、进一步拓宽培训范围

银监会和中国银行业协会将举办全方位、多层次的《资本办法》研讨会和培训班。各银监局负责组织对辖内监管人员的培训，2013 年应完成对全部法人银行监管人员的《资本办法》培训工作。商业银行应将《资本办法》培训工作纳入 2013 年度培训计划，组织举办多层次的业务培训。

四、做好监管报表填报工作

银监会继续完善新资本充足率报表制度及信息系统建设、填报说明及培训指导工作。银监会各监管部门和银监局要按照新资本充足率报表填报答疑工作机制的流程要求，提高工作效率，确保所提问题顺畅报告和及时解答。商业银行应以《资本办法》实施为契机，从组织架构、基础定义、业务流程、数据标准及信息系统等方面持续加强数据质量管理。一是根据《资本办法》的要求，结合本行业务实践，明确相关指标和数据的定义，并实现全行的统一标识，确保一致性；二是建立数据质量标准、数据传递流程和交叉核对程序，提高数据质量；三是完善相关信息系统，实现不同系统之间的合理对接，提高数据的自动获取能力，降低手工操作的失误率。经银监会核准实施或准备申请实施资本计量高级方法的银行应严格按照《资本办法》有关数据完整性、观察期和质量的要求，持续增强数据收集、存储和分析能力。

五、制定实施资本规划

商业银行应按照《资本办法》和《中国银监会关于实施〈商业银行资本管理办法（试行）〉过渡期安排相关事项的通知》（银监发

〔2012〕57号）要求，制定并实施资本规划。资本规划至少应包括以下内容：资本充足率目标水平和阶段性目标、资本充足率计算方法、资产扩张计划、资产结构调整方案、盈利能力规划、压力测试结果、资本补充方案等。商业银行的资本规划应至少预测未来三年情况的变化，每年对实施情况进行后评估并报董事会。商业银行制定资本规划应坚持以下原则：一是资本约束优先原则，强化资本对业务发展的约束和引导功能；二是合理性原则，选择符合本行实际的资本充足率计量方法；三是审慎性原则，充分考虑未来经济环境的复杂性，合理预测资产扩张速度、资本补充能力等。商业银行应努力将资本约束转化为确保稳健经营的发展战略和政策流程。

六、加强监督检查

银监会各监管部门和银监局应将商业银行《资本办法》实施情况纳入日常监管工作，并负责落实对法人银行实施《资本办法》的监督检查。2013年重点对以下几个方面组织监督检查：一是督促和指导商业银行编制资本规划，评估资本规划的合理性，监督资本规划的落实；二是资本充足率监管报表报送的及时性、完整性以及资本充足率计算的准确性；三是商业银行风险管理架构、风险评估的全面性和审慎性、内部资本充足评估程序的稳健性；四是督促实施资本计量高级方法的银行落实整改措施。银监会各监管部门和银监局可根据单家商业银行的资本充足率水平、资本规划编制和实施进展，并根据《资本办法》的相关规定，采取差异化的监管措施。

七、推动资本工具创新

在坚持内源性资本补充为主原则的基础上，银监会鼓励符合条件的商业银行按照《中国银监会关于商业银行资本工具创新的指导意见》（银监发〔2012〕56号）的要求，积极实施资本工具创新，拓宽资本补充渠道。考虑到各类新型资本工具发行的迫切性和可行性，2013年银监会将重点推动减记型二级资本工具的试点发行，并会同相关部门持续推动权益类资本工具的发行。

八、建立信息交流机制

为做好新监管标准有关制度的后续跟踪及修订完善工作，银监会已建立了信息互动平台，将适时发布相关政策解释文件。同时，银监会将持续监测商业银行资本充足率的变化，动态评估《资本办法》实施对银行业经营行为、信贷供给及宏观经济运行的影响。在实施过程中，银监会各监管部门和银监局应及时向商业银行传导监管政策，主动了解《资本办法》实施中存在的问题，并加强与政策制定部门之间的沟通。商业银行应不断总结经验教训，并将存在的问题及意见建议及时报告银监会，以推动有关问题统筹解决。

中国银监会关于印发
商业银行资本监管配套政策文件的通知

（银监发〔2013〕33 号　2013 年 7 月 19 日）

各银监局，各国有商业银行、股份制商业银行，中国邮政储蓄银行：

《商业银行资本管理办法（试行）》（银监会令 2012 年第 1 号，以下简称《资本办法》）发布以来，资本监管国际规则有了新的变化，国内商业银行在实施过程中也希望对部分原则性规定予以进一步明确。为增强资本监管的有效性，提升商业银行风险管理能力，强化市场约束功能，银监会制定了《中央交易对手风险暴露资本计量规则》、《关于商业银行资本构成信息披露的监管要求》、《关于商业银行实施内部评级法的补充监管要求》、《资本监管政策问答》等 4 个资本监管配套政策文件，现一并印发给你们，请遵照执行。

附件：

一、中央交易对手风险暴露资本计量规则

二、关于商业银行资本构成信息披露的监管要求

三、关于商业银行实施内部评级法的补充监管要求

四、资本监管政策问答

附件一：

中央交易对手风险暴露资本计量规则

一、总体要求

（一）中央交易对手是指清算过程中以原始市场参与者的法定对手方身份介入交易清算，充当原买方的卖方和原卖方的买方，并保证交易得以执行的实体，其核心功能是合约更替和担保交收。在资本监管框架下中央交易对手视同为金融机构。

（二）商业银行应计算银行账户和交易账户中中央交易对手风险暴露的风险加权资产，涉及的业务包括场外衍生品交易、在交易所交易的衍生品交易以及证券融资交易。中央交易对手信用风险加权资产为交易风险暴露与违约基金风险暴露的风险加权资产之和。

（三）中央交易对手分为合格中央交易对手与不合格中央交易对手。商业银行对合格中央交易对手和不合格中央交易对手的交易对手风险暴露计量规则分别见第二部分和第三部分。如果某合格中央交易对手不再满足合格标准，除银监会另行规定，3个月内，商业银行可按照合格中央交易对手的规则计量风险加权资产；3个月后，商业银行应按照不合格中央交易对手的规则计量风险加权资产。

（四）商业银行应确保持有足够的资本覆盖与中央交易对手相关的风险。商业银行应监测并定期向高管层和董事会报告与中央交易对手相关的各类风险。如果商业银行是中央交易对手的清算会员，应通过情景分析和压力测试评估资本对中央交易对手风险的覆盖程度。

（五）商业银行对中央交易对手风险暴露不纳入内部评级法覆盖范围。

二、对合格中央交易对手风险暴露的风险加权资产计量

（一）交易风险暴露

1. 作为中央交易对手的清算会员：对中央交易对手风险暴露商业

银行作为中央交易对手的清算会员，如果为自身提供清算，与中央交易对手交易风险暴露的风险权重为2%；如果商业银行为客户提供清算服务，且中央交易对手违约导致客户损失时需弥补客户损失，商业银行对该中央交易对手交易风险暴露的风险权重也为2%。商业银行应按照《资本办法》附件8的计量规则计算衍生工具的违约风险暴露和证券融资交易风险缓释后的交易风险暴露。

2. 作为中央交易对手的清算会员：对客户风险暴露

商业银行作为中央交易对手的清算会员，不论商业银行为该交易提供保证，还是仅作为客户与中央交易对手之间的中介，均应参照《资本办法》附件8的计量规则，按照双边交易对客户风险暴露（包括潜在的信用估值调整风险暴露）计提资本。鉴于商业银行提供清算服务的交易能够在较短时间内平仓，商业银行采用现期风险暴露法时，可对客户风险暴露乘以不低于0.71的系数（若保证金风险期间为5天，则系数为0.71；若保证金风险期间为6、7、8、9或10天，则系数分别为0.77、0.84、0.89、0.95或1）。

3. 作为客户：对清算会员和中央交易对手风险暴露

（1）商业银行作为中央交易对手清算会员的客户，在该交易中清算会员充当商业银行与中央交易对手之间的中介，并与中央交易对手开展抵消交易，商业银行对该清算会员风险暴露的风险权重为2%；如果商业银行与中央交易对手直接交易，该清算会员提供保证，商业银行对中央交易对手风险暴露的风险权重也为2%。上述两种情形下采用2%的风险权重应满足以下两个条件：

a. 中央交易对手将抵消交易识别为客户交易，并持有相应的抵押品，且清算会员具备相应制度安排，确保在清算会员违约或破产、清算会员的其他客户违约或破产、清算会员及其他客户同时违约或破产等三种情形下，清算会员都能防止该客户的任何损失。商业银行应按照监管当局要求提供独立的法律意见书，证明在上述三种情形下，都将受到相关法律保护而不会遭受损失。

b. 相关的法律、制度、规则、合同或监管安排能够保证，若清算会员违约或破产，与该清算会员的抵消交易将非常有可能通过中央交易对手或被中央交易对手间接执行。

（2）如果在清算会员和清算会员的其他客户同时违约或破产时，不能保证作为客户的商业银行免受损失，但上述两个条件中其他条件都满足的情形下，客户对该清算会员风险暴露的风险权重为4%。

（3）若上述两个条件中任一条件不能满足，商业银行作为清算会员的客户，应按照双边交易计算对该清算会员风险暴露（包括潜在的信用估值调整风险暴露）的风险加权资产，具体规则参见《资本办法》附件8。

4. 抵押品的处理

不论商业银行提交的资产是否作为抵押品，均应对其计提资本。如果商业银行作为清算会员或客户，其资产或抵押品提交给中央交易对手或另一家清算会员，且无法实现破产隔离，必须按照资产或抵押品持有主体确定风险权重（如果持有主体为中央交易对手，风险权重为2%），进而计算交易对手信用风险资本要求；如果抵押品由托管人保管且以破产隔离方式持有，无须对该抵押品计提交易对手信用风险资本要求。若中央交易对手代表客户持有抵押品且无法实现破产隔离，但满足上述3（1）条件的该抵押品风险权重为2%；满足3（2）条件的该抵押品风险权重为4%。

（二）违约基金风险暴露

商业银行作为中央交易对手的清算会员可以采用1250%的风险权重计算对中央交易对手违约基金风险暴露的风险加权资产。商业银行对中央交易对手所有风险暴露（包括违约基金风险暴露和交易风险暴露）的风险加权资产总额不超过其对中央交易对手交易风险暴露的20%，计算公式如下：

$$\min\{(2\% \times TE_i + 1250\% \times DF_i) ; (20\% \times TE_i)\}$$

其中：

TE_i 为商业银行 i 对中央交易对手交易风险暴露；

DF_i 为商业银行 i 缴纳中央交易对手的违约基金。

三、商业银行对不合格中央交易对手风险暴露的资本要求

（一）商业银行应按照双边交易计算对不合格中央交易对手交易风险暴露的风险加权资产。

（二）商业银行对不合格中央交易对手违约基金风险暴露的风险权重为1250%。违约基金风险暴露包括已缴纳的违约基金、未缴纳但应中央交易对手要求必须缴纳的违约基金。如果商业银行有未缴纳的违约基金承诺，银监会有权在第二支柱框架下要求商业银行按照1250%的风险权重计提资本。

附件1：

合格中央交易对手的认定标准

合格中央交易对手为获得行政许可开展相关业务并经监管当局公开认定为合格的中央交易对手。若未经监管当局认定，商业银行应按照以下标准判断合格中央交易对手：

一、中央交易对手所在国家或地区对该中央交易对手进行持续严格审慎的监管，并实施了支付清算委员会和国际证监会组织联合发布的《金融市场基础设施原则》。

二、若中央交易对手所在国家或地区尚未实施《金融市场基础设施原则》，商业银行应向银监会提供与其交易的中央交易对手清单并评估中央交易对手的监管是否符合支付清算委员会和国际证监会组织联合发布的《金融市场基础设施原则》。商业银行认定的合格中央交易对手需得到银监会认可。

三、合格中央交易对手应有能力计算违约基金风险暴露的资本要求，至少每季度更新这些数据及计算结果，并与清算会员和监管部门分享计算结果。相关计算主要包括：该中央交易对手拥有的财务资源的数量和质量、其交易对手信用风险暴露、在一个或多个清算会员违约时这些财务资源吸收损失的能力等。具体计算步骤如下：

1. 计算中央交易对手对所有清算会员的交易对手信用风险暴露应

计提的虚拟资本要求 K_{CCP}。公式如下：

$$K_{CCP} = \sum_{\substack{clearing \\ members\ i}} \max(EBRM_i - IM_i - DF_i;0) \cdot RW \cdot Capital\ ratio$$

其中：

RW（风险权重）为20%；

$CaPital\ ratio$（资本比例）为8%；

$\max$（$EBRM_i - IM_i - DF_i$；0）是中央交易对手对清算会员 i 的风险暴露；$EBRM_i$ 代表了对清算会员 i 风险缓释前的风险暴露（衍生工具、证券融资交易分别按照《资本办法》附件8第二、三部分计算）；该公式中，追加的变动保证金反映在对各交易的市价估值中；IM_i 是清算会员 i 缴纳的初始保证金；DF_i 是清算会员 i 缴纳的违约基金。

关于该步骤的补充说明如下：

（1）这里所称的风险暴露是指中央交易对手对清算会员的交易对手信用风险暴露，对于场外衍生工具和交易所交易的衍生工具，按照《资本办法》附件8第二部分计算，对于证券融资交易按照《资本办法》附件8第三部分计算。

（2）按照现期风险暴露法计算 K_{CCP} 并采用净额结算时，《资本办法》附件6第三部分（六）的公式应替换为 $ANet = 0.15 \times AGross + 0.85 \times NGR \times AGross$。其中，$NGR$ 的分子为净额结算协议重置成本净额（即 $EBRMi$，若按照现期风险暴露法计算场外衍生工具的风险暴露，不包括附加因子），NGR 的分母为净额结算协议重置成本总额。NGR 必须基于单个交易对手。若无法按照上述要求计算 NGR，应按照本文件第三部分（二）的方法计算。

（3）清算会员应按照中央交易对手与单家清算会员达成的净额结算协议考虑净额结算的作用。银监会可以要求采用更为细化的净额结算组合。

2. 计算所有清算会员的总体资本要求。假设两家清算会员违约但所缴纳的违约基金无法分担中央交易对手损失时，则计算公式如下：

$$K_{CM}^* = \begin{cases} c_2 \cdot \mu \cdot (K_{CCP} - DF') + c_2 \cdot DF'_{CM} & if \quad DF' < K_{CCP} & (1) \\ c_2 \cdot (K_{CCP} - DF_{CCP}) + c_1 \cdot (DF' - K_{CCP}) & if \quad DF_{CCP} < K_{CCP} \leqslant DF' & (2) \\ c_1 \cdot DF'_{CM} & if \quad K_{CCP} \leqslant DF_{CCP} & (3) \end{cases}$$

258

其中：

K_{CM}^* 为所有清算会员缴纳的违约基金的总资本要求；

DF_{CCP} 为中央交易对手自身财务资源（如实收资本、留存收益等），这些资源应在清算会员缴纳的违约基金之前用于吸收其损失；

DF'_{CM} 为未违约清算会员缴纳的违约基金，$DF'_{CM} = DF_{CM} - 2 \cdot \overline{DF_i}$，其中 $\overline{DF_i}$ 是每家清算会员已缴纳的违约基金的均值；

DF' 为可用于吸收损失的实收违约基金，假定 $DF' = DF_{CCP} + DF'_{CM}$；

c_1 是一个递减的资本因子，在 0.16% 和 16% 之间，$c_1 = \max\left\{\dfrac{1.6\%}{(DF'/K_{CCP})^{0.3}}; 0.16\%\right\}$；

c_2 为 100%，$\mu = 1.2$。

公式（1）：当中央交易对手实收违约基金（DF'）小于其虚拟资本要求（K_{CCP}）时，采用公式（1）计算。该情形下，清算会员未缴纳的违约基金可能会被用于吸收损失，由于其他会员无法及时补交违约基金，清算会员的风险暴露可能扩大，因此，对 K_{CCP} 中未缴纳部分应采用 1.2 的乘数因子。如果所有清算会员的违约基金（DF_{CM}）用于吸收损失后，还需动用中央交易对手自身财务资源，这部分资源可计入用于吸收损失的违约基金（DF'）。

公式（2）：当中央交易对手自身财务资源（DF_{CCP}）和清算会员违约基金（DF_{CM}）都用于覆盖中央交易对手虚拟资本要求（K_{CCP}），且两者总和大于 K_{CCP} 时，采用公式（2）计算。若中央交易对手在动用清算会员违约基金（DF_{CM}）之前动用自身的财务资源吸收损失，那么 DF_{CCP} 可计入用于吸收损失的违约基金（DF'）。否则，若中央交易对手自身财务资源按比例或按功能分配使用，并与清算会员的违约基金（DF_{CM}）同时用于吸收中央交易对手的损失，那么需视情况调整该公式，相应的中央交易对手财务资源可按照清算会员的违约基金处理。

公式（3）：当 DF_{CCP} 首先用于吸收损失，且大于 K_{CCP} 时，采用公式（3）计算。该情形下，在清算会员的违约基金（DF_{CM}）吸收损失之前中央交易对手自身的财务资源吸收了中央交易对手所有损失。

3. 按照各清算会员缴纳的违约基金比例来分配 K_{CM}^*，计算单家清算会员的违约基金资本要求（K_{CM_i}）。

$$K_{CM_i} = \left(1 + \beta \cdot \frac{N}{N-2}\right) \cdot \frac{DF_i}{DF_{CM}} \cdot K_{CM}^*$$

其中，

N 为清算会员的数量；

DF_i 为清算会员 i 缴纳的违约基金；

DF_{CM} 是所有清算会员缴纳的违约基金；

$\beta = \dfrac{A_{Net,1} + A_{Net,2}}{\sum_i A_{Net,i}}$，下标中 1、2 代表 A_{Net} 值最大的两家清算会员，

对于场外衍生工具，$A_{Net} = 0.15 \times A_{Gross} + 0.85 \times NGR \times A_{Gross}$，对于证券融资交易，$A_{Net} = E \times H_e + C \times (H_c + H_{fx})$。

如果中央交易对手未要求清算会员缴纳违约基金，上述分配公式不适用时，应根据清算会员承诺的违约基金比例分配；否则，可以根据清算会员的初始保证金比例分配。

附件 2：

相关名词解释

1. 交易对手信用风险：是指针对某一交易的交易对手在交易相关的现金流结算完成前，因为违约所导致的风险。当违约发生时，若与该交易对手相关的交易或涉及该交易的资产组合经济价值为正数，则将会产生损失。与发放贷款所产生的信用风险不同，发放贷款所产生的信用风险暴露是单向的，只有贷款人面临损失的风险，而交易对手信用风险则产生双向的损失风险，即相关交易的市价对于交易双方来说，既有可能是正数，也有可能是负数，并且具有不确定性，随市场因素的变动而变化。

2. 清算会员：是指某一中央交易对手的会员或直接参与者。清算会员应当具备与中央交易对手进行交易的资格。这些交易既包含该清算会员以自身对冲或投资为目的所开展的交易，也包含该清算会员以中介身份涉及的中央交易对手与其他市场参与者之间的交易。

3. 客户：是指与中央交易对手进行交易的相关方，这类交易可以由清算会员充当中介，也可以由清算会员对中央交易对手的一个客户提供保证。

4. 初始保证金：是指一个清算会员或客户对中央交易对手提供的押品，该押品用于缓释由于交易未来价值变动带来的中央交易对手对清算会员的潜在风险暴露。初始保证金不包括在中央交易对手损失分担机制下所缴纳的份额（例如，当一个中央交易对手把初始保证金用于清算会员之间的损失分担时，这将被视为是违约基金风险暴露）。

5. 变动保证金：是指根据交易价格波动，由清算会员或客户逐日或当日缴纳的保证金。

6. 交易风险暴露：是指在场外衍生品交易、交易所衍生品交易或证券融资交易中，清算会员或客户对中央交易对手的当期和潜在的风险暴露，包括由于缴纳初始保证金而带来的风险暴露。

7. 违约基金：是指清算会员已缴纳的或应缴纳的份额，用于分担中央交易对手的损失。违约基金的数额确定应同时考虑损失分担的书面协议和实质性安排。

8. 抵消交易：是指当清算会员代表客户交易时，清算会员与中央交易对手间进行的交易。

9. 保证金风险期间：是指自违约交易对手最后一次提供足额保证金的时点至商业银行与该交易对手交易结束，且因交易对手违约而产生的市场风险均已规避为止的期间。

附件二：

关于商业银行资本构成信息披露的监管要求

为提高商业银行资本质量的透明度，强化市场约束机制，银监会制定了商业银行资本构成、监管资本项目与资产负债表项目对应关系以及资本工具主要特征等信息披露模板。现进一步明确以下监管要求：

一、适用范围。本通知适用于境内外已上市的商业银行，以及未上市但总资产超过10000亿元人民币的商业银行。

二、监管资本项目与资产负债表对应关系的披露要求。为充分揭示监管资本项目与经审计的资产负债表项目之间的对应关系，商业银行应通过以下三个步骤说明财务报表中资产负债表数据与资本构成披露模板数据之间的关系：

1. 详细披露银行集团层面的资本构成和资产负债表（见附表1和附表2）。如果银行集团层面的资产负债表和监管并表下的资产负债表没有差异，则无须填写附表2，说明两者无差异即可。

2. 扩展资产负债表，进一步说明用以计算监管资本的科目（见附表3）。例如，资本构成表中"商誉"和"其他无形资产"项目需扣减相应的递延所得税负债，因此商业银行应扩展资产负债表中的"递延所得税负债"；资产负债表中的"实收资本"应扩展为"核心一级资本"和"其他一级资本"，如果实收资本全部计入核心一级资本，则不需扩展。商业银行扩展的细致程度取决于资产负债结构和资本构成的复杂性。

3. 将扩展涉及的科目与资本构成披露模板中的项目进行对应（见附表4）。

三、资本工具主要特征的披露要求。商业银行应披露所有合格资本工具的主要特征（见附表5）。

四、披露频率。商业银行每半年披露一次。若资本工具的主要特征发生变化（赎回、减记、转股等），应及时披露。

五、商业银行应在本行网站建立监管资本专栏，详细披露有关信息。

六、商业银行应在半年度和年度财务报告中披露附表1、附表2、附表3、附表4和附表5，或至少在半年度和年度财务报告中提供查阅上述详细信息的网址链接。

七、上述要求自公布之日起实施。

附表1：

资本构成披露模板

单位：百万元（人民币），%

核心一级资本：		数额
1	实收资本	
2	留存收益	
2a	盈余公积	
2b	一般风险准备	
2c	未分配利润	
3	累计其他综合收益和公开储备	
3a	资本公积	
3b	其他	
4	过渡期内可计入核心一级资本数额（仅适用于非股份公司，股份制公司的银行填0即可）	
5	少数股东资本可计入部分	
6	监管调整前的核心一级资本	
核心一级资本：监管调整		
7	审慎估值调整	
8	商誉（扣除递延税负债）	
9	其他无形资产（土地使用权除外）（扣除递延税负债）	
10	依赖未来盈利的由经营亏损引起的净递延税资产	
11	对未按公允价值计量的项目进行现金流套期形成的储备	
12	贷款损失准备缺口	
13	资产证券化销售利得	
14	自身信用风险变化导致其负债公允价值变化带来的未实现损益	

核心一级资本：监管调整		
15	确定受益类的养老金资产净额（扣除递延税项负债）	
16	直接或间接持有本银行的普通股	
17	银行间或银行与其他金融机构间通过协议相互持有的核心一级资本	
18	对未并表金融机构小额少数资本投资中的核心一级资本中应扣除金额	
19	对未并表金融机构大额少数资本投资中的核心一级资本中应扣除金额	
20	抵押贷款服务权	不适用
21	其他依赖于银行未来盈利的净递延税资产中应扣除金额	
22	对未并表金额机构大额少数资本投资中的核心一级资本和其他依赖于银行未来盈利的净递延税资产的未扣除部分超过核心一级资本15%的应扣除金额	
23	其中：应在对金融机构大额少数资本投资中扣除的金额	
24	其中：抵押贷款服务权应扣除的金额	不适用
25	其中：应在其他依赖于银行未来盈利的净递延税资产中扣除的金额	
26a	对有控制权但不并表的金融机构的核心一级资本投资	
26b	对有控制权但不并表的金融机构的核心一级资本缺口	
26c	其他应在核心一级资本中扣除的项目合计	
27	应从其他一级资本和二级资本中扣除的未扣缺口	
28	核心一级资本监管调整总和	
29	核心一级资本	
其他一级资本		
30	其他一级资本工具及其溢价	
31	其中：权益部分	
32	其中：负债部分	
33	过渡期后不可计入其他一级资本的工具	
34	少数股东资本可计入部分	
35	其中：过渡期后不可计入其他一级资本的部分	
36	监管调整前的其他一级资本	

	其他一级资本：监管调整	
37	直接或间接持有的本银行其他一级资本	
38	银行间或银行与其他金融机构间通过协议相互持有的其他一级资本	
39	对未并表金融机构小额少数资本投资中的其他一级资本应扣除部分	
40	对未并表金融机构大额少数资本投资中的其他一级资本	
41a	对有控制权但不并表的金融机构的其他一级资本投资	
41b	对有控制权但不并表的金融机构的其他一级资本缺口	
41c	其他应在其他一级资本中扣除的项目	
42	应从二级资本中扣除的未扣缺口	
43	其他一级资本监管调整总和	
44	其他一级资本	
45	一级资本（核心一级资本+其他一级资本）	
	二级资本：	
46	二级资本工具及其溢价	
47	过渡期后不可计入二级资本的部分	
48	少数股东资本可计入部分	
49	其中：过渡期结束后不可计入的部分	
50	超额贷款损失准备可计入部分	
51	监管调整前的二级资本	
	二级资本：监管调整	
52	直接或间接持有的本银行的二级资本	
53	银行间或银行与其他金融机构间通过协议相互持有的二级资本	
54	对未并表金融机构小额少数资本投资中的二级资本应扣除部分	
55	对未并表金融机构大额少数资本投资中的二级资本	
56a	对有控制权但不并表的金融机构的二级资本投资	
56b	对有控制权但不并表的金融机构的二级资本缺口	
56c	其他应在二级资本中扣除的项目	
57	二级资本监管调整总和	
58	二级资本	

二级资本：监管调整		
59	总资本（一级资本＋二级资本）	
60	总风险加权资产	
资本充足率和储备资本要求		
61	核心一级资本充足率	
62	一级资本充足率	
63	资本充足率	
64	机构特定的资本要求	
65	其中：储备资本要求	
66	其中：逆周期资本要求	
67	其中：全球系统重要性银行附加资本要求	
68	满足缓冲区的核心一级资本占风险加权资产的比例	
国内最低监管资本要求		
69	核心一级资本充足率	
70	一级资本充足率	
71	资本充足率	
门槛扣除项中未扣除部分		
72	对未并表金融机构的小额少数资本投资未扣除部分	
73	对未并表金融机构的大额少数资本投资未扣除部分	
74	抵押贷款服务权（扣除递延税负债）	不适用
75	其他依赖于银行未来盈利的净递延税资产（扣除递延税负债）	
可计入二级资本的超额贷款损失准备的限额		
76	权重法下，实际计提的贷款损失准备金额	
77	权重法下，可计入二级资本超额贷款损失准备的数额	
78	内部评级法下，实际计提的超额贷款损失准备金额	
79	内部评级法下，可计入二级资本超额贷款损失准备的数额	
符合退出安排的资本工具		
80	因过渡期安排造成的当期可计入核心一级资本的数额	
81	因过渡期安排造成的当期不可计入核心一级资本的数额	
82	因过渡期安排造成的当期可计入其他一级资本的数额	
83	因过渡期安排造成的当期不可计入其他一级资本的数额	
84	因过渡期安排造成的当期可计入二级资本的数额	
85	因过渡期安排造成的当期不可计入二级资本的数额	

附表 2：

集团口径的资产负债表（财务并表和监管并表）

单位：百万元（人民币）

	银行公布的合并资产负债表	监管并表口径下的资产负债表
资产		
现金及存放中央银行款项		
存放同业款项		
拆出资金		
以公允价值计量且变动计入当期损益的金融资产		
衍生金融资产		
买入返售金融资产		
应收利息		
发放贷款和垫款		
可供出售金融资产		
持有至到期投资		
应收款项类投资		
长期股权投资		
固定资产		
土地使用权		
递延税项资产		
商誉		
无形资产		
其他资产		
资产总计		
负债		
向中央银行借款		
同业及其他金融机构存放款项		
拆入资金		
以公允价值计量且变动计入当期损益的金融负债		
卖出回购金融资产款		

	银行公布的合并资产负债表	监管并表口径下的资产负债表
客户存款		
衍生金融负债		
已发行债务证券		
应付职工薪酬		
应交税费		
应付利息		
递延所得税负债		
预计负债		
其他负债		
负债总计		
所有者权益		
实收资本		
资本公积		
盈余公积		
一般风险准备		
未分配利润		
外币报表折算差额		
少数股东权益		
所有者权益合计		

注：商业银行披露集团并表口径的资产负债表（财务并表和监管并表），具体科目可调整。

附表3：

有关科目展开说明表

单位：百万元（人民币）

	监管并表口径下的资产负债表	代码
……		
商誉		a
无形资产		b
递延税所得税负债		

	监管并表口径下的资产负债表	代码
其中：与商誉相关的递延税项负债		c
其中：与其他无形资产（不含土地使用权）相关的递延税负债		d
……		
实收资本		
其中：可计入核心一级资本的数额		e
其中：可计入其他一级资本的数额		f
……		

附表4：

第二步披露的所有项目与
资本构成披露模板中的项目对应关系表

单位：百万元（人民币）

	核心一级资本	数额	代码
1	实收资本		e
2	留存收益		
2a	盈余公积		
2b	一般风险准备		
2c	未分配利润		
3	累计其他综合收益和公开储备		
……			
4	过渡期内可计入核心一级资本数额（仅适用于非股份公司，股份制公司的银行填0即可）		
5	少数股东资本可计入部分		
6	监管调整前的核心一级资本		
7	审慎估值调整		
8	商誉（扣除相关税项负债）		a－c
……			

附表5：

资本工具主要特征模板

信息披露模板：监管资本工具的主要特征		
1	发行机构	
2	标识码	
3	适用法律	
	监管处理	
4	其中：适用《商业银行资本管理办法（试行）》过渡期规则	核心一级资本/一级资本/二级资本
5	其中：适用《商业银行资本管理办法（试行）》过渡期结束后规则	核心一级资本/一级资本/二级资本
6	其中：适用法人/集团层面	
7	工具类型	
8	可计入监管资本的数额（单位为百万，最近一期报告日）	
9	工具面值	
10	会计处理	
11	初始发行日	
12	是否存在期限（存在期限或永续）	永续/存在期限
13	其中：原到期日	若为永续债，则填写"无到期日"
14	发行人赎回（须经监管审批）	是/否
15	其中：赎回日期（或有时间赎回日期）及额度	
16	其中：后续赎回日期（如果有）	
	分红或派息	
17	其中：固定或浮动派息/分红	固定/浮动/固到浮动/浮动到固定
18	其中：票面利率及相关指标	
19	其中：是否存在股息制动机制	是/否
20	其中：是否可自主取消分红或派息	完全自由裁量/部分自由裁量/无自由裁量权
21	其中：是否有赎回激励机制	是/否

	信息披露模板：监管资本工具的主要特征	
22	其中：累计或非累计	累计/非累计
23	是否可转股	是/否
24	其中：若可转股，则说明转换触发条件	
25	其中：若可转股，则说明全部转股还是部分转股	全部转股/可全部转股也可部分转股/部分转股
26	其中：若可转股，则说明转换价格确定方式	
27	其中：若可转股，则说明是否为强制性转换	强制的/可选择的/不适用
28	其中：若可转股，则说明转换后工具类型	核心一级资本/其他一级资本/其他
29	其中：若可转股，则说明转换后工具的发行人	
30	是否减记	是/否
31	其中：若减记，则说明减记触发点	
32	其中：若减记，则说明部分减记还是全部减记	
33	其中：若减记，则说明永久减记还是暂时减记	永久/暂时/不适用
34	其中：若暂时减记，则说明账面价值恢复机制	
35	清算时清偿顺序（说明清偿顺序更高级的工具类型）	
36	是否含有暂时的不合格特征	是/否
	其中：若有，则说明该特征	

关于商业银行实施内部评级法的补充监管要求

《资本办法》允许商业银行采用内部评级法计量信用风险资本要求，提高了资本监管的风险敏感度和灵活性，为商业银行改进风险管理提供了激励。为确保信用风险加权资产计量的审慎性，现进一步明确以下监管要求：

一、《资本办法》第四十七条对申请采用内部评级法的商业银行提出内部评级法资产覆盖率要求，商业银行申请实施内部评级法时内部评级法的资产覆盖率应不低于50%，并在三年内达到80%。为此，商业银行应制定符合本行资产组合实际的内部评级法实施规划，持续提高内部评级法的资产覆盖率，确保自获准实施内部评级法后三年中内部评级法能够覆盖主要风险暴露。内部评级法实施规划至少应包括银行集团内不同法人实体的内部评级法覆盖范围和实施时间表、不同风险暴露的内部评级法覆盖范围和实施时间表。对于在规模和风险两个层面均不重要的法人实体和资产类别中的一些风险暴露，经银监会批准，可以不采用内部评级法。若银行集团对某法人实体中一类资产（或资产子类）采用内部评级法，必须覆盖该法人实体的所有该类资产（或资产子类）。银行集团不得通过选择性使用不同方法并在集团内部不同法人实体之间转移风险来降低资本要求。

获准采用内部评级法后，若商业银行不能持续满足监管要求，银监会将要求商业银行制定整改计划并报银监会批准；在满足监管要求之前，银监会可以在第二支柱下提高监管资本要求或采取其他适当的监管措施。对获准采用内部评级法的风险暴露，未经银监会批准商业银行不得退回到权重法；对获准采用高级内部评级法的，未经银监会批准不得退回到初级内部评级法。商业银行能够估计专业贷款的违约概率并获准采用内部评级法计算风险加权资产的，未经银监会批准不得采用监管映射法。获准对特定风险暴露采用内部评级法后，若商业银行不再从事该类业务或该类风险暴露的重要性显著降低，商业银行可向银监会申请退回到权重法。

二、商业银行采用内部评级法应按照银监会的相关规定充足计提贷款损失准备，内部评级法下的超额贷款损失准备是指商业银行实际计提的贷款损失准备（不包括对股权风险暴露和证券化资产计提的减值准备）超过预期损失（不包括股权风险暴露和证券化资产的预期损失）的部分。未违约风险暴露的预期损失为"违约概率×违约损失率×违约风险暴露"；对违约风险暴露，采用高级法的商业银行应依据《资本办法》附件5的相关规定采用预期损失的最佳估计值。商业银行部分实施内部评级法的，应根据内部评级法和权重法计算的信用风险加权资产的比例分割超额贷款损失准备。经银监会批准，商业银行可以按照《资本办法》第三十一条的相关规定分别计算内部评级法和权重法下的超额贷款损失准备；在此基础上，对无法实现逐笔分拆贷款损失准备的贷款，其超额贷款损失准备再按照内部评级法和权重法所对应的信用风险加权资产比例进行分割。内部评级法并行期后可计入二级资本的超额贷款损失准备不得超过对应信用风险加权资产的0.6%。

三、商业银行实施内部评级法应按照《资本办法》附件5的要求审慎估计违约概率、违约损失率、违约风险暴露和期限等风险参数。计算资本充足率时，内部评级法覆盖部分的信用风险加权资产不低于商业银行内部估计值的1.06倍。银监会可以对单家银行内部评级法计算的信用风险加权资产进行监管校准，若监管校准后的内部评级法信用风险加权资产高于商业银行内部估计值的1.06倍，计算资本充足率时，应使用监管校准后的信用风险加权资产。

四、商业银行应根据清收不良贷款的经验数据、内部政策流程、经济周期对抵押品价值的影响等因素审慎估计违约损失率，鉴于房地产价值波动的周期性特征，个人住房抵押贷款的违约损失率不得低于10%。商业银行应建立有效的监控程序，每日监测授信额度，充分反映违约事件发生时或发生后债务人继续提款的可能性，确保违约风险暴露估计的稳健性。

五、根据《资本办法》附件7的规定，如果商业银行或银监会认为，专业贷款中的产生收入房地产的未来出租收入、销售收入或土地出让收入波动性较大，采用监管映射法时可提高其风险权重；与此对应，商业银行采用内部评级法计算其风险加权资产时，所适用的资产相关性系数区间为［0.12，0.30］。银监会认定此类风险暴露后应公开披露。若商业银行不能估计此类风险暴露的违约损失率和违约风险暴露，应采用《资本办法》规定的公司风险暴露的违约损失率和违约风险暴露。

六、商业银行应以实施内部评级法为契机，不断强化数据基础，建立完整、严格、一致的数据标准和相应的数据处理平台，确保数据的及时性、准确性、有效性和全面性。商业银行应推进风险管理组织体系和流程整合，持续完善模型开发、优化、校准和验证，保证内部评级结果的客观性、独立性、公正性和一致性。

附件四：

资本监管政策问答

一、资本定义

1. 根据《资本办法》第三十二条（九）的规定，商业银行应从核心一级资本中全额扣除"商业银行自身信用风险变化导致其负债公允价值变化带来的未实现损益"。该规定是否也同样适用于衍生品负债？具体处理方法是什么？

答：该规定同样适用于衍生品负债。商业银行应剔除由其自身信用风险变化导致的衍生品负债会计估值调整，并且不得与其交易对手信用风险变化导致的会计估值调整进行抵消。由商业银行自身信用风险变化引起的衍生品负债会计估值增加的部分，应在核心一级资本中加回；会计估值减少的部分，应在核心一级资本中扣除。

2. 《资本办法》和《商业银行资本工具创新指导意见》（银监发〔2012〕56 号）（以下简称《指导意见》）明确了商业银行二级资本工具的合格标准。这些标准是否适用于我国商业银行境外附属公司？

答：我国商业银行境外附属公司发行的二级资本工具应满足东道国监管当局规定的合格标准。此外，我国商业银行境外附属公司发行的二级资本工具若计入集团并表资本，还应满足《资本办法》和《指导意见》规定的合格标准，并在发行合同中约定减记或转股的触发事件为以下两种情形中的较早发生者：（1）银监会认定若不进行减记或转股，其母行将无法生存；（2）我国相关部门认定若不进行公共部门注资或提供同等效力的支持，其母行将无法生存。若需对该资本工具投资者损失进行补偿，应通过母行普通股的形式进行补偿。

3. 《资本办法》第三十三条规定，商业银行之间通过协议相互持有的各级资本工具应从相应监管资本中对应扣除。对商业银行与其他金融机构之间的互持是否适用同样的处理方法？

答：商业银行与其他金融机构之间为虚增资本而通过协议相互持有的，或由银监会认定为虚增资本的相互持有的，适用对应扣除法。

4.《资本办法》第一百五十六条规定，对第三类商业银行，除本办法第一百五十四条、第一百五十五条规定的监管措施外，银监会还可以采取下列监管措施：（一）限制商业银行分配红利和其他收入……这里所说的"红利和其他收入"具体指什么？

答：这里所说的"红利及其他收入"主要包括可用于利润分配的项目、股票回购、其他一级资本工具的自主性收益及对员工的自主性支付等项目。对不会导致核心一级资本流失的项目，则不包含在内。

5.《指导意见》里明确了非普通股资本工具吸收损失的触发条件。如果采用转股机制在操作上有什么具体要求？

答：因触发转股导致的新股发行必须在公共部门注资之前，以防止公共部门的注资被稀释。

6.《资本办法》和《指导意见》要求其他一级资本工具必须含有本金参与吸收损失机制。对该吸收损失机制有哪些特别的要求？

答：本金参与吸收损失机制应保证具有以下效果：（1）减少破产清算状况下投资者对该资本工具的索偿权；（2）减少行使赎回权时商业银行应偿付的金额；（3）部分减少或全部取消该资本工具的分红和派息。

二、外部评级机构的认定

7.《资本办法》允许商业银行根据外部评级结果确定部分资产的风险权重。商业银行如何认定合格外部评级机构？

答：商业银行应根据《资本办法》附件17的规定，选择合格外部评级机构，并遵循外部评级的使用规范。商业银行应明确所选择的外部评级机构使用的评级符号与《资本办法》规定的风险权重之间的映射关系，需考虑外部评级机构的评级对象覆盖范围、外部评级机构采用的违约定义及评估方法论等因素。商业银行应将认定的合格外部评级机构名单、外部评级机构资质评估报告、评级与风险权重之间的映射方法论及相关支持文档报银监会认可。商业银行应披露确定相关资产风险权重时认可的外部评级机构、该机构评级所对应的风险权重，以及按照外部评级机构不同评级所对应的风险权重计算的风险加权资产。

三、风险缓释

8.《资本办法》规定，在信用风险权重法框架下，商业银行以合格质物质押的债权取得与质物相同的风险权重，由合格保证主体提供保证的债权取得对保证人直接债权的风险权重。商业银行在信用风险缓释管理方面需满足哪些要求？

答：《资本办法》附件2明确了合格质物和合格保证主体的范围。商业银行应制定书面管理制度以及审查和操作流程，并建立相应的信息系统，确保信用风险缓释作用的有效发挥。在采用风险缓释技术降低信用风险的同时，商业银行还应建立相应的制度和流程来管理由于风险缓释本身带来的剩余风险，包括法律风险、操作风险、流动性风险和市场风险等，商业银行的信用风险缓释管理需达到一系列要求：

信用风险缓释管理的一般要求包括：（1）商业银行应确保质物和保证的管理遵循《中华人民共和国担保法》（1995）、《中华人民共和国物权法》（2007）等法律文件的要求，并应进行有效的法律审查，确保认可和使用信用风险缓释工具时依据明确可执行的法律文件，且相关法律文件对交易各方均有约束力，并在所涉及的经济体中得到可靠实施。（2）商业银行应在相关协议中明确约定信用风险缓释覆盖的范围。（3）商业银行不得重复计算信用风险缓释作用。

合格质物的具体管理要求：商业银行必须建立明确和严格的程序，确保在债务人违约、无力偿还、破产或发生其他借款合同约定的信用事件时，有权并及时地对债务人的质物进行清算或处置。为确保质物能提供有效保护，债务人的信用与质物的价值不应具有实质的正相关性。如果质物被托管方持有，商业银行应确保托管方将质物与其自有资产分离。商业银行应建立质物的估值管理制度，质物价值评估应采用盯市价值的方法，且至少每6个月进行一次重新评估。

合格保证的具体管理要求：保证合同必须直接针对商业银行某一风险暴露或特定风险暴露组合，保证人承担的偿付义务必须是定义清楚、不可撤销、不可改变且是无条件的。在确认债务人违约或不支付条件下，商业银行有权并及时向保证人追偿合同规定的款项。商业银行应制定书面保证合同，确保保证人应有义务支付各类相关款项；若保证合同只涉及对本金的支付，利息和其他未覆盖的款项应按照未缓释部分处理。

9. 商业银行采用信用风险权重法是否需考虑债权与信用风险缓释之间的币种错配？若存在币种错配，如何进行处理？

答：是的，商业银行采用信用风险权重法应考虑债权与信用风险缓释之间币种错配潜在的风险。若信用保护与风险暴露之间存在币种错配，商业银行应采用折扣系数 H_{fX} 降低已受信用保护部分的风险暴露。同时，必须将风险暴露划分为覆盖和未覆盖部分。初级内部评级法的处理方法与此相同。

$$G_a = G \times (1 - H_{fX})$$

其中：

G_a 为经币种错配调整后信用保护覆盖的风险暴露；

G 为保护部分的名义金额；

H_{fX} 为信用保护和对应债权币种错配的标准折扣系数，为8%。

10. 根据《资本办法》附件6第二部分（五）的规定，经银监会批准，商业银行可以使用自行估计的抵押品折扣系数。商业银行自行估计抵押品折扣系数应达到哪些要求？

答：商业银行使用自行估计的抵押品折扣系数时，应向银监会证明其达到了以下定性要求和定量要求：

（1）定性要求

a. 所估计的波动性数据（以及持有期），必须运用于商业银行日常风险管理。

b. 商业银行应建立严格的书面程序并遵守有关内部政策、控制以及与风险计量系统有关的操作流程。

c. 风险管理系统应与内部风险暴露限额的管理结合使用。

d. 商业银行内审部门应定期对风险计量系统进行独立评估。评估应至少每年一次，并且至少要覆盖：风险计量与日常风险管理结合的程度，风险计量程序的实质变化，头寸数据的精确性和完整性，确认数据资源的一致性、时效性、内部模型的可靠性以及这些数据来源的独立性、精确度和波动假设的适当性。

（2）定量要求

a. 计算折扣系数时，使用单尾99%的置信度。

b. 最低持有期取决于交易类型、保证金调整和盯市频率。不同交易类型的最低持有期参见《资本办法》附件6。商业银行可使用按较短持有期计算出的折扣系数，并采用时间平方根公式对期限进行调整，计算恰当的持有期：

$$H_M = H_N \sqrt{\frac{T_M}{T_N}}$$

其中：

T_N 为导出 H_N 的期限；

H_N 为基于 T_N 期限导出的折扣系数。

如果保证金调整或评估的频率达不到最低要求，则根据保证金调整或评估的实际交易天数使用如下的时间平方根公式，调整最低折扣系数：

$$H = H_M \sqrt{\frac{N_R + (T_M - 1)}{T_M}}$$

其中：

H 为折扣系数；

H_M 为最低持有期的折扣系数；

T_M 为某类交易的最低持有期；

N_R 为资本市场交易的保证金调整和有抵押借款评估的实际交易天数。

c. 考虑低质量资产的流动性。如果持有期与抵押品的流动性出现错配，应上调持有期；还应考虑历史数据低估潜在流动性的情况。在这些情况下，必须对数据进行压力测试。

d. 计算折扣系数的历史观察期至少为1年。如果使用加权或其他方式，有效观察期至少为1年。

e. 至少每 3 个月更新一次数据库，在市场价格发生较大变化时，应及时进行再评估。折扣系数必须至少每 3 个月计算一次。当市场价格大幅波动时，银监会可要求商业银行采用较短的观察期计算折扣系数。

f. 所使用的模型应能够全面识别商业银行承担的风险。

11. 《资本办法》附件 6 第三部分（一）规定了合格净额结算的认定要求。对从属于净额结算主协议的回购交易是否应满足这些要求？

答：对于从属于净额结算主协议的回购交易，不仅应满足《资本办法》附件 6 第三部分（一）规定的条件，还应满足下列要求：交易对手违约，若净额结算协议在相关国家或地区具备法律效力，则回购交易的净额结算效应按照交易对手逐一确认。净额结算协议必须：（1）确保在违约事件发生时，未违约方有权及时终止从属于协议的所有相关交易；（2）规定该协议下被终止的相关交易（包括抵质押品价值）的收益和损失的抵补，以便明确交易双方之间的债权债务净额；（3）允许在出现违约事件时迅速清算或处置抵质押品；（4）确保在交易对手无力清偿或破产导致违约时，以上条款在相关国家或地区均具备法律执行力。

12. 《资本办法》附件 6 第七部分（一）列示了各类金融质押品的标准折扣系数，对于不合格金融工具的折扣系数应该如何确定？

答：对于商业银行借出的不合格工具（例如投资级别以下的公司债券）的交易，风险暴露的折扣系数应与在认可交易所交易，但未纳入主要指数的股票的折扣系数相同，即 25%。

13. 如果商业银行购买了带有偿付临界值的信用保护，应如何处理？

答：商业银行购买带有偿付临界值的信用保护，由于在该临界值之下出现损失时无法得到赔付，相当于商业银行自己承担了第一损失，因此必须从资本中全额扣除临界值额度。

14. 储蓄存款、定期存单或类似工具用于抵质押时，风险权重应如何规定？

答：根据合格抵质押的认定要求，合格现金抵质押（或由贷款行发行的定期存单或其他类似工具）应限于贷款行的现金存款或签署了保管协议的现金存款；然而，若贷款行的储蓄存款、定期存单或其他类似工具，在未签署保管协议的情况下由第三方银行以公开或者无条件不可撤销的方式抵押给贷款行，则贷款行对该抵押所覆盖的风险暴露（在对币种错配进行必要的折扣系数处理后）将采用第三方银行的风险权重。此外，由第三方银行发行的定期存单也将采用第三方银行的风险权重。

四、内部评级法

15. 《资本办法》附件4第五部分（四）规定："合格循环零售风险暴露指各类无担保的个人循环贷款。合格循环零售风险暴露中对单一客户最大信贷余额不超过100万元人民币。"合格循环零售风险暴露的确认是否还有其他规定？

答：合格循环零售风险暴露是指各类可循环使用、无担保、合约规定和实际操作均未承诺的零售授信，其资产相关性显著低于其他零售风险暴露，因此商业银行必须能够证明合格循环零售风险暴露的风险权重函数仅限于损失率波动低于均值的子组合，尤其是供违约概率较低的风险暴露使用。商业银行必须保留这些子组合的损失率数据，便于分析损失率的波动性。

16. 根据《资本办法》相关规定，内部评级法框架下合格购入应收账款应归入公司风险暴露或零售风险暴露，是否需对合格购入应收账款单独分类，并采用内部评级法计量其风险加权资产？

答：为保证内部评级法体系的稳健性，审慎估计风险参数和计算风险加权资产，这些合格购入应收账款（包括合格购入零售应收账款）应按照公司风险暴露分类。同时，商业银行应密切监控合格购入应收账款的风险特征及其走势。合格购入应收账款（包括零售和公司）纳入内部评级法时应满足如下要求：（1）视同单笔公司风险暴露；（2）评级按贷款一样处理；（3）商业银行应证明稀释风险不重要。否则商业银行必须对此部分风险暴露采用权重法。此外，对于包含着不同类型风险暴露的应收账款池，如果商业银行无法区分类别，则应采用其中风险权重最高部分的风险权重函数计量该应收账款池的风险加权资产。

17.《资本办法》附件4明确了股权风险暴露定义，在实践中如何划分股权风险暴露并解释其"不可赎回"的含义？此外，如何界定复杂结构化产品的负债和股权风险暴露划分的问题？

答：股权风险暴露的划分应基于金融工具的经济实质，包括对工商企业或金融机构的资产和收入直接或间接拥有的所有者权益（无论是否有投票权），按照《资本办法》的规定，这些直接和间接所有者权益未进行并表处理或进行资本扣除。其中，间接拥有所有者权益包括持有与股权关联的衍生工具，以及在其他发行权益性工具及主要从事股权投资的股份有限公司、合伙企业、有限责任公司或企业中所持有的股份。

不可赎回是指只有在出售投资、出售投资的权利或发行人被清算时才能够收回投资。

对于债券、其他证券、合伙公司的股权、衍生品或其他经济意义实质相当于股权的非股权工具，均属于股权风险暴露的范畴；而经济实质属于债权的工具或资产证券化产品，即使以股权投资持有，也不属于股权风险暴露。

18.《资本办法》附件6的表2《初级内部评级法下合格信用风险缓释工具》中列举了"依法可以质押的具有现金价值的人寿保险单或类似理财产品"，表3中规定了此类押品的折扣系数为10%。"类似理财产品"的范畴是什么？

答：这里的"类似理财产品"仅指符合附件6合格抵质押品认定要求且商业银行能够控制其风险的保本型理财产品，而且必须含有发行商业银行保证本金不受损失的条款。

19.《资本办法》第七十九条（二）中规定："可随时无条件撤销的贷款承诺信用转换系数为0%"。如何保证商业银行能够随时无条件撤销相关的贷款承诺？

答：为保证0%的信用转换系数仅用于可随时无条件撤销的贷款承诺，商业银行必须证明其能够积极监控债务人的财务状况，并且其内控系统足以保证在债务人信用状况恶化时能够取消贷款承诺。

20.商业银行实施内部评级法，如果零售资产包含外汇和利率承诺时，如何计算风险加权资产？

答：如果零售资产在一定程度上包含外汇和利率承诺，商业银行估计此类零售资产的违约风险暴露时不能采取自行内部估计的方式，而应采用权重法规定的信用转换系数。

21. 如果《资本办法》附件5第六部分（三）中所列的违约定义不适用于以前已经违约的风险暴露，应该如何估计此类风险暴露的违约概率和违约损失率？对高杠杆债务人估计违约概率有无特殊要求？

答：如果违约定义不适用于之前已违约的风险暴露，商业银行必须对债务人进行评级，并把其风险暴露作为未违约债项估计违约损失率。如果之后该风险暴露触发了违约定义所列的事项，则认定为发生第二次违约。

若债务人的杠杆倍数较高或者其资产主要由交易性资产组成，其违约概率的估计必须反映其资产价格在压力波动时期的表现。

22. 根据《资本办法》附件6的规定，商用房地产和居住用房地产可以作为合格抵押品。作为合格抵押品的商用房地产和居住用房地产应满足哪些具体管理要求？

答：作为合格抵押品的商用房地产和居住用房地产，应满足债务人与抵押品之间的独立性原则。债务人的风险不应依赖于抵押品的表现，而应取决于债务人从其他来源偿还债务的能力，债务人还款来源不主要依赖于抵押品产生的现金流；此外，抵押品的价值也不主要取决于债务人的表现。根据上述要求，在内部评级法框架下专业贷款中的产生收入房地产不能作为公司风险暴露的合格抵押品。此外，将商用房地产和居住用房地产作为合格抵押品的，商业银行应拥有优先受偿权。

商用房地产和居住用房地产作为合格抵押品还应满足以下具体管理要求：（1）商业银行接受的商用房地产和居住用房地产及取得这种抵押品的贷款政策（贷款价值比率），必须明确记录。（2）商业银行必须采取措施确保作为抵押品的财产有足额保险，以防其损害和恶化。（3）商业银行必须持续监控抵押品项下的偿付义务（如纳税）对处置该抵押品的影响。（4）商业银行必须有效监控抵押品由于环保因素导致的抵押品风险，如房地产使用了有毒材料。

23.《资本办法》附件6表2提及"其他抵押品"，应如何认定？

答：其他抵押品必须具有能以合理价格及时有效处置抵押品的高流动性市场，并且具备能够有效且公开可获取的抵押品市场价格。商业银行应向银监会证明所接受的抵押品价值在变现时不会明显偏离市场价格。

除符合上述要求外，其他实物抵押品的认定还应满足下列要求：

（1）优先债权：只允许优先受偿权或收费权，以保证商业银行对抵押品已实现的收益拥有超过其他所有贷款方的优先权。

（2）贷款协议必须包括对抵押品的详细描述以及对重新估值方式和频率的详细规定。

（3）商业银行可接受的实物抵押品的种类以及各类实物抵押品贷款的抵押率必须符合相应的政策规定，且在内部信贷政策和程序中明确记录，并且可供检查和审计。

（4）商业银行必须根据以下情况提出适当的抵押品管理要求：贷款金额、及时变现抵押品的能力、客观地确定价格或市场价值的能力、及时估值的频率（包括专业人员的评估或估值）和抵押品价值的波动情况等。定期重估过程必须特别关注"受流行趋势影响较大"的抵押品，以保证估值能按照流行趋势的变化、新款推出的时间、过时情况及抵押品实物的报废或恶化状况而适当的向下调整。

（5）对存货（如原材料、在建工程、成品、交易商的汽车存货）及设备，定期评估还应包括对抵押品实物的检查。

24. 对于应收账款作为合格抵质押品，除符合《资本办法》附件6提出的要求外，还应满足哪些具体要求？

答：（1）法律确定性

a. 抵押品的法律机制必须是健全的，同时确保贷款方对抵押品产生的收益有着清晰的权利。

b. 商业银行应采取所有必要的步骤，满足关于抵押品收益可实施性的要求，例如抵押品登记的规定，并确保潜在债权人对抵押品享有第一优先权。

c. 抵押交易使用的全部文件对相关各方都要有约束力，并且能得到可靠的实施。商业银行应从法律角度对该问题进行认真的核实，结论有充分的法律支持，必要时可通过进一步审查以保证抵押交易的持续可实施。

d. 商业银行应建立抵押品安排文档，具备清晰、健全且及时的抵押品清收程序。商业银行的程序应确保判定客户违约并及时清收抵押品的法律条件都是可观察的。如果债务人陷入财务困境或违约，商业银行应拥有相应的法定权利，即无须征求借款人的意见，便可出售应收账款或将应收账款转让给其他受让方。

（2）风险管理

a. 商业银行应建立与应收账款信用风险相符合的稳健程序，包括分析借款人的经营状况、行业状况（如经济周期的影响）以及借款人的客户的类别。若商业银行依赖借款人确定其客户的信用风险，应检查借款人的信用政策，以确定其稳健性和可信度。

b. 应收账款抵押贷款的抵押率应反映所有适当的因素，包括清收成本、应收账款池的集中度以及商业银行总风险暴露的潜在集中性风险等。

c. 对于应收账款带来的当前以及潜在风险，特别是对于数目不多但金额较大的应收账款，商业银行必须建立连续的、适当的监控程序。包括账龄报告、贸易单据的控制、借款证、对抵押品定期审计、账户的确认、对付款账户收入的控制、对稀释的分析（借款人对发行人提供的信用），以及定期对借款人和应收账款发行人的财务分析。商业银行应监控集中度限额的遵守情况，还应定期检查是否遵守贷款合约、环境方面的限制及其他法律要求。

d. 借款人提供的应收账款抵押品应保持分散，不得与借款人高度相关。若相关性较高时，例如，应收账款的发行人的生存依赖于借款人或借款人与发行人属于同一行业，设定抵押品池的总体抵押率时，应考虑潜在的风险。借款人附属公司（子公司及其员工）发行的应收账款不得作为合格的风险缓释工具。

e. 商业银行应建立经济困难时期应收账款清收的书面程序。通常情况下即使商业银行通过借款人进行清收，也应具备相应的措施。

25. 认定租赁资产为合格风险缓释工具的具体标准是什么？如何计

算租赁业务的信用风险加权资产？

答：若商业银行不承担租赁残值风险，应达到《资本办法》附件6以及上述22、23提出的合格抵押品的认定要求，此外还应满足下列要求：一是商业银行作为出租人必须具有稳健的风险管理能力，全面掌握租赁资产的位置、用途、使用年限以及报废计划等信息；二是具备稳健的法律框架以保证商业银行作为出租人对租赁资产的合法所有权，并确保能够及时行使其权利；三是实物资产折旧率和租赁款摊还率之间的差异不会导致过于高估租赁资产的风险缓释作用。

若商业银行承担租赁残值风险，应按以下规则计量租赁业务的信用风险加权资产：（1）对于折现后的租赁应收款，使用承租人的违约概率计算其信用风险加权资产；（2）租赁资产余值的风险权重为100%。

26.《资本办法》附件6第四部分（六）中规定了对保证或信用衍生工具覆盖的部分可以采用的方法，那么对于未覆盖的部分将如何处理？

答：初级内部评级法下，对于未覆盖部分将采用债务人的风险权重，同时必须将风险暴露划分为覆盖和未覆盖部分，与权重法下的处理相同，并取决于覆盖是按比例还是按档次确立的。按档次抵补应遵照《资本办法》附件9执行。商业银行购买带有偿付临界值的信用保护，由于在该临界值之下出现损失时无法得到赔付，相当于商业银行自己承担了第一损失，因此必须从资本中全额扣除临界值额度。

27.《资本办法》附件5第六部分（六）规定："对净额结算主协议下的衍生产品进行期限调整时，商业银行应使用按照每笔交易的名义金额加权的平均期限"。此规定执行时有哪些具体要求？

答：对于适用于《资本办法》附件5第六部分（六）范围的净额结算主协议下的衍生产品，进行期限调整时应使用交易的加权平均期限，但不得低于附件6表4中规定的各类交易的最低持有期。若净额主协议下涉及多种交易，应以各类交易的最长持有期作为平均期限的底线。商业银行应使用各类交易的名义金额进行加权计算。

28. 除满足《资本办法》附件5第六部分（三）的规定外，商业银行在处理特定错向风险时还应满足哪些规定？

答：商业银行应对每个独立法人债务人或保证人分别进行评级，制定符合附件5第六部分规定的关联集团内部单个实体的处理方法，包括对一些或全部关联方的评级可能给予相同或者不同评级的情形。

此外，这些政策还必须包括认定每个独立法人债务人或保证人错向风险的具体程序。与交易对手进行交易时，若认定存在特定错向风险，计算违约风险暴露时需采用不同的处理方法。

29.《资本办法》附件6第三部分规定，商业银行可以基于合格保证和信用衍生品调整违约概率或违约损失率等参数，进行调整时应满足哪些标准？

答：（1）基于合格保证的调整应遵循以下标准：

a. 商业银行应明确调整借款人级别或估计违约损失率（零售风险暴露和合格购入应收账款风险分池）的标准，以反映保证的作用。调整标准必须与《资本办法》附件5规定的评级标准同样细致，并符合《资本办法》附件5有关债务人或债项评级的最低要求。

b. 调整标准必须合理、直观，确保保证人具备履行合约的能力和意愿，并考虑债务偿还的可能时间及保证人履行保证的能力与借款人还款能力的相关程度；此外，还应考虑币种错配等剩余风险的大小。

c. 调整借款人级别或估计违约损失率（零售风险暴露和合格购入应收账款风险分池）时，商业银行应考虑所有相关信息。

（2）基于信用衍生品的调整应遵循以下标准：

a. 对于保证的最低要求同样适用于单名信用衍生品。同时，商业银行还应考虑资产错配。对于信用衍生品保证的风险暴露，若使用调整后的借款人级别或违约损失率，信用衍生品基于的资产（参考资产）应与基础资产相同；达到初级内部评级法相关规定的除外。

b. 标准必须考虑到信用衍生产品的付款结构，并保守地评估付款结构对清偿水平和清偿时间的影响；同时须考虑各种可能的剩余风险的大小。

30.《资本办法》附件5第七部分（二）明确了内部评级法银行数据收集和存储的总体要求。除此以外，还需满足哪些具体要求？

答：商业银行应收集和存储借款人和贷款特征的关键数据，以有效支持信用风险的计量和管理，确保满足《资本办法》的其他要求，并作为向银监会报告的基础。数据应足够详细，便于日后重新划分债务人和债项的评级。此外，根据第三支柱要求，商业银行应收集和保留有关内部评级的数据。

（1）公司、主权和金融机构风险暴露

a. 商业银行应保留借款人和合格保证人自首次获得评级后的所有评级历史记录，包括评级确定日期、评级使用方法以及用于得到评级结果的关键数据和相关模型、参与人员。此外，商业银行还应保留完整的债务人和债项的违约信息以及违约发生时间和具体情况，保留与评级和评级迁徙相关的违约概率及实际违约率数据，这些数据将有助于跟踪监测债务人评级系统的预测能力。

b. 商业银行采用高级内部评级法，应收集并储存单个债项的违约损失率和违约风险暴露的历史数据，应保留用于得到评级结果的关键数据及相关模型和参与人员等信息。对所有发生违约的债项，应收集相关的预测和实际违约损失率及违约风险暴露数据。如果计算违约损失率时考虑了担保或信用衍生品的缓释作用，还应分别保留考虑缓释作用前后该债项的违约损失率相关数据。此外，商业银行应保留所有已违约暴露的损失和回收情况，例如回收数量、回收来源（抵押、清算收入或保证等）、回收所需时间以及回收成本等。

c. 商业银行采用初级内部评级法，银监会鼓励其存储相关数据（即初级内部评级法下公司风险暴露的损失数据和清偿经历；针对专业贷款采用监管映射法的商业银行，还包括实际损失数据）。

（2）零售风险暴露

商业银行应保留将贷款分池过程中使用的数据，包括直接或通过模型使用借款人和交易风险特征的数据以及逾期数据。商业银行应保留所估计的贷款池违约概率、违约损失率和违约风险暴露数据。对于违约贷款，商业银行应保留违约前一年的贷款划分到贷款池的数据及违约损失率、违约风险暴露的实际结果等信息。

31. 根据《资本办法》附件 7 的规定，如果商业银行或银监会认为，专业贷款中的产生收入房地产的未来出租收入、销售收入或土地出让收入的波动性较大，可提高其风险权重。认定产生收入房地产波动性时，商业银行或银监会主要考虑哪些因素？

答：在内部评级法框架下，"波动性较大"是指产生收入房地产的出租收入、销售收入或土地出让收入的波动性较大，商业银行或银监会将据此认定：与其他专业贷款相比，这类贷款具有较高的损失波动率（即较高的资产相关性），涉及的贷款类型通常包括：资产组合层面违约率波动较高的商用房地产贷款，土地收购和土地收购性质项目的开发建设贷款，以及其他性质的开发建设贷款（其还款来源或是未来房地产不确定的销售，或是不确定的现金流，例如商用房地产的出租率未达到商用房地产在当地市场普遍的出租率水平，但借款人能提供相当数量的风险保障的贷款除外）。如果基于上述判断未将该类贷款计入"波动性较大"的产生收入房地产贷款，商业银行也不能按照《资本办法》附件7第四部分（三）规定的优惠风险权重计算该类贷款的风险资产）。银监会认定此类风险暴露后应公开披露。

32. 根据《资本办法》附件4第五部分"（六）符合本办法第六十四条规定的对微型和小型企业的风险暴露，可纳入其他零售风险暴露。"个人经营性贷款是否受《资本办法》第六十四条中的小微企业风险暴露金额的上限制约？

答：是的，个人经营性贷款计算资本时适用此上限规定。

33. 根据《资本办法》附件5第六部分（二）"7. 不同阶段的历史数据应具有相同重要性，如果商业银行的实证经验表明，某阶段历史数据能够更好地反映经济周期的影响，有助于准确估计参数，经银监会批准，商业银行可以对特定阶段数据的使用做特殊处理。"银监会将按照什么标准来批准？

答：商业银行可以对特定阶段数据的使用做特殊处理，银监会将重点关注风险参数的保守性，确保结果更为审慎保守。

34. 如何处理《资本办法》附件5第六部分违约定义中提及的"透支"？

答：授权透支必须在银行信贷限额以内，同时应告之客户。突破限额应受监控；限额内的透支逾期90天，应认定为违约。按照内部评级法的计量要求，对未授权透支的信贷限额为零。所以未授权透支自发生时起即算逾期，若逾期 90 天内没有偿还，应认定为违约。商业银行必须有严格的内部政策评估透支客户的信用。

35. 根据《资本办法》第一百七十一条和附件 14 第三部分的规定，"并行期至少 3 年"，"银监会可以适当延长并行期"，如何理解此项规定中"适当"的含义？

答：《资本办法》附件 14 第三部分（五）的资本底线计算公式中的调整系数在并行期的第三年将调整为 80%。为确保资本计量的审慎性，3 年并行期后银监会将继续使用该资本底线。

五、市场风险

36. 根据《资本办法》和《商业银行市场风险管理指引》的要求，商业银行应制定明确的交易账户头寸管理政策和程序，具体包含哪些内容？

答：商业银行交易账户头寸管理政策和程序应包括以下内容：

（1）交易员对头寸的有效管理；

（2）对头寸限额的设置与监控；

（3）交易员有权在设定限额内，按照批准的交易战略管理头寸；

（4）交易头寸至少应逐日盯市估值；若按照模型估值，则参数须逐日评估；

（5）按照商业银行的风险管理程序，定期向高级管理层报告交易头寸；

（6）根据市场信息来源，密切监控交易头寸（包括评估头寸的流动性以及对头寸或组合风险的套期保值能力）。同时，还要评估市场参数的质量和可获得性、市场交易的规模、交易头寸的规模等。

此外，商业银行的交易账户管理政策、程序还应包括：（1）商业银行为交易目的而持有的头寸类型，以及符合监管资本定义的交易账户头寸类型；（2）采用每日盯市估值时，商业银行应持续跟踪活跃、具有双边流动性的市场；（3）采用盯模估值时，商业银行应确认头寸的实质性风险及其对冲效果，确认对冲工具是否可以在活跃的双边市场交易，并对模型的主要假设和参数进行可靠估计；（4）商业银行应对头寸进行准确估值，并对估值持续验证。

37. 对冲基金的公开股权、私人股权投资、纳入证券化范围的资产、持有的房产等应放在哪个账户？

答：根据《资本办法》第八十三条规定，这类头寸应放在银行账户。

38. 在使用市场风险标准法计量利率风险时，对特定风险的头寸如何进行轧差处理？对一般风险到期日法下的头寸如何进行轧差处理？

答：计算利率特定风险时，只有对利率、期限、币种、息票率、流动性、可赎回条件等要素完全匹配的同一个债券的头寸（包含衍生品头寸）方可以相互抵消；对于同一个发行人发行的债券，若其息票率、流动性、可赎回条件等要素不一致，不可以相互抵消。

使用到期日法计量一般风险时，对金额相同、方向相反的同一个债券或同一个发行人的相同债券头寸可以相互抵消，对于满足《新资本充足率填报说明》中的 G4C－1（b）规定的相关近似匹配条件的掉期、远期、期货以及远期利率协议头寸也可以相互抵消。

39. 使用标准法计算汇率风险资本要求时，每个币种的净头寸主要包括哪些科目？对利息及其他收入、费用如何处理？对远期货币及黄金头寸如何处理？

答：每个币种的净头寸包括即期净头寸、远期净头寸和期权合约得尔塔（Delta）净额、无法撤销的保证、以外币计值的损益之和。另外，商业银行还可根据情况将已对冲的非应计未来收入和支出计入外汇净头寸。

应计利息和应计费用应包含在汇率风险的头寸中。对于未来预期利息和预期费用可以不计入外汇头寸的，但如果预期项目的金额是确定的，而且商业银行已经对这部分头寸进行了对冲，则这部分预期利息或费用就应该计入外汇头寸。如果商业银行将预期收入和预期费用纳入外汇头寸，就必须持续使用这种测算方法，不能利用这些预期项目来减少头寸。

远期货币和黄金头寸应以即期市场外汇汇率计价。如果商业银行使用净现值法计值，则在计量远期货币和黄金头寸时，应在当前利率折现基础上，再以目前的即期汇率计算每一笔头寸的净现值。

40. 根据《资本办法》附件 10 的相关规定，计算汇率风险暴露时可扣除结构性外汇头寸。如何判断结构性外汇头寸？

答：结构性外汇头寸是指商业银行为保护资本充足率不受汇率变化影响而持有的外汇头寸。结构性外汇头寸应满足三个条件：一是非交易性头寸；二是持有该头寸的目的仅是为了保护资本充足率；三是结构性头寸应持续从外汇敞口中扣除，并在资产存续期内保持相关对冲方式不变。

另外，某些资本扣除项对应的头寸也可视为结构性外汇敞口，如对非并表境外子公司的投资及其他以历史成本法计价的外币长期投资。

41. 根据《资本办法》附件 10 中的规定，若商业银行使用简易方法计算期权风险的资本要求，持有现货多头和看跌期权多头，或持有现货空头和看涨期权多头，资本要求等于期权合约对应的基础工具的市场价值乘以特定市场风险和一般市场风险资本要求比率之和，再减去期权溢价。对于期权溢价有什么具体要求？

答：对于剩余期限超过 6 个月的期权，计算期权溢价时应该用执行价格与远期价格计算，而不是用执行价格与即期价格计算。若商业银行未执行该要求，则期权溢价视为零。

42.《资本办法》允许商业银行采用内部模型法计量商品风险的资本要求。商品风险的计量模型应考虑哪些基本风险因素？

答：根据《资本办法》附件 11 第一部分（四）的规定，商品风险的计量模型应考虑方向风险、远期缺口及利率风险、基差风险等因素，以充分捕捉商品价格波动的风险。方向风险是指净头寸基于即期价格变化产生的风险；远期缺口及利率风险是指在期限错配的情况下远期价格变化产生的风险；基差风险是指两个相似但不同的商品产品之间价格相关性的变化带来的风险。

43. 根据《资本办法》附件 11 的规定，商业银行在计算市场风险一般风险价值时采用 10 天持有期、单尾、99% 的置信区间的稳健性标准。计算压力风险价值使用的稳健性标准与一般风险价值是否相同？计算一般风险价值时的观察期长度在满足"至少1年"要求的基础上，商业银行是否可以自行确定观察期长度？

答：计算一般风险价值和压力风险价值须采用相同的稳健性标准，即10天持有期、单尾和99%的置信区间。

根据《资本办法》附件11的规定，商业银行计算市场风险一般风险价值的观察期长度至少为1年（或250个交易日）。商业银行在满足此条件的基础上可以自行确定观察期长度，但在市场价格发生剧烈波动时，银监会将从审慎性原则的角度，要求商业银行在满足"观察期长度至少为1年"的条件下采用相对较短的观察期。

44. 在市场风险内部模型法下，对模型覆盖利率风险、汇率风险、股票风险、商品风险、期权风险之间的相关性方面有什么要求？

答：在市场风险内部模型法下，商业银行可以自行根据本行的市场风险资本计量要求，对不同风险之间的相关性进行判断以及技术处理，但要向银监会证明其相关性判断的合理性、审慎性和可靠性。银监会可以要求相关性判断不审慎的商业银行采取纠正措施。

45. 根据《资本办法》附件11的规定，市场风险内部模型法下，市场风险资本要求中的乘数因子最小为3。银监会确定附加乘数因子主要考虑哪些因素？

答：银监会确定附加乘数因子时主要考虑三方面因素：一是量化因素，主要依据返回检验的突破次数；二是定性因素，主要依据商业银行达到实施内部模型法监管要求的程度（包括《资本办法》附件11和附件16的相关规定）；三是银监会对商业银行市场风险管理体系有效性的评估结果。

46. 对特定风险计量模型的返回检验有哪些要求？

答：参见《资本办法》附件11关于返回检验的要求。使用内部模型法计量特定市场风险资本要求时，商业银行应采用每日数据对相关的利率和股票类子组合进行返回检验，以检验模型是否捕捉到相应的特定风险。在对子组合进行特定风险返回检验时，商业银行可以进一步细分交易组合。确定交易子组合结构后，应保持其持续性，如果子组合结构发生改变，商业银行应及时向银监会解释其合理性。

商业银行应分析特定风险模型的返回检验突破情况，识别模型中存在的问题，并对模型不断进行修正，以确保具有充足的资本覆盖返回检验暴露出的未捕捉到的风险。

47. 市场风险内部模型法框架下，对期权风险的计量模型有哪些具体要求？

答：商业银行采用内部模型法计量期权风险的资本要求，应满足下列标准：一是计量模型应该捕捉到期权头寸的非线性特征；二是为了充分捕捉期权风险，商业银行最好对期权头寸采用10天价格冲击期，如果达不到此项要求，银监会可以要求银行通过定期模拟以及压力测试等方法调整期权风险的资本要求；三是计量模型应能够捕捉价格和收益率波动性的风险因子，期权业务规模较大且复杂的商业银行应对相关波动性有详细的分类，并按照不同到期日计量期权头寸的波动性。

48. 商业银行对缺乏流动性头寸进行估值调整时应考虑哪些因素？

答：银监会2010年12月发布的《商业银行金融工具公允价值估值监管指引》对金融工具估值进行了规范，适用于没有市价、估值缺乏可观测的数据以及缺乏流动性的金融工具。商业银行应对盯市估值、盯模估值建立相关估值调整的政策和程序，并参考第三方估值结果进行交叉验证。商业银行进行估值调整应至少考虑未赚取的信贷利差、平仓成本、操作风险、提前解约、投融资成本、未来管理费用以及模型风险等因素。

49. 为了审慎计量监管资本，商业银行对缺乏流动性头寸进行估值调整时，具体包括哪些要求？

答：无论是采用盯市、盯模还是第三方估值的方法，商业银行均应建立相应的制度和流程对缺乏流动性的头寸进行估值调整，以确保监管资本计提的审慎性。由于这类头寸缺乏流动性，与财务报告进行的估值调整相比，基于监管资本计量目的的估值调整可能会更大，以反映其缺乏流动性的情况。

商业银行在计算市场风险资本时设定了相关流动性假设，但可能这些假设与自身实际卖出或对冲此类头寸的能力不一致，同时流动性也可能因为市场变化而下降，因此商业银行应视情况及时调整此类头寸的估值，并持续重检估值过程的准确性。为审慎计量监管资本，商业银行对缺乏流动性的头寸进行估值调整时，应至少考虑以下因素：集中持仓头寸及长期不动头寸的收盘价、对冲头寸或风险所需的时间、买卖价差的平均波动性、独立市场报价的可用性（包括做市商的数量和资质）、平均交易量及其波动性（包括市场压力期间的交易量）、市场集中度、头寸持有时间、估值对模型的依赖程度和其他模型风险。

此外，对于证券化等复杂金融产品，商业银行应及时进行估值调整以审慎考虑两类模型风险：一是采用不正确的估值方法可能带来的模型风险；二是在估值模型中采用了不可观测或者不正确的校准参数所带来的风险。为审慎计量监管资本，对缺乏流动性头寸的估值调整必须反映在核心一级资本中。

50. 根据《资本办法》第八十七条的规定，商业银行采用内部模型法时，内部模型法覆盖率应不低于50%。对于内部模型法覆盖率有什么具体要求？

答：覆盖率不低于50%是商业银行实施内部模型法的最低标准。商业银行应该逐步扩大内部模型法的适用范围，力求实现全面覆盖。即使商业银行内部模型法能够计量所有的市场风险，但考虑到非主要币种或业务量小等原因，内部模型无法有效捕捉少数头寸的风险，这些头寸应继续采用标准法计量。

51. 银监会对商业银行持续计量并跟踪管理交易账户资本要求有哪些？

答：银监会鼓励商业银行每日计量并持续跟踪管理交易账户的资本要求。商业银行不得通过减少报告日市场风险头寸等方法规避资本监管；否则银监会将提高其资本要求或采取其他监管措施。商业银行应确保每日风险暴露控制在限额以内。如果商业银行未达到相关要求，银监会将要求其立即整改。

52. 根据《资本办法》附件10中关于合格证券的规定，商业银行发行的债券应符合什么条件才能被认定为合格证券？

答：根据《资本办法》附件10表1中对于合格证券的要求，商业银行发行的债券至少被两家合格外部评级机构评为投资级别方可认定为属于合格证券。

53. 在资本监管框架下，商业银行如何处理与交易相关的回购类业务？

答：根据监管资本定义下对交易账户的要求，买卖双方均应将交易相关回购类业务放在交易账户，并按照交易账户相关制度和要求进行管理。

无论属于交易账户还是银行账户的回购业务，都应计算交易对手信用风险。如果交易账户下回购类业务涉及的交易工具不符合银行账户下对合格抵质押品的定义，但在交易账户中可被认定为合格的抵质押品，则其折扣系数为 25%。在交易账户下，商业银行也可以根据附件 6 中第二部分（五）的相关要求自行估计折扣系数。对于交易账户的回购类交易工具，必须对每一只债券分别计算折扣系数。商业银行也可参照附件 6 中第三部分（五）的相关要求，使用风险价值（VaR）模型计量交易账户下的回购业务风险。

六、操作风险

54. 《资本办法》附件 12 第三部分（三）规定，商业银行采用操作风险高级计量法，如果认定保险的风险缓释效应，保险的缓释效应最高不超过操作风险资本要求的 20%。除此之外，商业银行认定保险的操作风险缓释效应还应满足哪些要求？

答：商业银行还应满足以下要求：

（1）对保险人和保险合约的要求

a. 保险人的理赔支付能力评级最低为 A 或相当水平。

b. 保单的原始期限不低于 1 年。

c. 保单撤销或主要内容变更须至少提前 90 天通知。

d. 保单不受监管措施或商业银行进入破产清算程序等因素的影响，即当商业银行的接管方或清算方需要使用保险赔偿覆盖商业银行的财产损失或支出时，保单不能对接管方或清算方设置除外或限制条款。但是，如果造成损失的相关事件发生在接管或清算程序启动之后，并且保险合约规定可以不覆盖因监管措施造成的罚款或处罚，则该保单不受本条款制约。

e. 商业银行采用的方法必须反映保险覆盖范围，并且与操作风险计量模型保持一致。分行或附属机构购买的保险及其覆盖面应与总行计量模型的相关要求保持一致，否则不认可其缓释作用。

f. 保险须由第三方实体提供，或者有适当的安排机制（如再保险方式）将风险实质性地转移出银行集团内部。

g. 商业银行应披露为缓释操作风险而购买保险的信息。

h. 商业银行在认可保险缓释效应时，应视以下情形对保险金额予以折扣：一是保单的剩余期限，对于剩余期限少于1年的保单，应做出适当折扣，剩余期限越短，折扣系数越高，剩余期限90天及以下的不考虑风险缓释效应。二是保单的撤销期限，包括在合同到期前保单能够被撤销的可能性。三是支付的不确定性，包括保险人及时支付赔偿的意愿，以及保险赔偿可能会引起的法律风险。四是风险暴露与保单覆盖范围之间的错配。

（2）保险缓释模型的要求

商业银行可以自行确定保险模型的各类参数，如损失覆盖率、扣除额或免赔额、赔偿限额等，但应保证其保险缓释模型的审慎性，包括数据选择、模型开发等。银监会可根据对保险缓释模型预测能力的评估情况，调整模型结果。

55. 商业银行采用操作风险高级计量法，是否应覆盖所有业务条线和附属机构，如果可以在部分层面实施，有哪些具体要求？

答：商业银行可以在部分层面实施操作风险高级计量法，并应满足以下要求：

（1）覆盖面的要求

a. 商业银行所有并表的跨境业务应纳入高级计量法实施范围。

b. 商业银行主要操作风险暴露应纳入高级计量法实施范围。

c. 商业银行首次申请实施操作风险高级计量法时，应制定扩大高级计量法覆盖面的实施规划，除少数不重要的业务外，其余部分都应纳入高级计量法实施范围。商业银行应向银监会提供实施规划和进度表。

d. 银行实施高级计量法的范围应获得银监会的批准。

e. 商业银行因东道国监管当局的规定而无法满足上述 b 和 c 的规定时，经银监会批准，商业银行可以永久性地在部分层面实施高级计量法。经银监会认可，商业银行在计算集团层面操作风险监管资本时，可使用东道国监管当局批准的高级计量法计算结果。

（2）关于集团范围内实施高级计量法的要求

商业银行在集团层面实施高级计量法，应确保集团内实施标准的一致性。对于纳入集团实施范围的境外附属机构，当附属机构在集团内不具有重要性，且东道国监管当局要求其计提操作风险监管资本的情况下，经东道国监管当局批准和银监会的同意，方可采用资本分配方法确定其操作风险资本。如果境外附属机构所在地的东道国监管当局要求该机构单独计算操作风险监管资本的，则不得使用资本分配方法计量该附属机构的操作风险监管资本。

对于外资银行在华子行，当其在集团内不具有重要性，且经银监会批准和母国监管当局同意的情况下，方可采用资本分配方法。

商业银行附属机构采用独立的高级计量法模型计算操作风险监管资本时，在模型中不得考虑与母行或母行其他附属机构之间的相关性因素。

商业银行在部分层面实施高级计量法时，应披露高级计量法的实施范围，以及高级计量法未覆盖部分采用的操作风险资本计量方法。

56.《资本办法》规定，商业银行实施高级计量法必须考虑关键的业务经营环境和内部控制因素。商业银行在确定和使用这类调整因子时应满足哪些监管要求？

答：业务经营环境和内部控制因子是一种具有前瞻性的因子，以充分地反映商业银行操作风险状况和控制措施的动态变化。商业银行建立业务经营环境和内部控制因素框架时应满足以下要求：

（1）商业银行应在历史经验的基础上，通过以专家判断为主的方式确定业务环境和内部控制因素。业务经营环境和内部控制因素应能够真实反映业务领域的风险情况，并应被转换成可计量的指标。

（2）商业银行应合理评估业务经营环境和内部控制因素变化（包括各类业务环境和内部控制因素权重的变化）对操作风险计量结果的

影响，商业银行不仅应考虑风险控制措施改善带来的影响，还应考虑各种可能造成风险增加的因素（例如业务复杂程度增加等）。

（3）商业银行应对业务经营环境和内部控制因素的整体框架建立完备的制度，包括使用方法论、原理以及调整方法等。

（4）商业银行应对照内部损失的实际结果、相关外部数据和所做的适度调整情况，对业务经营环境和内部控制因素的流程和结果进行验证。

57. 《资本办法》附件 12 规定了商业银行实施高级计量法的合格标准。在内部损失数据、外部损失数据以及验证方面，商业银行还应达到哪些具体要求？

答：商业银行在数据收集、管理和验证方面应达到以下具体要求：

（1）内部损失数据。商业银行应建立完备的制度，对于历史损失数据相关性开展持续评估。使用高级计量法的商业银行的内部损失数据应与附件 12 表 2 中除"其他业务"以外的八个业务条线建立对应关系，明确自行将损失分配到各业务条线及损失事件类型的原则。商业银行应根据银监会的要求报送相关数据。

（2）外部损失数据。使用高级计量法的银行可以自行决定使用外部损失数据的方法，但应建立完备的制度，规定使用外部损失数据的情形，同时开展针对外部损失数据使用条件及方法的核验，并将其纳入定期的独立外部验证。

（3）验证。验证程序应确保高级计量法计量体系内的数据流及各种流程的透明度，便于审计人员及监管人员必要时能够核验计量系统的各种规定及参数。

七、交易对手信用风险

58. 在现期风险暴露法下，商业银行需要计算盯市价值下的重置成本，并加上反映剩余期限内潜在风险暴露的附加因子。潜在风险暴露的附加因子等于衍生工具的名义本金乘以相应的附加系数。在此情况下，商业银行应该如何选用附加系数？

答：信用衍生工具的附加系数见《资本办法》附件 8 表 1。其他衍生工具的附加系数见附件8表2。此外，对于存在多次本金交换的产品，商业银行应将对应的附加系数乘以剩余的本金交换的次数。对于某些需要在特定日期清算而又在该清算日重置的产品，可以将距离下一个结算日的期限作为该产品的剩余期限。对于上述情况下剩余期限大于1年的利率衍生工具，附加系数不得低于0.5%。对于期货、互换期权等其他衍生工具按照附件8表2中"其他商品"处理。对于同一货币双边浮动的利率互换交易，可以不计算未来潜在风险暴露。

59. 商业银行应如何计算交易对手信用风险的违约风险暴露或剩余违约风险暴露？

答：商业银行应按照《资本办法》附件8的规定计算交易对手信用风险的违约风险暴露。若与一个交易对手有多个净额结算集，则对该交易对手的违约风险暴露等于这些净额结算集下违约风险暴露之和。在进行净额结算时，商业银行应遵照《资本办法》附件6第三部分合格净额结算的规定，并满足如下要求：

（1）若商业银行与其交易对手按照合同规定将在特定日期以特定币种进行支付，并且在法定程序下该交易自动与其他的同类币种、相同日期下的交易合并考虑，那么商业银行可以进行净额结算。

（2）商业银行也可以在其他法定形式下进行双边结算。

（3）在上述两种情况下，商业银行需要具备：

a. 覆盖与交易对手所有相关交易的净额结算协议或合同，明确在交易对手违约、破产清算或其他类似情况下，商业银行将获得或者支付按照盯市价值计算的净额。

b. 法律意见书能够证明在受到法律质疑时，相关法院和行政部门可以依据如下法规确认商业银行的净额风险暴露：一是交易对手所在国家或地区的法律法规，若涉及某一交易对手的国外分支机构，还需考虑该分支机构所在国家或地区的法律法规；二是针对单笔交易的法律法规；三是针对净额结算协议或合同的法律法规，净额结算必须在相关国家或地区的法律法规下都具有执行力。

c. 相关流程能够确保在相关法律法规发生变化时，能够持续评估净额结算协议的法定特征。

此外，如果净额结算合约中包括"走避条款"，不得采用合格净额结算的处理方法。所谓"走避条款"是指即使违约方为债权人，也允许非违约交易对手只部分支付或不支付。

针对场外衍生品交易，交易对手的剩余违约风险暴露可定义为与对该交易对手所有净额结算集下的违约风险暴露之和减去信用估值调整损失，但不得为负值。信用估值调整损失是指对已识别的信用估值调整计提的减值准备。计算信用估值调整损失时，若已经从资本中扣除了债务估值调整，则无须从已识别的信用估值调整损失中扣除债务估值调整。场外衍生品交易对手信用风险加权资产等于剩余违约风险暴露乘以权重法或内部评级法下相应的风险权重。计算信用估值调整的资本要求时，不得从违约风险暴露中扣除债务估值调整。

八、第二支柱

60. 《资本办法》规定，商业银行按照现期风险暴露法计量交易对手信用风险资本要求，同时在第二支柱框架下将交易对手信用风险纳入全面风险管理框架。交易对手信用风险管理有哪些具体要求？

答：《资本办法》附件8要求，商业银行应制定与其交易活动的特征、复杂程度和风险暴露水平相适应的交易对手信用风险管理政策和程序，具体要求包括但并不限于：（1）明确董事会和高级管理层的职责，指定具体管理部门并配备相应的专业化团队（人员）落实风险管理职责；（2）建立相应的风险识别、计量、监测。控制和报告机制，充分考虑交易对手信用风险与市场风险、流动性风险等各类风险的关联性；（3）建立并逐步完善文档管理平台和信息管理系统；（4）定期开展压力测试，识别各种潜在因素对交易对手信用风险管理的综合影响，并在风险管理政策及限额管理中充分考虑压力测试结果；（5）内部审计部门应对交易对手信用风险管理的有效性进行评估，内部审计的频率至少每年一次。

61. 根据《资本办法》的规定，对商业银行信用风险缓释管理政策及流程等方面存在的缺陷，银监会可以采取哪些有针对性的监管措施？

答：根据《资本办法》第七章和第八章的相关规定，为促使商业银行强化信用风险缓释管理，银监会可以采取的监管措施包括但不限于：（1）督促商业银行及时改进管理政策与流程；（2）提出有针对性的整改意见，如要求商业银行对持有期、监管折扣或波动性的假设做出调整；（3）对部分信用风险缓释工具的风险缓释作用进行监管确认；（4）根据信用风险缓释管理的评价结果，相应地提高监管资本要求。

九、第三支柱

62.《资本办法》附件 15 第十部分（一）规定，商业银行应披露交易对手信用风险暴露的定性信息。商业银行如何披露交易对手信用风险暴露的定量信息？

答：商业银行应披露的交易对手信用风险暴露定量信息包括：

（1）合约的正的总公允价值、净额结算情况、考虑净额结算后现期信用风险暴露、抵质押品、衍生工具净信用风险暴露以及计算违约风险暴露所使用的方法；用于对冲交易对手信用风险的信用衍生工具的名义金额；现期信用风险暴露按产品类型的分布情况（利率合约、汇率合约、股票合约、商品合约、信用衍生工具）。

（2）产生交易对手信用风险暴露的信用衍生工具的名义金额及持有目的（分为用于商业银行自身的信用组合和商业银行作为中介持有）；信用衍生工具类型（例如信用违约互换、总收益互换、信用期权等），以及每种类型的买入或卖出信息。

63. 商业银行采用内部评级法计量信用风险暴露时，除《资本办法》现有信息披露要求外，还应披露哪些信息？

答：商业银行应分别披露各类非零售信用风险暴露和零售信用风险暴露的资本要求。非零售信用风险暴露包括主权风险暴露、金融机构风险暴露和公司风险暴露；零售风险暴露包括个人住房抵押贷款、合格循环零售风险暴露和其他零售风险暴露。

此外，商业银行还应披露报告期各类风险暴露损失的估计值与实际损失的差别，以及产生差别的原因。

64. 商业银行采用内部模型法计量市场风险时，除《资本办法》现有信息披露要求外，还应披露哪些信息？

答：商业银行使用内部模型法计量市场风险时，还应披露的定量信息包括：报告期的最高、最低和平均压力风险价值，以及期末压力风险价值；报告期的最高、最低和平均新增市场风险资本，以及期末新增市场风险资本要求。

商业银行使用内部模型法计量新增市场风险资本时，应披露的定性信息包括：确定流动性期限的方法、模型验证的方法和评估新增市场风险资本计量稳健性的方法。

中国证监会、中国银监会
关于商业银行发行公司债券
补充资本的指导意见

（中国证监会、中国银监会公告 ［2013］ 39 号
2013 年 10 月 30 日）

  第一条 为支持商业银行开展资本工具创新，拓宽资本补充渠道，根据《证券法》、《公司法》、《商业银行资本管理办法（试行）》、中国证监会公司债券发行管理办法等法律、法规和相关规定，制定本指导意见。

  第二条 商业银行发行公司债券补充资本是指商业银行发行符合资本工具合格标准、经中国银监会认定可计入商业银行资本的公司债券。在上海、深圳证券交易所上市的商业银行，或发行境外上市外资股的境内商业银行，或申请在境内首次公开发行股票的在审商业银行（以下简称上市或拟上市商业银行），可以按照《证券法》、《公司法》、中国证监会公司债券发行管理办法发行包含减记条款的公司债券（以下简称减记债）补充资本。

  第三条 减记债在《商业银行资本管理办法（试行）》规定的触发事件发生时，能立即减记，投资者相应承担本金及利息损失的风险。

  减记债应符合商业银行资本工具合格标准，经中国银监会认定可计入商业银行二级资本。

  第四条 上市或拟上市商业银行拟发行减记债补充资本的，应当按照《商业银行资本管理办法（试行）》、《中国银监会关于商业银行资本工具创新的指导意见》（银监发〔2012〕56 号）、《中国银监会关于做好〈商业银行资本管理办法（试行）〉实施工作的指导意见》（银监发〔2013〕11 号）等规定，妥善设计公司债券的相关条款，制定可行的发

行方案，报中国银监会进行资本属性的确认，并由中国银监会出具监管意见。

第五条 上市或拟上市商业银行取得中国银监会的监管意见后，应当按照中国证监会公司债券发行管理办法及相关配套规则制作发行申请文件，报中国证监会核准并公开发行，或按照证券交易所业务规则备案后非公开发行。

第六条 除遵循中国证监会、证券交易所关于公司债券信息披露的一般规定外，发行人应当在募集说明书中充分披露减记债作为资本工具的特殊属性和风险事项，在募集说明书的显著位置对减记条款及其触发事件进行特别提示，并对是否约定补偿条款及其对投资者权益的影响等风险事项作出充分说明。

第七条 上市或拟上市商业银行公开发行减记债申请上市交易的，应当在发行前根据证券交易所的相关规则，报证券交易所审核同意并明确其交易机制安排。

第八条 发行人及承销商应采取措施，确保公开发行认购债券的投资者适当性要求与参与二级市场交易的投资者适当性要求保持一致。

第九条 对于公开发行的减记债，证券交易所应当完善其上市交易、信息披露的管理和服务，按照发行人资产规模和信用水平实行差异化的交易机制安排，建立投资者适当性管理制度，健全风险控制机制和措施。

第十条 发行人应当根据自身经营状况及监管要求及时披露触发事件发生的风险。

证券交易所督促发行人履行信息披露义务，并相应完善公开发行减记债的交易机制安排，严格投资者适当性管理。

第十一条 减记债可以经备案后非公开发行，其备案程序、信息披露要求、交易机制安排、投资者适当性管理等由证券交易所依照相关法律法规和本指导意见另行规定，报中国证监会批准。

第十二条 减记债应当由中国证券登记结算有限责任公司或中国证监会认可的其他机构登记、托管、结算。

第十三条 其他商业银行符合中国证监会关于公司债券发行人范围

有关规定的，可以依照本指导意见申请发行减记债。

第十四条 商业银行发行其他类型的公司债券补充资本，由中国证监会、中国银监会依照法律、行政法规另行规定。

第十五条 本指导意见自 2013 年 11 月 6 日起施行，由中国证监会和中国银监会负责解释。

中国银监会、中国证监会
关于商业银行发行优先股
补充一级资本的指导意见

(银监发〔2014〕12 号　2014 年 4 月 3 日)

为规范商业银行优先股发行，提升商业银行资本质量，保护利益相关方的合法权益，根据《国务院关于开展优先股试点的指导意见》（国发〔2013〕46 号）、《商业银行资本管理办法（试行）》（银监会令 2012 年第 1 号）、《优先股试点管理办法》等规定，现就商业银行发行优先股补充一级资本提出如下指导意见。

一、商业银行发行优先股，应符合国务院、证监会的相关规定及银监会关于募集资本补充工具的条件，且核心一级资本充足率不得低于银监会的审慎监管要求。

二、商业银行发行优先股，应向银监会提出发行申请，申请文件包括：（一）优先股发行申请；（二）优先股发行方案；（三）根据《优先股试点管理办法》修改的公司章程（草案）；（四）股东大会决议；（五）资本规划；（六）最近三个年度经审计的财务报表及附注；（七）发行人律师出具的合规性法律意见书；（八）银监会要求的其他文件。

商业银行发行优先股涉及的资本补充、章程修改等行政许可事项，由银监会相关监管部门一次性予以受理、审查并决定。

三、商业银行取得银监会的批准文件后，向证监会提出发行申请。证监会依据《优先股试点管理办法》及相关配套规则进行核准。非上市商业银行发行优先股的，应当按照证监会有关要求，申请在全国中小企业股份转让系统挂牌公开转让股票，纳入非上市公众公司监管。

四、商业银行发行优先股补充一级资本，应符合《商业银行资本管理办法（试行）》和《中国银监会关于商业银行资本工具创新的指导意见》（银监发〔2012〕56号）规定的其他一级资本工具合格标准。

五、根据《商业银行资本管理办法（试行）》的有关规定，商业银行应在发行合约中明确有权取消优先股的股息支付且不构成违约事件；未向优先股股东足额派发的股息不累积到下一计息年度。

商业银行在行使上述权利时应充分考虑优先股股东的权益。商业银行决定取消优先股股息支付的，应在付息日前至少十个工作日通知投资者。

六、商业银行不得发行附有回售条款的优先股。商业银行行使赎回权，应遵守《商业银行资本管理办法（试行）》的相关规定。

七、商业银行应根据《商业银行资本管理办法（试行）》和《优先股试点管理办法》等规定，设置将优先股强制转换为普通股的条款，即当触发事件发生时，商业银行按合约约定将优先股转换为普通股。商业银行发行包含强制转换为普通股条款的优先股，应采取非公开方式发行。优先股强制转换为普通股的转换价格和转换数量的确定方式，由发行人和投资者在发行合约中约定。

商业银行设置优先股强制转换为普通股条款的，股东大会应就优先股强制转换为普通股有关事项进行审议，包括转换价格的确定方式，并履行《优先股试点管理办法》第三十七条规定的程序。商业银行披露定期报告时，应专门披露优先股强制转换情况。商业银行发生优先股强制转换为普通股的情形时，应当报银监会审查并决定，并按照《证券法》第六十七条及证监会的相关规定，履行临时报告、公告等信息披露义务。优先股转换为普通股导致公司控制权变化的，还应符合证监会的有关规定。

八、除遵守证监会、证券交易所、全国中小企业股份转让系统关于优先股信息披露的一般规定外，商业银行应按照银监会《关于商业银行资本构成信息披露的监管要求》（银监发〔2013〕33号）的相关规定，公开披露优先股的相关信息。